Der Krypto-Guide

Ric Edelman

RIC
EDELMAN

DER KRYPTO GUIDE

EINE EINFACHE EINFÜHRUNG IN BITCOIN, BLOCKCHAIN, NFTS UND CO

Börsenbuch Verlag

Die Originalausgabe erschien unter dem Titel
THE TRUTH ABOUT CRYPTO: A Practical, Easy-to-Understand Guide to Bitcoin, Blockchain, NFTs, and Other Digital Assets
ISBN 978-1-6680-0232-2

Published by arrangement with the original publisher, Simon & Schuster, Inc.
Interior design by Paul Dippolito

3. Auflage 2025

Übersetzung: Rotkel e. K., Berlin
Gestaltung Cover: Timo Boethelt
Gestaltung, Satz und Herstellung: Timo Boethelt
Lektorat: Sebastian Politz
Druck: GGP Media GmbH, Pößneck

ISBN 978-3-86470-899-2

Bibliografische Information der Deutschen Nationalbibliothek:
Die Deutsche Nationalbibliothek verzeichnet diese Publikation in der Deutschen Nationalbibliografie; detaillierte bibliografische Daten sind im Internet über <http://dnb.d-nb.de> abrufbar.

BÖRSEN MEDIEN
AKTIENGESELLSCHAFT

Postfach 1449 • 95305 Kulmbach
Tel: +49 9221 9051-0 • Fax: +49 9221 9051-4444
E-Mail: info@plassen-buchverlage.de
www.boersenbuchverlag.de
www.facebook.com/plassenverlag
www.instagram.com/plassen_buchverlage

In Erinnerung an
Anne-Marie Bottazzi

„Freundschaft ist ein Regenbogen
zwischen zwei Menschen“

INHALT

TEIL ZWEI: BITCOIN UND ANDERE DIGITALE ASSETS VERSTEHEN

TEIL FÜNF: ERSTE SCHRITTE

VORWORT

Mein Aha-Erlebnis in puncto digitale Vermögenswerte hatte ich während einer Diskussion mit Ric Edelman. Aber die Offenbarung kam nicht von Ric.

Ich interviewte ihn auf einer Konferenz, die ich für die „Hall of Fame"-Mitglieder der *Barron's*-Finanzberatung moderierte. Um in diesen Zirkel zu kommen, musste man eine ziemlich hohe Hürde nehmen und mindestens zehn Jahre lang einer von *Barron's* am besten bewerteten Beratern sein. Dies war nicht nur eine Elitegruppe, sondern die Elite der Elite. (Und dreimal war Ric die Nummer 1 in unserer Rangliste.)

Ich wollte ein Gefühl für die Menschen im Publikum bekommen – wie viel Puzzlearbeit würden wir leisten müssen, um ihnen die Informationen zu vermitteln, die sie in Bezug auf den Bitcoin und andere Investitionsmöglichkeiten in digitale Assets benötigen? Schließlich war das hier nicht gerade ein Plauderstündchen der Tech-Community im Silicon Valley. Ric und ich waren auf der Bühne im eleganten Ballsaal eines 125 Jahre alten Hotels am Meer in Palm Beach. Die anwesenden Berater hatten zum Großteil ihren 50. Geburtstag schon lange hinter sich und Jahrzehnte damit verbracht, intelligente, resiliente Portfolios aus Aktien, Anleihen und alternativen Assets zu entwickeln. Sie warnen ihre Kunden davor, irgendwelchen kurzlebigen Trends nachzujagen. Sie gehen kalkulierte Risiken ein und verwalten das Geld von Menschen, die bereits reich sind, und nicht doppelt reich werden wollen.

Im Rahmen meiner Aufgaben bei *Barron's* spreche ich regelmäßig mit Finanzberatern, die meisten von ihnen sind Kryptoskeptiker. Sie sind es gewohnt, den intrinsischen Wert anhand des Cashflows und anderer Kennzahlen zu bemessen; alle digitalen Assets – sogar Bitcoin und Ethereum – bestehen diese Tests nicht. Viele der Berater arbeiten für Unternehmen, die es ihnen nicht erlauben würden, digitale Assets für Kundenkonten zu kaufen, selbst wenn sie es wollten. Etwa die Hälfte sind „Treuhänder", das heißt, sie sind rechtlich verpflichtet, die Interessen ihrer Kunden vor ihre eigenen zu stellen.

Da waren nun also Ric und ich, im Gespräch mit fast hundert seiner Kollegen, den erfolgreichsten Finanzberatern des Landes. Ich fragte sie: „Wie viele von Ihnen haben digitale Assets auf Ihren eigenen Konten?" Weit über die Hälfte der Anwesenden hob die Hand. Schockiert fragte ich: „Und wie viele nehmen digitale Assets in Kundenportfolios auf?" Wieder ging weit mehr als die Hälfte der Hände im Raum nach oben. Um die Auflagen ihrer Unternehmen zu umgehen, gaben einige der Berater ihren Kunden dezente Hinweise in die richtige Richtung. Das könnte nicht nur Schwierigkeiten mit ihren Compliance-Verantwortlichen bedeuten, sondern auch Einbußen für sie selbst – wenn Kunden Gelder von ihren Konten abziehen, um Krypto anderswo zu kaufen, bleibt eine kleinere Vermögensbasis, auf die Gebühren erhoben werden können. Aber diese Berater hatten zu meiner Überraschung entschieden, dass es im besten Interesse ihrer Kunden war, in den Besitz digitaler Assets zu kommen. Sie erfüllten also ihre treuhänderische Pflicht, indem sie ihnen dabei halfen.

Seit 2018, als John Oliver Kryptowährungen als „alles, was man in puncto Geld nicht versteht, kombiniert mit allem, was man in puncto Computer nicht versteht" beschrieb, ist viel passiert. Jetzt ist sogar eine Gruppe von ziemlich konservativen, sehr erfahrenen Vermögensverwaltern, die mit einigen der wohlhabendsten Persönlichkeiten des

Landes zusammenarbeiteten, ins digitale Lager gewechselt. Diese Männer und Frauen jagten der Dotcom-Blase nicht nach, sie sprangen nicht auf den SPAC-Zug auf, sie hatten kein Geld in die betrügerischen Geschäfte von Bernie Madoff gesteckt. Aber sie beschlossen, dass digitale Assets in ein ausgewogenes Portfolio gehören. Sie reihen sich ein in eine lange Liste verschiedener Einrichtungen – Pensionsfonds, Stiftungen und sogar ein kleiner 401(k)-Anbieter –, die sich ebenfalls für digitale Assets entschieden haben.

Natürlich hat Ric sie alle seit Langem gedrängt, dies zu tun. Sie treten sich wahrscheinlich selbst in den Hintern, weil sie nicht früher auf ihn gehört haben. Ich war auf jeden Fall skeptisch. Als Redakteur bei *Barron's* wurde ich zum ersten Mal 2013 auf den Bitcoin aufmerksam, als er mit 31 Dollar bewertet wurde. Ich beobachtete, wie sein Kurs stieg, und dachte, dass hier sicherlich die „Greater-Fool-Theorie" (auf Deutsch: „Theorie des größeren Trottels") greife – die Leute kauften den Bitcoin allein deshalb, weil sie hofften, dass sie ihn später zu einem noch höheren Kurs wieder verkaufen könnten. Und die Rechnung ging auf; im November 2021 war der Kurs 2.210-mal höher. Hätte ich im Jahr 2013 nur 200 Dollar investiert und mich irgendwann um das letzte Hoch herum rausgezogen, hätte ich die Collegegebühren für eines meiner Kinder verdient – mit einem Einsatz, der ungefähr dem Preis eines hochwertigen Toasters entspricht.

Obwohl ich die Möglichkeit noch immer nicht ausgeschlossen habe, dass wir Zeugen der „Theorie des größeren Trottels" auf Steroiden sind, halte ich digitale Assets nun für das Äquivalent zum Internet in den 90er-Jahren. Natürlich gab es Exzesse, aber genau wie das Internet betrachte ich diese neue Technologie als eine Transformationskraft, die die Zukunft stärker verändern wird, als die meisten von uns es sich vorstellen können. Ja, einige der heutigen Überflieger werden das Pets.com unserer Zeit werden (Will jemand Dogecoin?), aber wie Ric auf den folgenden Seiten darlegen wird, ist der Nutzen der Blockchain-Technologie unbestreitbar.

Die Möglichkeit, illiquide Assets zu tokenisieren, erlaubt es Anlegern, einen Anteil an fast allem zu besitzen, oder einem alternden

Paar, das Eigenkapital ihres Hauses ohne eine teure Umkehrhypothek zu nutzen. Fotografen, Songschreiber und sogar Maskenbildner werden von ihrem geistigen Eigentum in einer Weise profitieren können, die sie sich nie hätten vorstellen können. Ric sagt voraus, dass die US-Regierung bis zum Ende dieses Jahrzehnts Stablecoins schaffen wird. Warum sie das tun sollte? Digitales Geld ermöglicht den Regierungen, Transaktionen nachzuvollziehen und sie somit zu besteuern.

Ich trage meinen Teil dazu bei, die Menschen aufzuklären, insbesondere die Finanzberater. Skeptikern sage ich, dass es mir nicht zusteht, Beratern vorzuschreiben, wie sie ihre Portfolios zusammenstellen sollen, aber ich versichere ihnen, dass Grundkenntnisse über digitale Assets eine Voraussetzung dafür sein werden, um in ihrem Beruf erfolgreich zu sein. Ihre Kunden erwarten vielleicht noch keine Bitcoin in ihren Portfolios, aber deren Kinder werden es tun.

Eine Zeitmaschine kann ein hilfreiches Instrument zur Entscheidungsfindung sein. Stellen Sie sich vor, wie Sie in zehn Jahren diesen Satz sagen: „Verdammt, ich wünschte, ich hätte nicht von dieser neuen Technologie erfahren, die Milliardäre hervorbringt und die Finanzwelt verändert.“

Genießen Sie Ihre Reise!

Jack Otter
Global Head of Wealth & Asset Management bei *Barron's* und
Gastgeber von *Barron's Roundtable*

WILLKOMMEN

Ich freue mich sehr, dass Sie hier sind! Sie sind dabei, sich auf eine faszinierende Reise zu begeben, die ich 2012 begonnen habe. Für meine *PBS*-Fernsehsendung interviewte ich den berühmten Zukunftsforscher Ray Kurzweil im Büro seines Lehrstuhls in Harvard. Während des anschließenden Gesprächs ermutigte mich Ray, das Executive Program der Singularity University zu besuchen. Zusammen mit Peter Diamandis hatte er die Einrichtung gegründet, um führenden Politikern in der ganzen Welt beizubringen, wie man Technologie einsetzt, um mit globalen Herausforderungen umzugehen und eine bessere Zukunft für den Planeten zu schaffen. Mit Rays Hilfe wurde ich in das neuntägige Intensivprogramm über exponentielle Technologien aufgenommen. Der Kurs deckte künstliche Intelligenz, Robotik, maschinelles Lernen, 3D-Druck, Big Data, Nanotech, Biotech, Fintech, Edtech, Agritech und vieles mehr ab.*

Dort hörte ich zum ersten Mal das Wort *Bitcoin* und den Begriff „Kryptowährung". Das ergab für mich keinen Sinn (trotz – oder gerade wegen – meiner Kenntnisse und Erfahrung im Finanzbereich). Dennoch war ich neugierig. Also setzte ich mich mit dem Bitcoin im

* Nach Abschluss des Programms wurde ich eingeladen, Gastdozent zu werden und in die Organisation zu investieren. Ich habe beides gemacht.

Laufe des Jahres 2013 auseinander und begann 2014 in ihn zu investieren. Mit wachsendem Wissen und immer mehr Kontakten in die Szene wurden mir zwei Tatsachen besonders bewusst:

Erstens sind die Blockchain-Technologie und die digitalen Assets, die sie ermöglicht, revolutionär. Es handelt sich um die tiefgreifendste Innovation im Handel seit der Erfindung des Internets.

Zweitens erkennen dies nur wenige Menschen – einschließlich der großen Mehrheit der Finanzfachleute.

Obwohl die Krypto-Community ein erstaunliches Angebot an Produkten und Dienstleistungen geschaffen hat, hat sie bislang nicht herausgefunden, wie man Anleger wie Sie erreicht. Und der Großteil der Finanzdienstleistungsbranche, die in den Vereinigten Staaten zwei Drittel aller Anlegergelder verwaltet, ist sich über die unglaublichen Anlagemöglichkeiten, die diese neue Assetklasse bietet, nicht im Klaren. Auch die Finanzbranche weiß noch nicht, wie sie ihren Kunden Zugang zu diesen Möglichkeiten verschaffen kann.

Aus diesem Grund habe ich 2018 den Digital Assets Council of Financial Professionals gegründet. Heute gilt das DACFP weithin als die wichtigste Informationsquelle zu diesem Thema für die Wall Street und die amerikanischen Unternehmen. Wir sind die Brücke zwischen der Krypto-Community und dem Finanzdienstleistungsbereich. Unsere Aufgabe ist es, Finanzfachleuten das nötige Wissen zu vermitteln, damit sie ihren Kunden diese neuen Technologien erklären und so allen den Zugang zu diesen Anlagemöglichkeiten ermöglichen können. (Tausende von Finanzfachleuten haben sich bereits für das DACFP-Programm angemeldet, um ihr Zertifikat für Blockchain und digitale Assets zu bekommen.)

In den letzten zehn Jahren habe ich Tausende von Finanzberatern und Führungskräften in den Bereichen Blockchain und digitale Assets geschult. Ironischerweise ist es für diese Leute umso schwieriger, diese neue Anlageklasse zu verstehen, je mehr Wissen und Erfahrung sie haben. In der Tat habe ich festgestellt, dass jemand umso mehr Probleme mit diesem Thema hat, je mehr Hochschulabschlüsse, Berufsbezeichnungen und jahrelange Erfahrung im Bereich Investitionen und

Finanzen er oder sie besitzt. Das liegt ganz einfach daran, dass Blockchain- und Digital-Asset-Technologien nichts mit dem gemein haben, was Finanzfachleute im Laufe ihrer Karriere gelernt oder erlebt haben.

Wenn Sie also nichts über Wirtschaft, Finanzen, Vermögensverwaltung oder Portfolioanalyse wissen, dann ... *herzlichen Glückwunsch!* Sie haben einen klaren Vorteil gegenüber all den Leuten an der Wall Street!

Und wenn Sie (leider) zu den Finanzfachleuten mit jahrelanger Anlage- und Finanzexpertise gehören, dann bitte ich Sie, während Sie diese Seiten lesen, Ihr hart erarbeitetes Wissen und Ihre Erfahrung für eine Weile beiseitezulegen. Ich weiß, dass das viel verlangt ist – ich bin selbst seit 37 Jahren im Finanzbereich tätig, habe sechs Berufsbezeichnungen und wenn mir jemand sagen würde, ich solle ignorieren, was ich weiß, nun ja, dann würde ich das als eindeutiges Warnsignal interpretieren. Ich kann nur sagen, dass ich verstehe, wie Sie sich fühlen. So ging es mir auch, als ich begann, mich mit dieser neuen Anlageklasse zu beschäftigen. Aber ich lernte schnell, dass mein Wissen und meine Erfahrung eher hinderlich als *hilfreich* waren. Ich hatte eine Menge Vermutungen, Erwartungen und Urteile zu überwinden. Heute weiß ich, dass mein anfänglicher Widerstand mir den Weg zum Verständnis dieser neuen Technologie und all ihrer Möglichkeiten *versperrt hat.* Sie können also entweder von meinen Erfahrungen profitieren und so vorgehen, wie ich es vorschlage – was Ihnen viel Zeit und Ärger ersparen wird –, oder Sie können sich so abmühen, wie ich es anfangs getan habe. Es ist Ihre Entscheidung.

Benutzen wir die richtigen Worte

Automobile hießen früher *pferdelose Kutschen* – aber stellen Sie sich vor, was für Blicke Sie heute ernten würden, wenn Sie jemandem sagen, dass Sie eine pferdelose Kutsche kaufen wollen. Ebenso wurde der Bitcoin als *Kryptowährung* eingeführt – und wenn Sie ihn so nennen, sind Sie so aus der Zeit gefallen wie Leute, die an einem regnerischen Tag Gummiüberschuhe tragen.

Lassen Sie uns also die richtige Terminologie verwenden. Das ist der beste Weg, um zu zeigen, dass man sich auskennt.* Die Technik ist neu und viele der Wörter sind es auch. Oft sind sie von bekannten Wörtern und Begriffen abgeleitet oder ähneln ihnen, manche sind aber auch einfach nur ein schlechter Witz.

Ich werde sie nach und nach erläutern, aber ein paar Schlüsselbegriffe sollten hier erwähnt werden.

Erstens gibt es *Bitcoin* ohne Artikel. Und dann ist da noch der oder die *Bitcoin. Bitcoin* ohne Artikel bezieht sich auf das Computernetzwerk; der oder die *Bitcoin* bezeichnet den Vermögenswert, der in diesem Netzwerk verwendet wird. Sie kaufen und verkaufen also Bitcoin über das Bitcoin-Netzwerk.

Ja, Sie könnten an *Bitcoin* auch ein „s" dranhängen, allerdings sollte man sich im Zweifelsfall für den Singular entscheiden, eher wie bei *der Teller* und *die Teller* als bei *die Gabel* und *die Gabeln.* Man würde also sagen „Ich besitze viele Bitcoin", nicht „Ich besitze viele Bitcoins".

Es ist natürlich auch in Ordnung, *Krypto* zu sagen, wenn man mit anderen Insidern fachsimpelt, wie ich es vor zehn Absätzen getan habe. Aber im Allgemeinen ist es besser, von *digital zu sprechen.* Das klingt viel freundlicher als das Furcht einflößende Wort *Krypto* und außerdem ist jeder mit dem *Digitalen* vertraut, da

Zelle

* Außerdem kann man so sofort erkennen, ob der Gesprächspartner wirklich etwas über das Thema weiß. Menschen, die veraltete Begriffe verwenden, wissen nicht so viel, wie sie glauben – und Sie werden ihnen so gut wie immer begegnen, wenn Sie ein Gespräch über dieses Thema führen.

wir heute in einer digitalen Welt leben – mit Twitter und anderen sozialen Medien, mit Paypal, Venmo, Zelle und anderen Onlinezahlungs-Apps, mit Amazon und anderen Onlineshops und so weiter.

Nun zum zweiten Teil des Wortes *Kryptowährung*, der zwei Bedeutungen haben kann: *Währung*, ja, aber auch *Assets*. Sagen Sie nicht das eine, wenn Sie das andere meinen. Wir werden uns in Kapitel 8 ausführlicher damit beschäftigen. Machen Sie sich zum jetzigen Zeitpunkt erst einmal klar, dass es einen Unterschied gibt.

Noch ein weiterer Begriff wird Ihnen häufig begegnen: *Fiatgeld*. Fiatgeld wird von einer Regierung ausgegeben, ist aber nicht gedeckt (zum Beispiel durch Gold); stattdessen vertrauen die Bürger auf die Bereitschaft und die Fähigkeit der Regierung, die Währung zu stützen. Wenn eine Währung zum Beispiel durch Gold gedeckt ist (wie der US-Dollar vor 1973), ist die Menge der Währung, die gedruckt werden kann, durch die Menge an Gold begrenzt, die die Regierung besitzt. Indem sie die goldgedeckte Währung durch Fiatgeld ersetzt, ist die Zentralbank freier darin, zu entscheiden, wie viel Geld gedruckt wird. Heute ist fast jede Währung der Welt, einschließlich des US-Dollar, Fiatgeld.

> Wenn ich den Begriff *Krypto* nicht mag, warum habe ich ihn dann im Titel des Buches verwendet!?
>
> Das habe ich gemacht, weil der Begriff leider immer noch die gängige Nomenklatur ist. Mein Verleger war der Meinung, dass dies der beste Weg sei, um Leser zu gewinnen*, und ich konnte da kaum widersprechen. Aber ich hoffe, Sie wissen jetzt, warum es am besten ist, diesen Begriff nicht mehr zu verwenden.

* Es hat also funktioniert!

Offenlegung

In diesem Buch werden viele digitale Coins und Token namentlich beschrieben und meine Frau Jean und ich besitzen viele davon. Das

Buch enthält auch die Namen und Beschreibungen vieler Unternehmen, zu denen ich Beziehungen unterhalte. In einigen Fällen haben Jean und ich Geld in die Coins oder Token dieser Unternehmen investiert. In anderen Fällen haben wir in das Unternehmen investiert, das diese Investitionen fördert. Schließlich sind einige Unternehmen Geldgeber oder Werbetreibende des DACFP oder meines Medienunternehmens The Truth About Your Future (thetayf.com), das sich der Aufklärung von Endkunden und Anlegern über Blockchain, digitale Assets und verwandte Themen widmet. Schließlich bin ich Kunde oder Nutzer einiger der in diesem Buch erwähnten Produkte oder Dienstleistungen.

Daher finden Sie auf jeder Seite, auf der diese Coins, Token oder Unternehmen zum ersten Mal erwähnt werden, Symbole (und Fußnoten, wenn zusätzliche Informationen erforderlich sind). Die Icons bedeuten Folgendes:

Zum jetzigen Zeitpunkt sind Jean und ich Eigentümer des fraglichen Assets. Wir haben daher ein wirtschaftliches Interesse an ihrem Erfolg.

Zum jetzigen Zeitpunkt besitzen Jean und ich Aktien, Aktienoptionen, Optionsscheine, Berateraktien, Wandelschuldverschreibungen, Anleihen oder andere Schuldtitel des besprochenen Emittenten (oder des Produkts, der Dienstleistung oder der Investition, die besprochen wird). Wir haben also ein wirtschaftliches Interesse am Erfolg des Emittenten. Wenn Sie diese Produkte, Dienstleistungen oder Anlagegüter kaufen, mieten, abonnieren oder anderweitig nutzen, erhält der Emittent Einnahmen, die wiederum Jean und mir zugutekommen könnten.

Zum jetzigen Zeitpunkt ist das besprochene Unternehmen oder das Unternehmen, das hinter dem besprochenen Produkt oder der besprochenen Dienstleistung steht, ein Geldgeber oder Werbeträger des DACFP und/oder der TAYF. Ich habe ein wirtschaftliches Interesse daran, dass Sie die Produkte oder Dienstleistungen des Unternehmens kaufen, anmieten, abonnieren oder anderweitig nutzen (vor allem, wenn Sie ihnen sagen, dass ich Sie geschickt habe!), da dies meine Chancen erhöhen kann, sie davon zu überzeugen, ihr finanzielles Engagement in und ihre Werbekampagnen mit meinen Unternehmen beizubehalten oder zu verstärken.

Zum jetzigen Zeitpunkt bin ich Kunde oder Nutzer des genannten Produkts oder der Dienstleistung.

Es gibt für mich nur zwei Möglichkeiten, diese Interessenkonflikte zu vermeiden: Jean und ich könnten uns von allen digitalen Assets trennen oder unsere Geschäftsaktivitäten einstellen, aber das wird nicht passieren. Oder ich könnte in diesem Buch jeden Hinweis auf solche Assets oder Unternehmen weglassen. Damit würde ich Ihnen aber einen Bärendienst erweisen. Es würde das Buch auch ziemlich sinnlos machen, da ich nicht einmal das Wort *Bitcoin* verwenden könnte (das im Buch insgesamt 718-mal vorkommt).

Da sich diese Konflikte nicht vermeiden lassen, tun wir das Naheliegendste: Wir legen sie offen. Auf diese Weise können Sie mit Ihrem eigenen Urteilsvermögen Ihre eigenen Schlussfolgerungen ziehen.

Bei der Auswertung der auf diesen Seiten dargestellten Performanceangaben sollten Sie bedenken, dass die Wertentwicklung in der Vergangenheit keine Garantie für zukünftige Ergebnisse darstellt. Außerdem habe ich Dutzende von Listen zusammengestellt, um Ihnen bei der Suche nach Investitionen, Unternehmen und Anbietern von Produkten und Dienstleistungen zu helfen, die für Sie beim Beschäftigen mit der Welt der digitalen Assets hilfreich sein können. Obwohl ich mich bemüht habe, genaue und vollständige Listen zusammenzustellen, übernehme ich keine Verantwortung für etwaige Fehler oder Auslassungen. Sie sollten diese Listen daher als Ausgangspunkt für Ihre eigenen Recherchen verwenden und sich nicht auf sie verlassen, um eine Kaufentscheidung für ein Produkt oder eine Dienstleistung zu treffen, auf die verwiesen wird.

Jetzt kann es losgehen!

Im ersten Teil des Buches führe ich Sie in die Blockchain-Technologie ein – wie sie funktioniert und warum sie unsere globale Wirtschaft so extrem verändern wird. Im zweiten Teil erfahren Sie mehr über den Bitcoin und andere digitale Assets. Im dritten Teil lernen Sie, welche Anlagemöglichkeiten es gibt, wie Sie die individuell richtigen auswählen und wie Sie sie in Ihr gesamtes Anlageportfolio einbinden können. Im vierten Teil behandeln wir die Themen Regulierung und Compliance. Und im fünften Teil werde ich Ihnen den Einstieg erleichtern, indem ich die häufigsten Bedenken abhandle.

Fangen wir also an!

TEIL EINS

DIE TECHNOLOGIE VERSTEHEN

1

Die vier folgenreichsten Innovationen in der Geschichte des Handels

Aller menschlicher Fortschritt ist auf Innovationen zurückzuführen – von neuen Denkweisen bis hin zur Erfindung neuer Werkzeuge. In der Welt des Handels gelten die folgenden vier Innovationen als die folgenreichsten:

- Das Feuer
- Das Rad
- Das Internet
- Die Blockchain

Dass die ersten drei die Menschheitsgeschichte verändert haben, darin sind wir uns wohl einig. Aber Blockchain?

Ja, Blockchain. Betrachten Sie es als das Internet 3.0. Das erste Internet vernetzte die Menschen in einem riesigen Ausmaß – man denke nur an Facebook und die sozialen Medien. Sie wissen, wie folgenreich das war (und immer noch ist). Es führte zum Internet 2.0 (gemeinhin auch als IoT, das Internet der Dinge, bezeichnet). Dieses Internet verbindet Dinge miteinander – mein Hund trägt ein Halsband, das mein Telefon informiert, wenn er den Hof verlässt. Und im Supermarkt teilt ein QR-Code dem Kassenautomaten mit, dass ich eine Banane kaufe.

„Du hättest mich nicht bitten sollen, dir zu zeigen, wie es funktioniert.“

Das Internet 3.0 ist das Internet des Geldes, auch bekannt als Blockchain. Geld über das Internet zu verbinden ist für den Handel und die Gesellschaft eine ebenso gravierende Veränderung wie das Internet der Menschen und das Internet der Dinge und da „Geld die Welt regiert“, wird sich das Internet 3.0 als noch einflussreicher erweisen als seine Vorgänger. Die Möglichkeiten, auf globaler Ebene Wohlstand zu schaffen, sind wirklich einzigartig.

Laut Nasdaq ist die Blockchain-Technologie „vielversprechend, wenn es darum geht, die Kapitalmärkte effizienter, transparenter und sicherer zu betreiben“. Die Bank of England (Großbritanniens Zentralbank) geht sogar noch weiter und sagt, dass die Blockchain-Technologie das weltweite Finanzsystem verändern könnte. Mehr als 90 Prozent der Banken weltweit arbeiten an der Entwicklung von Blockchain-Technologien; im Jahr 2021 reichte allein die Bank of America mehr als 160 Patentanträge für digitale Zahlungstechnologien ein. JPMorgan Chase schätzt, dass die Banken 120 Milliarden US-Dollar pro Jahr einsparen werden. Dem Marktforschungsunternehmen IDC zufolge gaben Banken und andere Unternehmen im Jahr 2021 6,6 Milliarden US-Dollar für Blockchain-Forschung und -Entwicklung aus und werden bis 2024 jährlich weitere 19 Milliarden US-Dollar investieren. Bereits jetzt bieten fast alle Top-Colleges und -Universitäten Amerikas Kurse in Blockchain und digitalen Assets an, Blockchain-Ingenieure sind jetzt die bestbezahlten Programmierer des Landes und verdienen mehr als 175.000 US-Dollar im Jahr. (Laut LinkedIn stiegen die Stellenausschreibungen für „Krypto"- und „Blockchain"-Positionen in den USA im Jahr 2021 um 1.000 Prozent an. Große Finanzdienstleister, darunter JPMorgan Chase, BNY Mellon, Deutsche Bank, Wells Fargo, Citigroup, Goldman Sachs, Morgan Stanley, Capital One, UBS, Bank of America, Credit Suisse und Barclays, haben im Jahr 2021 40 Prozent mehr Mitarbeiter im Bereich Krypto eingestellt als im Jahr zuvor, darunter Vertriebsfachleute, Mitarbeiter, die Krypto-Angebote für Endkunden entwickeln, und Ingenieure, die Blockchain-Plattformen für Banken bauen.)

Die Begeisterung ist nicht auf den Finanzsektor beschränkt. MarketsandMarkets berichtet, dass der Blockchain-Markt jährlich um 53 Prozent wachsen und bis 2026 3,2 Milliarden US-Dollar erreichen wird. Die Zeitschrift *Billboard* schreibt beispielsweise, dass Blockchain „Lösungen für schwer lösbare Probleme bietet, wie die Überwachung von Songrechten und die zuverlässige Verteilung von Tantiemen und Veranstaltungstickets".

All dies hilft zu erklären, warum PricewaterhouseCoopers davon ausgeht, dass die Blockchain-Technologie bis 2030 fast zwei Billionen US-Dollar zum globalen Bruttoinlandsprodukt (BIP) von rund 80 Billionen US-Dollar beitragen wird. In der Tat eine gravierende Veränderung.

2

Warum Blockchain eine so gravierende Veränderung darstellt

Die Blockchain-Technologie ist so wirkungsvoll, weil sie die Wirtschaft revolutioniert. Und alles beginnt mit einem einfachen Bestandsbuch, auf Englisch auch Ledger.

Was ist ein *Bestandsbuch*? Es ist eine Übersicht, in der Sie Einzahlungen und Abhebungen erfassen. Ihr Scheckbuch ist ein Bestandsbuch. Eine Excel-Tabelle ebenso. Beide sind privat; nur Sie haben Zugang zu ihnen und nur Sie entscheiden, wer die Informationen sehen darf. Wenn Sie schummeln wollen, können Sie ein zweites Buch mit falschen Angaben anlegen – und das gefälschte Buch statt des echten anderen Menschen zeigen. (Dies wird als „zweiter Satz Bücher" bezeichnet und wurde Al Capone zum Verhängnis.)

Bestandsbücher werden im gesamten globalen Finanzsystem verwendet. Da jedes Bestandsbuch privat ist, ist es teuer, sie zu führen und zu pflegen, und sie ermöglichen Betrug und Missbrauch. Laut IBISWorld ist die weltweite Buchhaltungsbranche ein 120-Milliarden-Dollar-Geschäft. Kein Wunder, dass die Bankgebühren so hoch sind!

Betrachten wir nun ein Bestandsbuch auf einer Blockchain. Es wird auf breiter Basis an jeden verteilt, der über eine Internetverbindung verfügt, weshalb die Blockchain auch als DLT (*Distributed Ledger Technology*) bezeichnet wird. Statt privat ist die DLT öffentlich; jeder kann sie jederzeit und kostenlos einsehen (besuchen Sie einfach https://www.blockchain.com/explorer). Aber obwohl jeder die Daten sehen kann, kann sie niemand anpassen. Die Daten auf einer Blockchain können von niemandem gelöscht, geändert oder kopiert werden.

Was ich gerade beschrieben habe, ist revolutionär.

Wenn ich mir Daten in Ihrem privaten Bestandsbuch ansehe, muss ich Ihnen vertrauen, wenn Sie sagen, dass die Daten so stimmen. Deshalb wird unser globales Finanzsystem auch als Vertrauenswirtschaft bezeichnet. Wir machen Geschäfte miteinander, weil wir uns gegenseitig vertrauen.

Aber Vertrauen hat Grenzen. Ich stelle also Prüfer ein, die bestätigen, dass das, was Sie mir sagen, wahr ist.

Vertrauen (oder der Mangel daran) ist der Grund, warum (nicht nur) in Amerika der Kauf eines Hauses so mühsam ist. Nachdem Sie den Kaufvertrag unterschrieben haben, beauftragen Sie einen Anwalt mit der Durchführung einer Rechtsprüfung, um sicherzustellen, dass der Verkäufer tatsächlich Eigentümer des Grundstücks ist und das Recht hat, es an Sie zu verkaufen. Dann legen Sie sich eine Rechtsschutzversicherung zu für den Fall, dass die Rechtsprüfung fehlerhaft war. In der Zwischenzeit beantragen Sie eine Hypothek und der Kreditgeber prüft, ob Sie tatsächlich über das angegebene Einkommen und Vermögen verfügen. All dies verlängert die Transaktion um Monate und Zehntausende von Dollar – und nichts davon erhöht den Wert des Hauses. Sie geben Geld für die Überprüfung aus, weil wir in einer *Vertrauenswirtschaft* arbeiten.

Mit Blockchains entfällt all das. Die Blockchain ersetzt die Vertrauenswirtschaft durch eine *Authentifizierungswirtschaft*. Da die Daten in einer Blockchain nicht veränderbar sind, müssen wir nicht auf ihre Legitimität vertrauen. Es ist einfach so, von Natur aus. Der Grund: Da es sich um einen *verteilten* Datensatz handelt, haben mehrere Parteien (jeder Computer im Netzwerk) eine identische Kopie. Alle Datensätze sind so miteinander verknüpft, dass keine einzelne Person der alleinige Inhaber des Datensatzes ist und daher niemand den Datensatz fälschen kann (er müsste jede Kopie des Datensatzes, die irgendwo existiert, fälschen, und zwar gleichzeitig).

Kehren wir zu unserer Excel-Tabelle zurück. Stellen Sie sich vor, Sie geben Daten über sich selbst in Zelle A1 ein. In Zelle B1 finden Sie die Urkunde für Ihr Haus und in Zelle C1 stehen Informationen über den Käufer. Jede Zelle ist ein Block. In jedem Block befinden sich Daten. Und die drei Blöcke sind mittels einer Kette miteinander verbunden – einer *Blockchain.**

Abbildung 2.1

Da die Daten überprüft und miteinander verknüpft sind, kann die Transaktion nahezu zeitgleich abgeschlossen werden – so schnell, wie man Bananen im Supermarkt kauft. Das bedeutet, dass Sie sich sofort für die Hypothek qualifizieren. Es sind keine Eigentumsrecherchen oder Versicherungen erforderlich. Keine Treuhandzahlungen. Sie vermeiden monatelange Verzögerungen und sparen Tausende von Dollar an Gebühren. Sie können noch am selben Tag, an dem der Kaufvertrag angenommen wird, in das Haus einziehen.

Es kann gar nicht hoch genug eingeschätzt werden, wie sehr dies den globalen Handel verändert. Die Blockchain kann auch die Karten neu

* Sehen Sie? Die Sache ist eigentlich gar nicht so kompliziert.

mischen – denn wenn Sie der für den Abschluss des Immobilienkaufs zuständige Anwalt oder die Rechtsschutzversicherung sind, sind Sie gerade genauso obsolet geworden wie der Hersteller von Pferdekutschen.

Mit Blockchains werden nämlich alle *Mittelsmänner*, die zwischen Käufer und Verkäufer stehen, ausgeschaltet. Dank der Blockchain-Technologie brauchen wir niemanden davon mehr. Börsenmakler, Anwälte, Versicherungsvertreter, Ticketverkäufer – jeder, der Papierkram bearbeitet, um Käufern und Verkäufern bei der Abwicklung von Transaktionen zu helfen, wird wahrscheinlich arbeitslos sein. Wir sprechen hier von zehn Millionen Angestellten in den Vereinigten Staaten, die 21 Prozent des amerikanischen Bruttoinlandsprodukts (BIP) ausmachen.*

Die Merkmale der Blockchain

Wir haben bisher nur ein Beispiel für die transformative Kraft dieser neuen Technologie gesehen. Und wir haben gerade erst angefangen. Die Möglichkeiten der Blockchain sind dank ihrer verschiedenen Eigenschaften sehr umfangreich, unter anderem gehören dazu:

1. **Sie arbeitet dezentralisiert.** Es gibt keinen einzigen Punkt, an dem ein Fehler auftreten könnte. Weder ein einzelner Standort noch eine einzelne Person kann dem Netzwerk gefährlich werden – sei es durch Böswilligkeit oder Inkompetenz.
2. **Keine Betrügereien.** Durch die Dezentralisierung sind Manipulationen extrem schwierig.
3. **Transparenz.** Jeder hat den gleichen Zugang zu allen Unterlagen. Es geht um die Demokratisierung von Informationen.
4. **Keine Vorzugsbehandlung.** Es gibt keine Hierarchie wie bei zentralisierten Systemen.

---

* Eine genaue Liste der Arbeitsplätze, die bis 2035 wegfallen werden, finden Sie in Kapitel 14 meines Buches „Truth About Your Future".

5. **Unveränderlichkeit.** Ein einmal erstellter Datensatz kann nicht mehr gelöscht, kopiert oder geändert werden.
6. **Grenzenlos.** Wir können an bestehende Datensätze anknüpfen und unendlich viele neue Informationen bereitstellen.
7. **Open-Source-Software.** Das Programm ist nicht nur für jedermann einsehbar und überprüfbar, sondern kann auch nur im Konsens geändert werden. Keine Diktatoren, keine CEOs.
8. **Niedrige Transaktionskosten.** Die Technologie ist kostengünstig, sodass sie für mehr Menschen weltweit zugänglich ist.
9. **Höhere Geschwindigkeit.** Zeit ist das einzige Gut, das wir alle in gleichem Maße haben und das wir nicht ersetzen können. Daher ist die Möglichkeit, Transaktionen schneller abzuschließen, eine der wichtigsten Eigenschaften der Blockchain.
10. **Anonymität.** In vielen Fällen können Sie Daten in eine Blockchain einspeisen und Transaktionen durchführen, wobei Ihre Privatsphäre dennoch gewahrt bleibt.

Die Vorteile der Blockchain

Es gibt Tausende und Abertausende von kommerziellen Anwendungen für die Blockchain-Technologie. Mit DLT können Regierungen und Unternehmen schneller, sicherer, kostengünstiger und transparenter arbeiten. Schauen wir uns einige der wichtigsten Verwendungszwecke an.

Endkundenkäufe

Im Jahr 2020 wurden 4,2 Billionen US-Dollar an Händlertransaktionen, das heißt 14 Prozent des gesamten weltweiten Handels, über das Internet abgewickelt. Die meisten dieser Transaktionen erfolgten mit Kreditkarten; Visa und MasterCard berechnen den

Händlern in der Regel etwa zwei Prozent, American Express und Discover drei Prozent. Das sind etwa 100 Milliarden US-Dollar pro Jahr an Gebühren, die die Händler in Form von höheren Preisen an die Endkunden weitergeben.

Die Blockchain-Technologie ermöglicht es Endkunden, die Kreditkarteninfrastruktur zu umgehen und Geld direkt an Händler zu überweisen. Dies bedeutet für die Endkunden massive Kosteneinsparungen, stellt aber für die Kreditkartenunternehmen eine existenzielle Bedrohung dar.

Überweisungen

Jedes Jahr werden vier Billionen US-Dollar von einem Land in ein anderes verschoben. Es sind nicht nur große Unternehmen, die ihr Geld weltweit bewegen. Das tun auch ganz normale Menschen: Laut Weltbank schicken ausländische Arbeitskräfte etwa 500 Milliarden Dollar von einem Land in ein anderes – in der Regel an Familienangehörige in der Heimat.

Um Geld über das weltweite Bankensystem in ein anderes Land zu senden (eine sogenannte *grenzüberschreitende Überweisung*), verwenden Sie SWIFT, das Netzwerk der Society for Worldwide Interbank Financial Telecommunication. Mehr als 11.000 Banken bearbeiten täglich über 35 Millionen dieser Transaktionen, wobei jede Überweisung bis zu fünf Tage in Anspruch nimmt und durchschnittlich 6,7 Prozent des überwiesenen Betrags kostet (in einigen Ländern südlich der Sahara sogar bis zu 20 Prozent). Und wenn es Freitagabend ist, müssen Sie bis Montagmorgen warten, um Ihrer Bank mitzuteilen, dass sie die Überweisung veranlassen soll. (Und hoffen wir, dass der Montag kein Feiertag ist.)

Mit der Blockchain-Technologie können Sie zu jeder Tages-, Nacht- und Jahreszeit Geld überweisen. Der Empfänger erhält es innerhalb von Minuten, möglicherweise sogar in Sekunden, und die Transaktion ist praktisch kostenlos, wodurch Endkunden und Unternehmen 268 Milliarden Dollar pro Jahr sparen. Zahlungsabwickler wie Western Union könnten überflüssig werden.

Unternehmensfinanzierungen

Hunderte staatlicher (darunter die Royal Bank of Canada, die Bank of Thailand, die Europäische Investitionsbank und die Weltbank) und privater Banken (darunter HSBC, Goldman Sachs, Société Générale und Santander) haben Anleihen über Blockchains verkauft. Auf diese Weise lassen sich laut dem deutschen Fintech-Unternehmen Cashlink die Zeichnungskosten um 35 Prozent senken und die Anleger können höhere Renditen erzielen.

Außenhandel

Unternehmen, die Geschäfte außerhalb ihres Heimatlandes tätigen, sind aufgrund der routinemäßigen Verzögerungen im Bankensystem erheblichen finanziellen Risiken ausgesetzt. Wenn Sie ein Produkt in Ihrer Landeswährung kaufen, muss der Händler im Ausland Ihre Währung in seine Währung umrechnen. Je länger diese Umwandlung dauert, desto größer ist das Risiko von Preisschwankungen. Außerdem fallen erhebliche Gebühren für den Währungsumtausch an, selbst wenn Sie ihn schnell durchführen können. Es ist schon schlimm genug, wenn man ein paar Tausend Euro für einen Urlaub im Ausland ausgibt. Und jetzt stellen Sie sich mal vor, Sie geben mehrere Milliarden Dollar für Unternehmenskäufe aus. Die Verluste können enorm sein.

Die Blockchain-Technologie kann beide Probleme lösen. Überweisungen erfolgen in Echtzeit, wodurch das Wechselkursrisiko entfällt, und Cashflow-Probleme gemindert werden. Mit der Blockchain können Währungen innerhalb von Sekunden zu vergleichsweise geringen Kosten umgetauscht werden, was eine enorme Zeit- und Geldersparnis bedeutet.

Programmierbares Geld alias Smart Contracts

Wenn Sie jemandem über eine Blockchain Geld schicken, erhält er es fast sofort. Aber vielleicht wollen Sie das gar nicht. Vielleicht möchten Sie nur dann bezahlen, wenn jemand eine Gegenleistung erbringt, zum Beispiel Ihre Pizza ausliefert, oder wenn die Zahlung an einem bestimmten Datum erfolgt, zu einer bestimmten Uhrzeit, bei einer bestimmten Temperatur, einem bestimmten Wetter, bei einem bestimmten politischen oder sportlichen Ereignis oder wenn irgendeine andere Bedingung erfüllt ist. Bei solchen Smart Contracts (intelligente Verträge) wird Ihr Geld gesendet, aber erst empfangen, wenn alle Bedingungen erfüllt sind – unter Verwendung einer Blockchain als Treuhandkonto.

Smart Contracts könnten die Art und Weise verändern, wie der Handel auf globaler Ebene abgewickelt wird. Komplexe Verträge in den Bereichen Finanzen, Fertigung, Immobilien und mehr können mit größerer Transparenz, Effizienz, Sicherheit und Compliance abgewickelt werden – und schützen Käufer vor dem Risiko, dass Verkäufer ihre Versprechen nicht einhalten.

Micropayments

Ein Problem, das viele Branchen vom Erfolg abhält, ist die Unfähigkeit, Zahlungen in kleinen Beträgen zu leisten. Im Jahr 2020 verkaufte Bob Dylan die Rechte an seinen Songs an einen Musikkonzern. Was wäre, wenn das Unternehmen beschließen würde, diese Rechte an Investoren zu veräußern? Es wäre cool, einen Anteil an „Mr. Tambourine Man" zu besitzen – stellen Sie sich vor, Sie würden jedes Mal, wenn der Song im Radio oder auf Spotify gespielt wird, Ihren Anteil an den Tantiemen bekommen!

Das Problem ist, dass Sie nicht sehr viel bekommen würden. Dylans Werk mit über 600 Liedern wurde Berichten zufolge für 400 Millionen Dollar verkauft. Jeder Song ist also durchschnittlich etwa 667.000 Dollar wert. Angenommen, die Songs werden für Anteile zu je 1.000 Dollar verkauft – das sind etwa 670 Anteile an „Mr. Tambourine Man". Wenn der Song im Radio gespielt wird, erhält jeder eine Tantieme von 9,1 US-Cent. Wenn das Lied 12-mal im Jahr läuft, hätte jeder dieser Anteile Anspruch auf eine Zahlung von 0,0016 Dollar. Wie ich schon sagte: Sie würden nicht sehr viel bekommen.

Nicht nur, dass es keine Währung für einen so kleinen Betrag gibt (Pennys sind nur zwei Dezimalstellen eines Dollar), die Kosten, um diese Zahlung auszuschütten, wären höher als die Zahlung selbst.

Allein die Briefmarke für den Versand des Schecks kostet 55 US-Cent, nicht zu vergessen die Kosten für den Scheck selbst und die Arbeit, die anfällt, um ihn auszustellen und den Vorgang zu dokumentieren. Es ist wirtschaftlich unmöglich, Zahlungen in solch geringer Höhe zu leisten.

Das liegt allerdings nur daran, dass die kleinste Stückelung des Dollar der Penny ist, der nur zwei Dezimalstellen hat. Digitales Geld (das aus Bits und Bytes, Einsen und Nullen besteht) kann hingegen in viel kleinere Einheiten zerlegt werden. Es ist also ganz einfach, digitales Geld zu schaffen, das nur ein Hundertmillionstel eines Coins ausmacht. Und das ist bereits geschehen – wie wir in Kapitel 8 erfahren werden. Da es sich um ein digitales Dokument handelt, ist kein Porto für den Versand erforderlich. Die Blockchain-Technologie ermöglicht somit Mikrozahlungen, was das Potenzial des elektronischen Handels weltweit weiter steigert.

In der Tat besitzen 17 Prozent der Erwachsenen, die kein Bankkonto haben – 300 Millionen Menschen weltweit – ein Mobiltelefon, und das ist alles, was man braucht, um auf digitale Assets zuzugreifen. Neue Technologien ermöglichen Milliarden von Menschen einen nie da gewesenen Zugang zu Geld.

Lieferketten-Management

Die *Lieferkette* bezieht sich auf die Bewegung von Waren von der Fabrik bis zum Endkunden. Diese Kette ist lang und beginnt mit der Beschaffung von Rohstoffen und Teilen, die an eine Fabrik geschickt werden, die dann konstruiert oder zusammengebaut und an einen Großhändler, dann an einen Einzelhändler und schließlich an den Endkunden geliefert werden. Für die Hersteller ist es teuer, all diese Teile zu bestellen und deren Weg sowie den der fertigen Produkte zu verfolgen.

Dank gemeinsamer Aufzeichnungen, die erstmals über die Distributed-Ledger-Technologie verfügbar sind, können wir die Verarbeitung von Waren und Dienstleistungen auf ihrem Weg durch die Lieferkette überwachen. Im Rahmen des DLT-Modells werden alle Parteien in der Kette miteinander verbunden. Händler, Spediteure, Binnentransporteure, Häfen und Terminals, Seefrachtführer sowie die Lebens- und Arzneimittelbehörde (FDA), Zoll-, Strafverfolgungs- und andere Behörden arbeiten alle innerhalb eines sicheren Systems. Jeder teilt Echtzeitinformationen, die Meilensteine des Versands, Frachtdetails, Handelsdokumente, Zollanmeldungen, Sensormesswerte und mehr umfassen. Da das System vertrauensunabhängig ist, fördert es die Zusammenarbeit durch die Digitalisierung und Automatisierung von Geschäftsprozessen, die für den globalen Handel unerlässlich sind.

Nehmen wir einmal die Fischereiindustrie. Die Norwegian Seafood Association nutzt eine von IBM entwickelte Blockchain, um den Weg des Lachses von der Aufzucht über den Fang und die Lagerung bis hin zum Versand zu verfolgen. Im Lebensmittelgeschäft können die Endkunden den QR-Code jedes Fisches scannen, um zu erfahren, wann der Fisch gezüchtet wurde und wie lange es her ist, dass er das Meer verlassen hat. Im Gegenzug können die Fischer Betrug verhindern und Verschwendung reduzieren.

Ein anderes Beispiel sind Luxusuhren. Einige der renommiertesten Uhrenhersteller der Welt, darunter Vacheron Constantin, Ulysse Nardin und Breitling, nutzen die Blockchain-Technologie, um jede von ihnen hergestellte Uhr zu verfolgen. Auf diese Weise können die Käufer die Herkunft jeder Uhr von der Fabrik bis zum Einzelhändler nachweisen und die Echtheit auch bei einem Besitzerwechsel garantieren. Louis Vuitton macht das Gleiche für seine Luxushandtaschen.

Praktisch jede Branche kann durch den Einsatz der Blockchain-Technologie einen ähnlichen Wert und Nutzen erzielen. Derzeit nutzen sie die meisten Unternehmen noch nicht, aber die Anwendung der Blockchain-Technologie wird mit Sicherheit exponentiell zunehmen. Xerox erfand 1964 das kommerzielle Faxgerät, aber erst in den 1980er-Jahren waren Faxgeräte in den Büros der Unternehmen allgegenwärtig. Es wird nicht annähernd so lange dauern, bis die Blockchain-Technologie ebenso alltäglich wird. Gesundheitsdaten, Finanztransaktionen, Bildungsberichte, Umweltinformationen – die Liste der Daten, die in einer Blockchain gespeichert werden können, ist endlos und für Unternehmen und Regierungen besteht ein enormer wirtschaftlicher Anreiz, dies zu tun.

Wirklich endlos? Und ob. Wir haben über die Lieferkette, mittlerweile auch häufig als Supply Chain bezeichnet, im Hinblick auf die hergestellten Produkte gesprochen. Aber wir könnten das Prinzip leicht auf den Finanzdienstleistungssektor ausweiten, dessen Produkt Geld ist. All diese Konten bei den Banken und Brokerfirmen? Sie sind eigentlich nur Lagerhäuser für Finanzdaten. Stellen Sie sich vor, all diese Daten würden auf eine Blockchain übertragen. Wissen Sie, was Sie dann haben? Alle weltweiten Geschäftsunterlagen über die Handelsaktivitäten an jedem Punkt der Lieferkette in einer einzigen Datenbank. Jeder könnte jede Transaktion verfolgen, unabhängig davon, wie viele Zwischenhändler beteiligt waren. Wir hätten einen offenen Zugang und eine Transparenz, wie sie nicht möglich war. Bis jetzt. *Das ist* das eigentliche Versprechen der Distributed-Ledger-Technologie.

Kontrolle über die eigene Identität

Anstatt dass Facebook all Ihre persönlichen Daten ohne Ihr Wissen oder Ihre Zustimmung und ohne jegliche Entschädigung besitzt und nutzen kann, ermöglicht Ihnen die Blockchain-Technologie die Kontrolle über Ihre persönliche Identität und Ihre Daten. Sie können nach Belieben Zugang zu Ihrem digitalen Ich gewähren und dafür entlohnt werden.

Der wichtigste Vorteil und Nutzen

Es ist leicht, die Blockchain-Technologie als eine Modeerscheinung, eine Neuheit, ein Spielzeug, eine Wahlmöglichkeit abzutun. Wenn man darüber nachdenkt, könnten die meisten Amerikaner – ja, die meisten Menschen in den Industrieländern – vernünftigerweise fragen: „Wozu das Ganze?“

Schließlich kommen wir alle auch ganz gut ohne sie aus – vielen Dank auch. Unser Bankensystem funktioniert hervorragend (auch wenn wir uns gern darüber beschweren). Wir können Leasing- und Kaufverträge unterzeichnen, die uns erlauben, Produkte jetzt zu erwerben, indem wir versprechen, später zu bezahlen. Wir können uns problemlos Geld leihen, um Häuser, Autos und Möbel zu kaufen. Haben Sie heute kein Geld? Kein Problem, denn wir können die täglichen Ausgaben einfach über unsere Kreditkarten abrechnen. Und das Geld auf unseren Bankkonten? Das ist sicher – wir machen uns keine Sorgen, dass die Bank schließen oder unsere Regierung unser Geld beschlagnahmen könnte.

Wenn Sie dieses Buch lesen, sind die Chancen hoch, dass Sie Blockchain nicht brauchen, um Ihr Leben zu verbessern. Ihr Leben ist so, wie es ist, ziemlich gut.

Auch für gut 5,6 Milliarden andere Menschen auf der Welt ist das Leben gut. Aber zwei Milliarden Menschen (darunter sechs Prozent der US-Haushalte) haben nicht so viel Glück. Sie alle *haben keine Bankverbindung*, das heißt, sie verfügen nicht über ausreichende Mittel, um ein Bankkonto zu eröffnen. Infolgedessen kommen sie nicht in den Genuss der Vorteile, die für Sie und mich selbstverständlich sind.

Nehmen wir mal den Kredit: Ohne ihn könnten Sie vielleicht nicht studieren, wahrscheinlich könnten Sie kein Auto oder Haus kaufen – ganz zu schweigen von Einkäufen, für die eine Kreditkarte erforderlich ist (zum Beispiel Online-Einkäufe). Ohne Kredite können Unternehmen nicht in Fabriken oder in Forschung oder Produktentwicklung investieren oder den Vertrieb ihrer Produkte problemlos finanzieren. Ohne Zugang zu Krediten wäre die Weltwirtschaft in der Tat stark beeinträchtigt.

Aber jetzt kommt der faszinierende Teil. Von den zwei Milliarden Menschen, die keine Bankverbindung haben, besitzen laut der Pew-Stiftung 60 Prozent ein Smartphone, mit dem sie digitale Assets erwerben und halten können. So können sie eine Transaktionshistorie ihrer Einkünfte und Einkäufe erstellen, anhand derer Kreditgeber ihre Kreditwürdigkeit bestimmen können. Und Mikrokreditgeber – die bereit sind, schon ab 25 Dollar zu leihen – können sie erreichen. Plötzlich ist der Zugang zu Krediten möglich, ohne dass die Banken beteiligt sind.

Ein gutes Beispiel dafür ist M-Pesa, das im März 2007 in Kenia eingeführt wurde (*M* steht für „mobile“; *pesa* bedeutet „Geld“ auf Swahili). Heute nutzen es 96 Prozent der kenianischen Haushalte. Es ist auch in Albanien, der Demokratischen Republik Kongo, Ägypten, Ghana, Indien, Lesotho, Mosambik, Rumänien und Tansania verfügbar.

Mit M-Pesa können Kunden sicher Geld empfangen und aufbewahren sowie Rechnungen bezahlen. Sie benötigen kein Bankkonto, sondern nur ein einfaches Mobiltelefon (Smartphone-Nutzer können eine App herunterladen). Die kenianische Regierung sagt, dass M-Pesa Straßenüberfälle, Einbrüche und Korruption, die in bargeldbasierten Volkswirtschaften üblich sind, deutlich reduziert hat. Sie hat auch die Einführung von „intelligenten Zählern“ (Smart Meters) ermöglicht, Prepaidgeräte, mit denen einkommensschwache Haushalte Strom und Wasser umlagebasiert, also nach dem Prinzip „Pay as you go“, bezahlen können. M-Pesa wird auch zur Bezahlung von Lebensmittellieferungen an 100.000 Flüchtlinge verwendet, wodurch Zwischenhändler ausgeschaltet und die Kosten für die Verteilung der Hilfe gesenkt werden, während gleichzeitig Beschäftigungsmöglichkeiten für Menschen in Flüchtlingslagern geschaffen werden.

All dies erklärt, warum von den Amerikanern, die wissen, was eine digitale Währung ist, nur 18 Prozent dafür sind, dass unsere Regierung eine solche einführt, verglichen mit 42 Prozent derjenigen, die kein Bankkonto haben. Es erklärt auch, warum 32 Prozent der nigerianischen Bevölkerung Bitcoin besitzen (und damit laut Statista das Land mit der weltweit höchsten Verbreitung von Kryptowährung ist), warum El Salvador den Bitcoin zur legalen Währung erklärt hat (und warum Panama, die Ukraine und Paraguay dies ebenfalls planen), warum Kuba den Bitcoin offiziell für seine Bürger eingeführt hat und warum Vietnam (wo 21 Prozent der Erwachsenen Bitcoin besitzen), die Philippinen (20 Prozent), die Türkei (16 Prozent), Peru (16 Prozent) und Indien (9 Prozent) die größten Pro-Kopf-Nutzer des Bitcoin sind.

Blockchain bietet die beste Möglichkeit, die je erfunden wurde, um die Armut weltweit zu beseitigen, den Lebensstandard von Milliarden von Menschen zu erhöhen und die Weltwirtschaft wachsen zu lassen, was allen Menschen auf dem Planeten hilft. Dies ist zweifellos das größte Versprechen der Blockchain und ihr wichtigster Vorteil und Nutzen.

So aufregend all diese Vorteile auch sein mögen – bedenken Sie, dass es sich dabei vorerst nur um Versprechungen handelt. Es gibt nur wenige Anwendungen mit relativ wenigen Nutzern. Wenn Sie die in Teil 3 vorgestellten Investitionsmöglichkeiten prüfen, sollten Sie bedenken, dass die geschäftlichen Grundlagen weiterhin gelten. Bietet das Unternehmen eine Dienstleistung an, die von den Kunden gewünscht wird? Löst der Einsatz von Blockchain ein echtes Problem – oder ist er nur ein Marketing-Gag? Gehen Sie mit der gleichen Vorsicht vor, die Sie auch bei anderen potenziellen Investitionen an den Tag legen würden.

3

Wie Blockchain und Bitcoin entstanden sind

Die meisten schreiben die Entwicklung der Blockchain-Technologie Satoshi Nakamoto zu, der die Idee 2008 in einem Whitepaper beschrieb.* Eigentlich müssten wir aber Scott Stornetta und Stuart Haber danken. Sie lernten sich bei Bell Labs kennen. Scott hat einen Doktortitel in theoretischer Physik von der Stanford University; Stuart hat einen Doktortitel in Computerwissenschaften von der Columbia. Sie waren Mitverfasser eines bahnbrechenden Papers, in dem ihr Konzept 1991 beschrieben wurde (und das 1992 mit dem Discover Award für Computersoftware ausgezeichnet wurde). Von den acht Zitaten in Satoshis Whitepaper von 2008 beziehen sich drei auf die Arbeit von Scott und Stu.**

Warum ist Satoshi dann so viel berühmter? Nun ja, Satoshi löste das Problem, welches das Funktionieren der Blockchain-Technologie verhindert hatte.

---

* Keiner weiß, wer Satoshi ist. Viele glauben, dass Satoshi eine Einzelperson ist; andere glauben, dass Satoshi der Name einer Gruppe von Leuten ist, die zusammenarbeiteten, um Bitcoin zu erfinden.

** Scott ist Mitglied meines Lehrkörpers beim Digital Assets Council of Financial Professionals, wo er einige der Online-Selbstlernkurse unterrichtet, die Finanzfachleute belegen, um ihr Zertifikat in Blockchain und digitalen Assets zu erlangen.

Das Problem der doppelten Vorlage

Angenommen, Ihre Oma schickt Ihnen zum Geburtstag einen Scheck über 50 Dollar. Sie würden das Geld gern ausgeben, aber niemand akzeptiert den Scheck als Zahlungsmittel. Niemand weiß, ob der Scheck echt ist oder ob Oma wirklich 50 Dollar auf ihrem Konto hat, um ihn zu decken. (Da ist es wieder, das *Vertrauen.*) Sie reichen also den Scheck auf Ihr Bankkonto ein und warten, bis er freigegeben wird. Anschließend heben Sie das Geld ab, damit Sie es ausgeben können.

Es ist noch gar nicht so lange her, da musste man zur Bank gehen und den Scheck der Oma persönlich beim Schalterbeamten abgeben. Auf Wiedersehen, Scheck; hallo, Erhöhung Ihres Bankguthabens. Im Jahr 2009 war USAA die erste Bank, die ein Foto von Omas Scheck akzeptierte. Sie machten einfach mit Ihrem Handy ein Foto und schickten es per E-Mail an die Bank.

Doch halt. Sie sind immer noch im Besitz des physischen Schecks. Was hält Sie davon ab, in die Bankfiliale zu gehen und den Scheck einzureichen, nachdem Sie das Foto eingeschickt haben? Wenn Sie zweimal denselben Scheck einreichen – einmal per Telefon und einmal in einer Filiale – würden auf Ihrem Konto nicht nur 50, sondern 100 Dollar landen. Heben Sie das Geld schnell ab, bevor die Bank merkt, was Sie getan haben, und Sie haben Ihr Geld verdoppelt.

Das ist natürlich eine Straftat. Laut F5, einem Unternehmen für Cybersicherheit, verlieren die Banken jährlich 1,7 Milliarden Dollar durch diesen Betrug, den sogenannten *Double Presentment Fraud,* also den *Betrug durch doppelte Vorlage.*

Dieses Problem könnte auch bei Blockchains auftreten. Was geschieht, wenn zwei Exemplare derselben Urkunde aufgegeben werden? Was ist, wenn zwei Personen jeweils behaupten, Käufer oder Eigentümer desselben Hauses zu sein?

Satoshi hat das Problem gelöst. Satoshis Innovation besteht im Wesentlichen darin, dass jeder Datenblock, der auf einer Blockchain gespeichert wird, mit einem Zeitstempel und einer Verschlüsselung versehen wird. Sobald dies geschehen ist, weiß jeder, dass die Informationen zuverlässig sind, da sie authentifiziert wurden. Es ist kein Vertrauen erforderlich.

Die Einführung des Bitcoin

Okay. Gut. Sie haben es verstanden. Sie müssen die Blockchain-Technologie nutzen, um Daten kryptografisch zu authentifizieren. Aber warum braucht man den Bitcoin?

Die Antwort ist einfach. Satoshi nannte diese neue Blockchain *Bitcoin*. Und um einen Datenblock in die Kette einzuspeisen, braucht man ein Transportmittel. Satoshi nannte es *den Bitcoin*.* Der Bitcoin ist für das Bitcoin-Netzwerk das, was Chips für ein Casino sind. Wenn Sie Poker spielen wollen, müssen Sie Ihre Dollar in Chips umwandeln. Die Chips sind Ihr Transportmittel – Sie benutzen sie, um die Spiele zu spielen. Wenn Sie fertig sind, können Sie Ihre Chips wieder in Dollar umtauschen. Das Gleiche gilt für die Blockchain: Wenn Sie Datenblöcke auf die Kette setzen wollen, müssen Sie Coins verwenden, die systemeigen sind. Satoshi hat sie erfunden, und anstatt sie Dollar, Pennys, Chips, Token oder Aktien zu nennen, nannte er sie Bitcoin.

Wenn Sie sich also Satoshis Blockchain nutzen wollen, müssen Sie den Bitcoin verwenden. Er hat sein eigenes Tickersymbol (BTC), genau wie öffentlich gehandelte Aktien.

---

* Ich hätte ein anderes Wort bevorzugt, anstatt demselben Wort einen Artikel hinzuzufügen, um Verwechslungen zu vermeiden, aber Satoshi hat mich nicht nach meiner Meinung gefragt.

Was hat Satoshi motiviert, das Bankenproblem durch die Erfindung des Bitcoin zu lösen?

Im Jahr 2008 steckte die Welt in einer globalen Kreditkrise. Hypothekengläubiger hatten Kredite an Menschen vergeben, die sie nicht zurückzahlen konnten, und als Millionen dieser Hausbesitzer in Verzug gerieten, verloren die Kreditgeber ihr gesamtes Geld.

Der größte Kreditgeber, Countrywide Financial, brach zusammen, ebenso wie die IndyMac Federal Bank und die Washington Mutual Bank. Die Regierung verstaatlichte die Hypothekenbanken Fannie Mae und Freddie Mac. Die Investmentbank Bear Stearns ging pleite, dann Lehman Brothers. Die Regierung rettete die Citigroup und vermittelte dann der Bank of America den Kauf von Merrill Lynch, die kurz vor dem Konkurs standen. In der Zwischenzeit kaufte Wells Fargo Wachovia, während Goldman Sachs und Morgan Stanley zu Bankholdinggesellschaften wurden, die der Federal Reserve unterstehen. Der Reserve Primary Fund, der älteste Geldmarktfonds des Landes mit einem Vermögen von 60 Milliarden Dollar, hat als erster solcher Fonds Geld verloren (und damit einen „Run“ auf die Wall Street ausgelöst). Schließlich verabschiedete der Kongress das 700 Milliarden Dollar schwere Troubled Asset Relief Program (TARP) zur Rettung von Ford, General Motors (GM) und Chrysler sowie von AIG, dem größten Versicherungsunternehmen der Welt.

All dies war schockierend und noch nie da gewesen und geschah unglaublich schnell. Das TARP trug dazu bei, einen wirtschaftlichen Zusammenbruch zu verhindern, aber es kam eine neue Befürchtung auf: dass der massive Zustrom von Geld in die Wirtschaft und der daraus resultierende Anstieg der Staatsverschuldung zu einer galoppierenden weltweiten Inflation führen würde.

Satoshi hatte genug. Es musste doch einen besseren Weg für unser globales Finanzsystem geben, oder? Im Dezember 2008, mitten in der Finanzkrise, veröffentlichte Satoshi ein neunseitiges Whitepaper mit dem Titel „Bitcoin, a Peer-to-Peer Electronic Cash System".* In dem Paper beschrieb Satoshi das Problem:

> *Das Hauptproblem der konventionellen Währung ist das Vertrauen, das erforderlich ist, damit sie funktioniert. Man muss der Zentralbank vertrauen, dass sie die Währung nicht entwertet, aber die Geschichte des Fiatgeldes ist voll von Verstößen gegen dieses Vertrauen und genau dadurch wird es problematisch.*

Was hat Satoshi als Lösung vorgeschlagen? Sie brauchen nicht das ganze Whitepaper zu lesen.** Es genügt, sich stattdessen auf den Titel zu beschränken. Schauen wir uns den genauen Wortlaut einmal an.

Bitcoin Das allererste Wort des Titels war die Einleitung zu Satoshis brandneuer Erfindung. Der Name ist eine clevere Kombination aus *Coin* (Geld) und *Bit* (Computerbits und -bytes, die Grundlage von Daten).

Peer-to-Peer Das bedeutet „zwischen dir und mir". Bei der Verwendung des Bitcoin gibt es keinen Vermittler, niemand steht zwischen Käufer und Verkäufer. Das ist im derzeitigen globalen Finanzsystem, in dem es fast immer einen Vermittler gibt, selten der Fall.

Electronic Satoshi hat ein System entwickelt, das im digitalen Zeitalter funktioniert und das Internet nutzt. Wichtig ist, dass – anders als bei Fiatgeld – kein Papier im Spiel ist.

---

* Sie können es auf bitcoin.org lesen.

** Auch wenn ich es Ihnen gerade gesagt habe.

Cash Dieses neue elektronische System ermöglicht es, Bargeld von einer Person oder Einrichtung zu einer anderen zu transferieren.

System Bitcoin ist ein komplettes, in sich geschlossenes System, mit dem all dies funktioniert.

Kurz gesagt, Satoshis Whitepaper zeigte, wie eine digitale Währung als Alternative zu den von den Zentralbanken der Welt ausgegebenen Papierwährungen dienen könnte.

Jetzt wissen Sie, warum Satoshi den Bitcoin erschaffen hat. Aber wie funktioniert er?

4

Wie die Blockchain funktioniert

Fangen wir mit den Daten an. Nehmen wir an, Sie haben ein Dokument, das kann ein kurzer Text sein oder aber auch eine Doktorarbeit. Vielleicht haben Sie einen einfachen Kontoauszug, aus dem hervorgeht, dass Sie Ihrem Bruder zehn Dollar schulden.

Was auch immer die Daten sind, wir werden sie in einen *Hash* umwandeln. Ein Hash ist eine Zeichenkette aus Computercode, die die Daten darstellt. Diese Zeichenketten können lang sein und wenn nur ein einziges Zeichen im Originaldokument geändert wird, entsteht ein völlig neuer und anderer Hashwert, der mit dem vorherigen verknüpft ist. Auf diese Weise wird zum Beispiel die Urkunde einer Immobilie mit dem Verkäufer und dann mit dem Käufer verknüpft.

Die Verknüpfungen in einer Blockchain sind sicher und unzerstörbar und sie sind auf alle Computernodes weltweit verteilt. Zusammen bilden die Links einen einzigen Datensatz, der in der Krypto-Community als *„Single Source of Truth"* – „die einzige Quelle der Wahrheit" – bezeichnet wird.

Wichtig ist, dass alle Arten von Aufzeichnungen – nicht nur Finanztransaktionen – in einer Blockchain gespeichert werden können.

Übrigens sind die Blöcke einer Kette nicht unbedingt linear verbunden. Der Hedera Hashgraph zum Beispiel ist eine neuere, komplexere (und weitaus bessere, wie manche sagen) Blockchain als Bitcoin. Na und? Das Wichtigste für Sie ist, dass die Verknüpfung der Blöcke – wie auch immer sie in einer Blockchain erfolgt – die Unversehrtheit der Blöcke garantiert.

Bei einem Auto gibt es neben Lenkrad, Gaspedal und Bremsen noch ein weiteres wichtiges Teil: den Schlüssel. Ohne ihn können Sie weder in das Fahrzeug einsteigen noch den Motor starten. Auch Blockchains haben Schlüssel; sie heißen digitale Signatur.

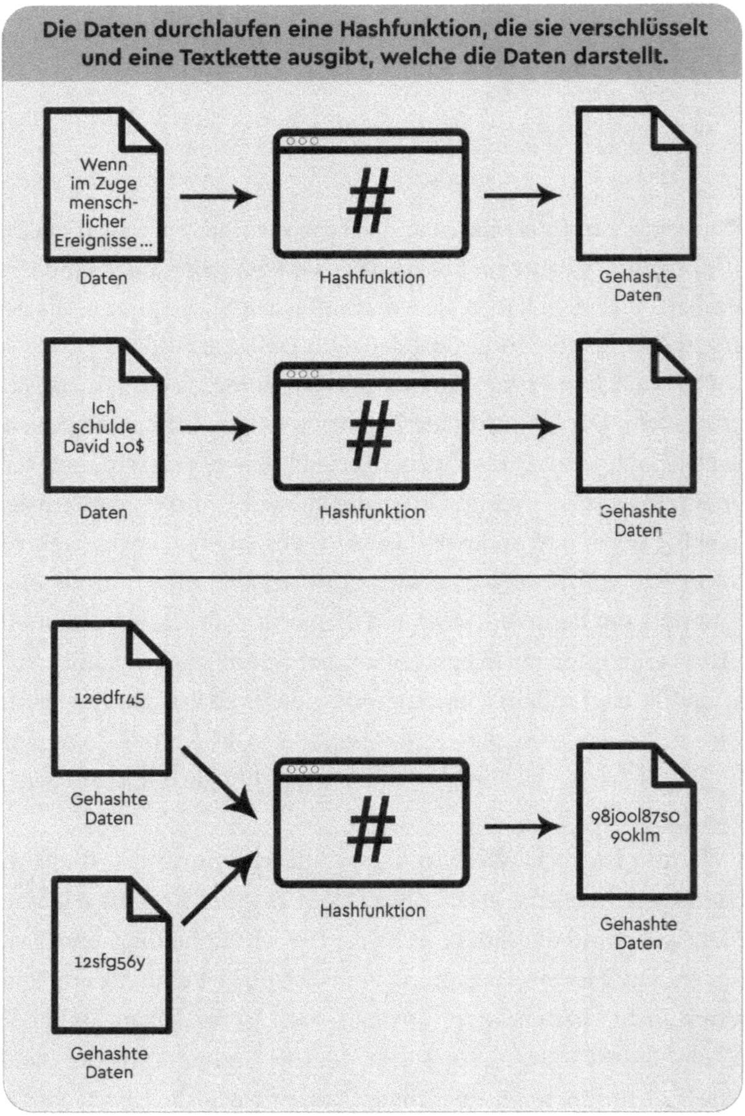

Abbildung 4.1

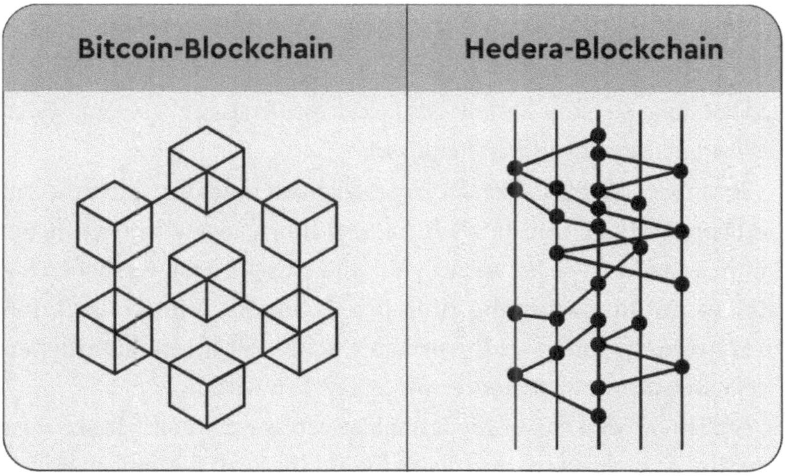

Abbildung 4.2

Zu diesem Zeitpunkt unserer Reise haben Blockchain-Technologen, die dieses Buch lesen, wahrscheinlich eine Glatze – weil sie sich aus Frustration über meine extreme Vereinfachung bei der Beschreibung der Funktionsweise der DLT die Haare ausgerissen haben. Aber, sorry, Techie, dies ist ein Buch für Endkunden und Investoren; es ist kein Programmierkurs und nicht dazu gedacht, jemandem zu helfen, einen Job als Blockchain-Softwareingenieur zu bekommen.

Also, liebe Leser, lassen Sie uns zusammen weitermachen, während sich Techie ein eiskaltes IPA gönnt (natürlich in Bitcoin bezahlt) und sich entspannt. Alles, was Sie hier lesen, ist richtig, wenn auch vereinfacht. Sie erfahren das Wesentliche, sodass Sie sich in diesem neuen Ökosystem gut genug auskennen, um entscheiden zu können, ob Sie daran teilnehmen wollen – und wenn ja, wie Sie es am besten anstellen.

Mit anderen Worten: Ich bringe Ihnen bei, wie man Auto fährt – und das bedeutet, dass ich Ihnen das Gas- und Bremspedal sowie das Lenkrad zeige; wir erforschen nicht, wie ein Verbrennungsmotor funktioniert.

Öffentliche und private Schlüssel

Jede digitale Signatur besteht aus zwei Identifikatoren – einem *öffentlichen* und einem *privaten* Schlüssel.

Ihr privater Schlüssel ist der Hope-Diamant unter den Passwörtern. Äußerst wertvoll. Unersetzlich. Er wird Ihnen zugewiesen (nein, Sie können ihn nicht selbst auswählen) und ist sehr lang, versuchen Sie also nicht, ihn auswendig zu lernen. Wenn Sie eine Transaktion durchführen, generiert Ihr privater Schlüssel Ihren öffentlichen Schlüssel, der dann an andere weitergegeben wird.

Stellen Sie sich das folgendermaßen vor: Ihr privater Schlüssel ist wie Ihre Anmeldedaten, mit denen Sie auf Ihr E-Mail-Konto zugreifen können. Ihr öffentlicher Schlüssel ist wie Ihre E-Mail-Adresse, die Sie mit anderen teilen. Sie teilen Ihren privaten Schlüssel mit niemandem, niemals.

Es ist wichtig, dass Sie Ihren privaten Schlüssel geheim halten. Nur so können Sie Ihre digitalen Assets aus einem verteilten Bestandsbuch abrufen. Wenn Sie Ihren privaten Schlüssel verlieren, haben Sie für immer den Zugriff auf Ihr digitales Vermögen verloren. Und wenn jemand Ihren privaten Schlüssel in Erfahrung bringt, kann er Ihre digitalen Assets stehlen.

Klingt das beängstigend? Fürchten Sie, dass Ihr privater Schlüssel verloren gehen oder gestohlen werden könnte? Ich habe eine Lösung für Sie – in Kapitel 16.*

Öffentliche versus private Blockchains

Wir haben bisher über öffentliche Blockchains gesprochen. Es handelt sich um *genehmigungsfreie Systeme*, denn man braucht keine Erlaubnis, um beizutreten oder teilzunehmen, und niemand kann ausgeschlossen oder zensiert werden.

* Bleiben Sie dran!

Einige Blockchains sind jedoch privat. Jedes dieser Systeme wird von einem Unternehmen betrieben und ist daher ein *genehmigungspflichtiges System*, da das Unternehmen, das es betreibt, Ihre Identität überprüft, bevor es Ihnen die Nutzung gestattet. 2019 lancierte JPMorgan Chase den JPM Coin und war damit die erste globale Bank, die ihre eigene Blockchain einführte. Mit dem JPM Coin können die Kunden der Bank rund um die Uhr und grenzüberschreitend sofortige Zahlungen vornehmen.

Um Zugang zum System von JPMorgan zu erhalten, müssen Sie jedoch die KYC/AML-Verfahren der Bank durchlaufen. Diese Gesetze zur Überprüfung von Neukundendaten (KYC/Know Your Customer) und zur Geldwäschebekämpfung (AML/Anti Money Laundering) sollen der Regierung helfen, Terrorismus, Drogenhandel und Steuerhinterziehung zu bekämpfen. Banken und Brokerfirmen müssen wissen, mit wem sie Geschäfte machen, und sie müssen Aufsichtsbehörden und Strafverfolgungsbehörden alarmieren, wenn sie den Verdacht haben, dass etwas nicht stimmt.

Die Bankaufsichtsbehörden würden JPMorgan dichtmachen, wenn das Unternehmen Transaktionen mit Personen ermöglichen würde, die es nicht kennt. Aber das Bitcoin-Netzwerk lässt Sie Ihre Privatsphäre wahren. Manche Leute halten das sogar für die beste Eigenschaft des Bitcoin. Auch wenn jemand Ihren öffentlichen Schlüssel hat, weiß er nicht, wer Sie sind.*

* Jetzt wissen Sie, warum Ransomware-Angreifer oft den Bitcoin als Bezahlung verlangen.

TEIL ZWEI

BITCOIN UND ANDERE DIGITALE ASSETS VERSTEHEN

5

Wie Bitcoin funktioniert

Satoshi lancierte die Bitcoin-Blockchain am 3. Januar 2009. Der erste Block, der in das Bestandsbuch geschrieben wurde, hieß Genesis Block* oder Block 0 (und ja, er ist immer noch da, Sie können ihn sich ansehen).

Der Code des Genesis Blocks zitiert die Schlagzeile einer Londoner Zeitung: „Chancellor on Brink for Second Bailout for Banks.“ (Britischer Finanzminister kurz vor einem zweiten Rettungspaket für Banken.)

Das Bemerkenswerte am Genesis Block ist, dass es sich nicht um ein Finanzvehikel handelt. Es ist nur Text, was bei einem System für digitales Geld eine gewisse Ironie hat. Während dieser Text weithin als Kritik an den Zentralbanken der Welt angesehen wird (der Grund für die Erfindung von Bitcoin), zeigt die Tatsache, dass der erste Block kein Geld war, den wahren Wert der Blockchain-Technologie: Sie kann als *Datenspeicher* dienen.

Aber in Satoshis Paper ging es nicht um Daten oder Blockchain, sondern um Geld. Digitales Geld. Daher konzentrierte sich jeder, der

---

* Ein großartiges Beispiel für das Bemühen der Krypto-Community um Kreativität bei ihrem neuen Wortschatz. Der Hinweis bezieht sich natürlich auf das erste Buch der Bibel, die Genesis, und auf den allgemeinen Gebrauch des Begriffs Genesis, der den Ursprung oder den Anfang von etwas bezeichnet.

die Zeitung las, auf Geld und den Bitcoin. Es sollte noch sechs Jahre dauern, bis man sich ernsthaft mit Blockchain befasste, der Technologie, die die Existenz von Bitcoin ermöglichte.

Wo wird Bitcoin aufbewahrt?

Sie wissen, dass Ihre Bank, wenn Sie Geld auf Ihr Bankkonto einzahlen, einen Datensatz über Ihre Einzahlung in ihrem Kontoführungssystem speichert. Das ist ein geschlossenes oder *zentralisiertes* Bestandsbuch, das nur Ihrer Bank und Ihnen zur Verfügung steht. Die Bank gibt viel Geld für riesige Rechenzentren aus, um alle ihre Daten zu speichern.

Aber wer betreibt die von Satoshi aufgebaute Blockchain? Satoshi ist kein Unternehmen und hat keine Kunden. Wie funktioniert das also?

Es sei daran erinnert, dass es sich bei Bitcoin um eine Distributed-Ledger-Technologie handelt, also um eine Technologie verteilter Bestandsbücher. Konzentrieren Sie sich erst einmal auf die *Verteilung*. Das Bitcoin-Bestandsbuch ist nicht zentralisiert wie das der Bank of America. Stattdessen ist es *dezentralisiert – verteilt* über Millionen von Computern auf der ganzen Welt. Folglich kontrolliert es kein Unternehmen, keine Regierung und keine Einzelperson (einschließlich Satoshi).

Stattdessen arbeitet das Bitcoin-Computernetzwerk weltweit im Internet. Jeder Computer im Bitcoin-Netzwerk wird als *Node*, als Knotenpunkt, bezeichnet. Die Knotenpunkte enthalten die Daten.

Woher wissen wir, dass die Daten auf den Nodes authentisch sind?

Einfach ausgedrückt: Sie stellen einen Datenblock in das Bitcoin-Netzwerk ein. Eine Person im Netz überprüft die Daten mit ihrem Computer; der Vorgang dauert etwa zehn Minuten. Nach der Überprüfung wird der Datenblock als neuer Block in die Blockchain eingefügt. Wenn er einmal da ist, ist er dauerhaft und immer für alle sichtbar.

Warum sollte sich jemand die Mühe machen, meine Daten zu authentifizieren?

Wenn ich Daten ins Netz stelle, brauche ich jemanden, der sie für mich prüft. Um Sie dazu zu bewegen, hat Satoshi einen Anreiz geschaffen: Wenn Sie meine Daten zur Blockchain hinzufügen, werden Sie dafür bezahlt. Das nennt man eine *Blockprämie*. Der Erhalt der Prämie beweist, dass Sie sich die Mühe gemacht haben, meine Daten zu überprüfen.

Die Blockprämie besteht nicht aus Dollar. Stattdessen erhalten Sie *Bitcoin*.

Als Satoshi im Jahr 2009 das Bitcoin-Netzwerk ins Leben rief, erhielten Datenvalidierer 50 Bitcoin für jeden von ihnen verifizierten Block. 50 klingt nach viel, aber damals waren Bitcoin einfach durch solch nützliche Dienste zu bekommen, hatten keinen erkennbaren Preis und konnten nicht in etwas Handfestes umgewandelt werden. Diese 50 Bitcoin waren also nichts, was man als wertvoll hätte bezeichnen können.

Aber Computerprogrammierer tüfteln gern an neuen Ideen. Anstatt ein Videospiel zu spielen, sagten sie sich: „Was soll's, lass uns mit diesem neuen Bitcoin-Netzwerk spielen." Am Anfang war es einfach, Blockprämien zu sammeln. Schließlich gab es nicht viele Menschen, die versuchten, sie zu verdienen.

Heute konkurrieren Millionen von Menschen weltweit um die Blockprämien; der Wettbewerb ist heftig.

Mining

Das Lösen der erforderlichen komplexen mathematischen Gleichungen zur Entschlüsselung eines Blocks wird *Mining* genannt.

Mining-Farm

Die Bitcoin-Mining-Farm von Riot Blockchain in Rockdale, Texas.

Fotos mit freundlicher Genehmigung von Riot Blockchain

Wie können Sie die Chancen auf den Gewinn der Blockprämie erhöhen? Es ist wie bei einem Autorennen: Der beste Fahrer mit dem schnellsten Auto wird mit großer Wahrscheinlichkeit gewinnen. Auch wenn Sie Bitcoin mit einem normalen Desktop-Computer minen können, sollten Sie sich besser einen wirklich schnellen Computer anschaffen.

Bitcoin-Mining-Computer kosten etwa 12.000 Dollar. Sie können sogar Tausende davon kaufen und sie miteinander verbinden, um Ihre Rechenkapazitäten weiter zu erhöhen. Überall auf der Welt gibt es *Computerfarmen*, die darum wetteifern, das einzigartige kryptografische Rätsel eines jeden Blocks als Erster zu lösen – und sich damit die Blockprämie zu sichern.

Wie bereits erwähnt, betrug die Blockprämie im Jahr 2009 50 Bitcoin. Nicht mehr. Das liegt daran, dass etwa alle vier Jahre eine *Halbierung, das sogenannte Halving** stattfindet: Die Blockprämie wird um die Hälfte gekürzt. Halvings gab es 2012, 2016 und 2020, wobei die Blockprämien von 50 auf 25, dann auf 12,5 und derzeit auf 6,25 Bitcoin reduziert wurden. Beim nächsten Halving – im Januar 2024 – wird die Blockprämie 3,125 Bitcoin betragen. Die Prämie wird im Jahr 2028 erneut halbiert und dann immer wieder, bis die letzten Bitcoin im Jahr 2140 gemint sind.

Aus diesem Grund sind viele optimistisch, was den Bitcoin-Kurs angeht. Wenn die Blockprämie halbiert wird, muss sich der Kurs verdoppeln, damit die Miner ihre Vergütung aufrechterhalten können. Der Kurs des Bitcoin *ist* nach jeder Halbierung gestiegen. Wird dieses Muster fortbestehen? Das kann niemand wissen (vergangene Leistungen sind keine Garantie für künftige Ergebnisse), also entscheiden Sie selbst.

Proof of Work versus Proof of Stake

Mining wird als PoW (*Proof of Work*, Arbeitsnachweis) bezeichnet, das ist ein Teil der „Authentifizierungs"-Nomenklatur – durch das

---

* Bitcoiner verwenden auch den Begriff Halvening. Ich überlasse es den Linguisten, den Streit zu schlichten.

Lösen komplexer Berechnungen authentifiziert die Bitcoin-Blockchain jede Transaktion kryptografisch. „Vertrauen“ ist nicht erforderlich.

PoW ist jedoch nicht die einzige Möglichkeit zur Authentifizierung der Daten einer Blockchain. Sie können dies auch über PoS (*Proof of Stake*, Anspruchs- oder Anteilsnachweis) tun.

2009: Bitcoin-Miner erhielten anfangs Blockprämien von 50 Bitcoin	Blockprämie gekürzt auf
2012: Erstes Halving	25.000 Bitcoin
2016: Zweites Halving	12.500 Bitcoin
2020: Drittes Halving	6.250 Bitcoin
2024: Nächstes Halving	3.125 Bitcoin

Abbildung 5.1

Dessen Einsatz wurde aufgrund eines Kritikpunkts an PoW entwickelt: PoW basiert auf der puren Leistung Ihrer Rechner. Je mehr Computer Sie haben und je schneller Ihre Rechner sind, desto wahrscheinlicher ist es, dass Sie die Blockprämie gewinnen. Allerdings fressen all diese Computergeräte unglaublich viel Strom (mehr dazu später in diesem Kapitel). PoS vermeidet dieses Problem (und die damit einhergehende Kritik).

Das PoS-Protokoll funktioniert wie eine Tombola. Wenn es 5.000 Lose gibt und Sie nur eines kaufen, stehen Ihre Gewinnchancen 1:5.000. Aber wenn Sie 1.000 Lose kaufen, stehen Ihre Gewinnchancen 1:5. Je mehr Coins Sie also in einer PoS-Blockchain haben – je mehr *Anteile* (stakes) Sie haben –, desto wahrscheinlicher ist es, dass Sie die Blockprämie bekommen. Das PoS-Protokoll ermutigt daher zum Kauf von Coins; theoretisch steigt der Kurs, wenn immer mehr Coins gekauft werden.

PoW und PoS sind die beiden gebräuchlichsten Verfahren (*Konsensmechanismen* genannt) zur Verifizierung von Daten auf einer Blockchain. Aber sie sind nicht die einzigen. Es gibt auch andere (zum

Beispiel Proof of Space und Proof of Time) und weitere werden regelmäßig erfunden. Aber keine der anderen Methoden ist bisher üblich; daher wird hier nicht näher darauf eingegangen.*

Wie viele Bitcoin werden geschaffen?

Im Gegensatz zu Dollar, die die Federal Reserve in unendlicher Menge druckt, werden nur 21 Millionen Bitcoin produziert – vom ersten im Jahr 2009 bis zum letzten im Jahr 2140. Bisher sind etwa 18,5 Millionen Bitcoin geschaffen worden und etwa vier Millionen gelten als verloren.

VERLOREN?!

Ja, das kann passieren. Erinnern Sie sich daran, dass der Bitcoin in den Jahren 2009 und 2010 keinen festgelegten Kurs hatte. Nur eine kleine Gruppe von Computertechnikern spielte mit dem Netzwerk herum und erhielt wertlose „Prämien" für ihre Zeit. Viele dieser Programmierer verloren das Interesse und gaben auf, löschten ihre Dateien und damit auch ihre Bitcoin. Andere besorgten sich neue Computer (und warfen ihre alten weg). Wieder andere hatten Festplattenabstürze oder vergaßen einfach ihre privaten Schlüssel.

Wie gewonnen, so zerronnen. Da der Bitcoin keinen Kurs hatte, hat damals aber niemand wirklich etwas Wertvolles „verloren".

> Die Miner sind nicht die Einzigen, die auf der Blockchain konkurrieren. Auch die Nutzer tun das. Wenn Sie möchten, dass Ihre Transaktion vor den anderen verifiziert wird, zahlen Sie eine Transaktionsgebühr, damit die Miner Sie zuerst bedienen. (Dies wird manchmal als Gasgebühr bezeichnet – je mehr Gas Sie geben, desto schneller sind Sie unterwegs. Das heißt, je mehr Sie zahlen, desto schneller wird Ihre Transaktion überprüft.)

* Bitte sehr, gern geschehen.

Da die Blockprämien kontinuierlich halbiert werden, werden die Transaktionsgebühren für die Miner immer wichtiger. Sie stellen sicher, dass Validierungen auch dann bezahlt werden, wenn es keinen Bitcoin mehr zu verdienen gibt.

Jemand, der heute an der Wall Street arbeitet, erzählte mir, dass ihn Anfang 2010, kurz nach seinem Abschluss am Massachusetts Institute of Technology (MIT), ein ehemaliger Mitbewohner zu sich einlud und sagte: „Du musst dir ansehen, was wir hier machen." Bei seiner Ankunft fand er seinen ehemaligen Mitbewohner und drei andere, die Bitcoin minten, und fragte: „Was ist das?"

Am nächsten Wochenende minten die fünf Tag und Nacht durch und sammelten 250 Bitcoin. Am Sonntagabend war mein Bekannter erschöpft. „Wir haben gerade zwei Tage und Nächte unserer Zeit damit verschwendet, dieses wertlose Nichts einzusammeln", schimpfte er. „Wir verschwenden alle nur unsere Zeit!"

Sie sind alle ausgestiegen. Sie schalteten ihre Computer ab und vernichteten ihre Dateien – und damit auch ihre Bitcoin. „Hätten wir weitergemacht", sagte der Bekannte heute mit einem schiefen Lächeln, „wären wir heute alle Milliardäre."

Es gibt Hunderte von Geschichten wie diese, von Menschen, die aufgaben, bevor sie merkten, was sie aufgaben. Andere hingegen wissen sehr wohl, was sie weggeworfen haben – wie der 35-jährige Engländer James Howells, der 2021 der Welt mitteilte, dass er acht Jahre zuvor versehentlich eine Festplatte mit 7.500 Bitcoin in den Müll geworfen hatte. Er bat den Stadtrat um die Erlaubnis, die Mülldeponie zu durchsuchen, und bot der Stadt sogar 25 Prozent der Bitcoin an, wenn er sie findet. Bislang hat der Rat dies mit Verweis auf Umweltbedenken abgelehnt.

Dann ist da noch Stefan Thomas, ein Computerprogrammierer aus San Francisco, der Bitcoin im Wert von 300 Millionen Dollar auf einer tragbaren Festplatte gespeichert hatte – und dann das Passwort vergaß. (Sie erinnern sich: Es handelt sich um ein dezentralisiertes Ledger-System; es gibt kein Unternehmen, das Ihnen eine Schaltfläche PASSWORT VERGESSEN anbietet, um Ihnen aus der Patsche zu helfen.)

Schließlich ist da noch der traurige Fall des Milliardärs Mircea Popescu, 41, der Berichten zufolge weltweit mit am meisten Bitcoin besaß. Im Jahr 2021 ertrank er vor der Küste von Costa Rica. Nachrichtenberichten zufolge kannte niemand in seiner Familie oder in seinem beruflichen Netzwerk seinen privaten Schlüssel. Wenn das stimmt, ist die Milliarde Dollar, die er angeblich in Bitcoin besaß, für immer verloren.*

So schockierend diese Geschichten auch sind, sie sind nicht neu. Nach Angaben des Finanzministeriums sind bislang 3,1 Billionen US-Dollar verloren gegangen oder vernichtet worden – darunter Pennys im Wert von drei Milliarden US-Dollar, die seit 2014 produziert wurden.

---

* Dies ist kein Buch, das sich mit der Nachlassplanung befasst, also lesen Sie eines, das dies tut: Ric Edelman, „The Truth About Money".

Brieftaschenarten

Sie wissen, was eine Brieftasche ist. Sie haben eine in Ihrer Hosen-, Jacken- oder Handtasche!*

Sie bewahren Ihr Geld in Ihrer Brieftasche auf. Ebenso speichern Sie Ihr digitales Vermögen in einer digitalen Brieftasche, der sogenannten Wallet. Na klar.

Okay, gut, aber woher bekommt man eine Wallet?

Sie wird Ihnen von den von Ihnen verwendeten Anwendungen zur Verfügung gestellt. Wenn Sie beispielsweise ein Paypal- oder Venmo-Konto einrichten, wird eine Wallet für Sie erstellt, in der das Geld aufbewahrt wird, das Sie in die App einzahlen. Google, Walmart, Apple, Android, Samsung und viele andere bieten digitale Brieftaschen für ihre Nutzer an.

Wenn Sie ein Konto bei einer Börse für digitale Assets eröffnen, wird das von Ihnen eingezahlte Geld ebenfalls in einer digitalen Brieftasche gespeichert. (Eine Börse für digitale Assets ist wie eine Börse für Aktien. Mehr dazu in Kapitel 16.)

Eine digitale Brieftasche wird auch als *Hot Wallet* bezeichnet, weil sie mit dem Internet verbunden ist. Das ist wichtig, denn wenn Sie keine Internetverbindung haben, können Sie nicht auf die App zugreifen oder sie anweisen, Geld in Ihre Brieftasche einzuzahlen oder aus ihr herauszunehmen.

Das ist aber auch das Problem mit Hot Wallets: Sie sind mit dem Internet verbunden. Das macht sie riskant, denn ein Hacker könnte sich Zugang zu Ihrer Brieftasche verschaffen und deren Inhalt stehlen. Um dieses Problem zu lösen, können Sie eine *Cold Wallet* erstellen oder erhalten. Diese sind nicht mit dem Internet verbunden und daher sicher vor Online-Hackern.

Viele Anbieter verkaufen Cold Wallets für etwa 100 Dollar und sie sind einfach zu bedienen. Sie sehen aus wie Flash-Laufwerke (und sind es auch), die Sie zum Speichern von Daten verwenden, die Sie auf

* Sehen Sie? Sie wissen wirklich mehr über dieses Thema, als Ihnen bewusst ist.

Ihrem Desktop-Rechner oder Ihrem Laptop erstellt haben. Cold Wallets sind für die Aufbewahrung Ihrer digitalen Coins und Token gedacht und verfügen daher über eine Verschlüsselung (private Passwörter, die nur Sie kennen). Wenn jemand Ihre Cold Wallet stiehlt, kann er nicht auf den Inhalt zugreifen.

Sie können natürlich jedes beliebige Flash-Laufwerk verwenden, es wird nur nicht verschlüsselt. Sie können Ihren privaten Schlüssel auch einfach auf ein Blatt Papier schreiben – und dieses Papier dann an einem sicheren Ort aufbewahren.

Cold Wallets sind vor Online-Hackern sicher, aber nicht vor gewöhnlichen Dieben, die in Häuser einbrechen. Und es besteht die Gefahr, dass Sie sie verlieren, vergessen, wo Sie sie aufbewahrt haben oder das Passwort vergessen. Erinnern Sie sich an den Mann, der seine Bitcoin auf einem verschlüsselten Laufwerk gespeichert und dann den Code vergessen hat?

Ein weiteres Problem bei Cold Wallets ist, dass das dort gespeicherte Geld nicht ausgegeben werden kann. Wenn Sie Ihre digitalen Assets verkaufen oder sie zum Kauf von Waren oder Dienstleistungen verwenden möchten, müssen Sie die Coins in die Hot Wallet Ihrer App

Sie wissen, dass Sie das genauso gut online tun können.

hochladen. Die Übertragung von Coins von Hot Wallets zu Cold Wallets und zurück kann mühsam und zeitaufwendig sein. Es verringert jedoch das Hacker-Risiko, da sich Ihre Coins nur so lange in der Hot Wallet befinden, bis Sie Transaktionen durchführen können.

Um den Stressfaktor zu verringern, bieten einige Apps *Warm Wallets* an. Ihre Coins werden in einer Hot Wallet aufbewahrt, aber Sie legen fest, wohin die Coins gesendet werden können. Dies ist nur dann effektiv, wenn Sie ständig Geld an dieselben Wallets (andere Personen oder Anbieter) senden.

Es gibt zwei Lösungen für all dies. Die erste besteht darin, ein Konto bei einer Börse für digitale Assets zu eröffnen. Man wird Ihnen sowohl Hot als auch Cold Wallets zur Verfügung stellen; teilen Sie der Börse mit, wie viele Ihrer Coins Sie in jede Wallet legen möchten. (Sie können jederzeit problemlos Coins zwischen ihnen hin- und herschieben.)

Die andere Lösung besteht darin, Ihr Geld in einen Fonds zu investieren, anstatt direkt in Coins. Es ist, als würde man einen Aktienfonds kaufen, anstatt einzelne Aktien zu erwerben. Viele Fonds investieren in digitale Assets; einige sind für jeden mit einem herkömmlichen Depotkonto zugänglich, während andere nur für zugelassene Anleger (also reiche Leute) verfügbar sind. Mehr dazu in Kapitel 16.

Einige Fonds investieren in ein einziges digitales Asset, während andere einen Strauß von Coins kaufen, um eine bessere Diversifizierung zu erreichen. Bei allen Fonds fallen Gebühren an, die Sie mit den Handelskosten vergleichen sollten, die an den Börsen anfallen. Wir werden in Kapitel 16 mehr über all dies erfahren.

Die erste bekannte kommerzielle Nutzung von Bitcoin

Kehren wir zu den frühen Bitcoin-Minern zurück. Mit jeder Blockprämie erhielten sie 50 Bitcoin und obwohl es billig und einfach war, sie zu bekommen und zu sammeln, gab es keine Möglichkeit, ihren Wert zu bestimmen.

Cold-Wallet-Hardwaregeräte	
BC Vault bc-vault.com	BC Vault ist eine Cold-Storage-Wallet für Kryptowährungen, die die privaten Schlüssel der Benutzer auf einem sicheren Hardwaregerät speichert. Auf jedem BC Vault ist ein privater Schlüssel vorinstalliert, der auf die gleiche Weise verschlüsselt ist wie bei allen anderen Wallets auf dem Gerät. Dieser private Schlüssel entspricht einer öffentlichen Adresse, die 1,0 BTC besitzt.
BitBox shiftcrypto.ch	BitBox ist eine in der Schweiz hergestellte Hardware und Software für die einfache Speicherung Ihrer digitalen Daten.
BitLox bitlox.com	BitLox kann die Sicherheit der ultimativen Hardware-Wallet mit der absoluten Privatsphäre eines „Darknet"-basierten Zugangstools verbinden. BitLox kann mit TOR-basiertem Zugang verwendet werden.
Coldcard coldcard.com	Coldcard ist eine hochsichere, quelloffene und hardwarebasierte Wallet, die über eine verschlüsselte Micro-SD-Karte einfach gesichert werden kann. Ihr privater Schlüssel ist in einem speziellen Sicherheitschip gespeichert. Das Design der MicroPython-Software erlaubt es Ihnen, Änderungen vorzunehmen.
CoolWallet coolwallet.io	CoolWallet ist eine kreditkartengroße Bluetooth-Hardware-Wallet, die verschiedene Token unterstützt, darunter Bitcoin, Ethereum, Litecoin, XRP, ERC20 und viele mehr.
D'CENT Biometric dcentwallet.com	D'CENT Biometric schützt das digitale Vermögen seiner Kunden durch die D'CENT-Hardware-Wallet, eine Kombination aus Software- und Hardware-Sicherheitslösungen.
ELLIPAL ellipal.com	ELLIPAL Titan ist ein vollständig netzwerkisolierter Speicher für Daten, die für einen längeren Zeitraum gespeichert werden sollen. Die Cold Wallet von ELLIPAL bietet umfassenden Schutz vor Angriffen aus der Ferne und online.

Cold-Wallet-Hardwaregeräte	
KeepKey shapeshift.com	KeepKey ist eine Cold-Storage-Wallet, die kein Betriebssystem hat. Schutz vor unbefugter Verwendung durch PIN- und Passphrase-Eingabe. Sie erhalten anpassbare Transaktionsgeschwindigkeiten und unbegrenzte Wallet-Adressen auf einem Gerät. KeepKey ist im Besitz von shapeshift, einer Plattform für digitale Ressourcen, die es Kunden ermöglicht, selbige zu kaufen, zu verkaufen, zu handeln, zu verfolgen, zu senden, zu empfangen und mit ihren digitalen Ressourcen zu interagieren.
Keystone keyst.one	Keystone bietet Staking (Hinterlegen von Kryptogeld), eine hochwertige Cold-Storage-Wallet für fortgeschrittene Nutzer (Cobo Vault) und Verwahrungsdienste für institutionelle Anleger mit Unterstützung für mehr als 30 Coins und 700 Token.
Ledger Nano X ledger.com	Ledger Nano X kann optional und vorübergehend über ein Kabel mit einem Mac- oder Windows-Gerät verbunden werden, sodass Sie über 1.500 Token kaufen, verkaufen, tauschen, einsetzen, verleihen und anderweitig verwalten können. Die optionale Live-Ledger-Mobile-App verwaltet die Wallet über Bluetooth, ansonsten ist die drahtlose Verbindung blockiert.
NGRAVE ngrave.io	NGRAVE ZERO ist zu 100 Prozent luftgekoppelt, benötigt kein WiFi/Bluetooth/NFC und hat keine USB-Internetanbindung, um Online-Angriffe zu verhindern. Stattdessen wird ein Einweg-QR-Code zur Übermittlung von Informationen verwendet. Das Gehäuse aus rostfreiem Stahl ist feuerfest.
Opendime opendime.com	Opendime ist ein kleiner USB-Stick, mit dem Sie Bitcoin ausgeben können. Es kann an jeden USB-Anschluss angeschlossen werden, damit Sie Ihren Kontostand überprüfen können.
Prokey prokey.io	Die Prokey-Hardware-Wallet ist ein sicheres Offline-Gerät, das Ihren privaten Schlüssel offline und geschützt aufbewahrt und es Ihnen ermöglicht, Transaktionen zu empfangen, zu speichern und zu unterzeichnen, um digitale Assets wie Bitcoin, Ethereum, Litecoin, Tether und andere zu versenden.

Cold-Wallet-Hardwaregeräte	
Secalot secalot.com	Secalot ist eine Hardware-Wallet für Kryptowährungen. Es handelt sich um einen kleinen USB-Dongle, der eine OpenPGP-Smartcard, einen U2F-Authentifikator und einen Generator für Einmalpasswörter enthält.
SecuX secuxtech.com	Die SecuX-Technologie bietet ein militärtaugliches Infineon SLE Solid Flash CC EAL 5+ Secure Element. Der plattformübergreifende Betrieb umfasst SecuX Web- und Mobile Apps für über 1.000 digitale Assets für bis zu 500 Konten.
Trezor trezor.io	Trezor ist die erste Bitcoin-Hardware-Wallet der Welt. Die Cold Wallets Trezor One und Trezor Model T unterstützen jeweils mehr als 1.000 Coins, verfügen über eine benutzerfreundliche LED-Benutzeroberfläche, die mit Windows, Mac und Linux kompatibel ist, und bieten mehrere Sicherheitsfunktionen, einschließlich PIN- und Passphrase-Eingabe und Wiederherstellung des Geräts.

Eine aktuelle Liste mit Hyperlinks finden Sie in den
Gelben Seiten des DACFP
unter dacfp.com

Um den Wert des Bitcoin herauszufinden, bot der Softwareentwickler Laszlo Hanyecz an, zwei Papa-John's-Pizzen mit dem Bitcoin zu kaufen. Am 22. Mai 2010 fand er einen willigen Teilnehmer. An diesem Tag – heute liebevoll *Bitcoin-Pizza-Tag* genannt – schloss *Laszlo* die weltweit erste kommerzielle Transaktion mit dem Bitcoin ab.

Die beiden Pizzen kosteten 14 Dollar. Wie vielen Bitcoin das entspricht?

Zehntausend.

Bei 50.000 Dollar pro Stück wären diese 10.000 Bitcoin 500.000.000 Dollar wert. Fünfhundert Millionen Dollar.

Diese Pizzen waren wirklich sehr teuer.

Andere Möglichkeiten, Coins zu erhalten

Mining und Staking sind nicht die einzigen Möglichkeiten, Coins zu erhalten. Es gibt auch noch andere.

Forks

Ich meine damit nicht den englischen Begriff für Gabeln, das Besteck, mit dem man Spaghetti isst. Vielmehr ist es das, was passiert, wenn Entwickler, die an einer Blockchain arbeiten, sich nicht einig sind, wie die Technologie funktionieren soll. Und nein, ich meine nicht, dass einer von ihnen den abgemilderten Fluch „Fork you!" ausruft.

Bei der Entwicklung von Bitcoin hat Satoshi den Softwarecode offengelegt, damit andere Entwickler ihn verbessern können. Ohne Konsens kann es keine Veränderungen geben, aber manchmal kann kein Konsens erzielt werden. So begannen einige Entwickler, die langsame Geschwindigkeit von Bitcoin zu beklagen (es dauert zehn Minuten, jeden Datenblock zu verifizieren). Wenn wir den Code ändern, sagten sie, können wir Bitcoin schneller machen. Aber die Beschleunigung des Verfahrens, so bemerkten andere, schwächt seine Sicherheit.

Da kein Konsens erzielt werden konnte, einigten sich die Entwickler im August 2017 darauf, Bitcoin in zwei Teile aufzuspalten, was als *Fork* bezeichnet wurde. Es ist vergleichbar mit dem, was passiert, wenn ein großes Unternehmen eine Abteilung ausgliedert und sie zu einer eigenständigen Firma macht.*

Wenn es zu Unternehmensabspaltungen und Krypto-Forks kommt, behalten die bisherigen Eigentümer, was sie haben. Sie erhalten auch einen Teil des neuen Unternehmens. Bei der Abspaltung 2017 erhielten alle BTC-Besitzer etwas BCH, den neuen *Bitcoin-Cash-Coin*. Bitcoin Cash wurde dann geändert, um eine höhere Geschwindigkeit zu erreichen. (Heute ist BCH fast 17-mal schneller als BTC.)

---

* Hinweis: Die steuerliche Behandlung von Abspaltungen ist nicht vergleichbar mit der von Spin-offs.

Die Umwandlung von BTC in BTC und BCH wird als *Hard Fork* bezeichnet, da es nun zwei Blockchains statt einer gibt. Bei einem *Soft Fork* verwenden beide Coins – der alte und der neue – die ursprüngliche Blockchain.

Falls Sie sich fragen: Nein, der BCH-Hard-Fork hat den Streit der Entwickler nicht geschlichtet. Weitere Meinungsverschiedenheiten führten zu noch einem Hard Fork – diesmal von BCH zu BSV (für Bitcoin Satoshi Vision). BSV verspricht, sich strikt an Satoshis Whitepaper zu halten, ist 128-mal schneller als BTC und Befürworter sagen, dass sie ein besseres Benutzererlebnis, niedrigere Kosten und mehr Sicherheit bietet. (Gegenwärtig ist BTC das größte digitale Asset; BCH liegt auf Platz 19 und BSV auf Platz 51 – was darauf hindeutet, dass die Menschen die Verbesserungen, die angeblich durch die Forks entstanden sind, noch nicht vollständig angenommen haben.)

In den letzten zehn Jahren gab es Hunderte von Forks, die viele Coins betrafen, und die oben genannten sind nur einige Beispiele. Übrigens – und das ist ein wichtiger Punkt – haben Forks auch steuerliche Auswirkungen, auf die wir hier aber nicht näher eingehen werden.

Airdrops

Eine weitere Möglichkeit, Coins zu erzeugen, ist ein *Airdrop*. Der Begriff basiert auf dem Ausdruck *Helikoptergeld*, der 2008 in Gebrauch kam, als die Regierung 700 Milliarden Dollar in die Wirtschaft pumpte (sozusagen vom Himmel fallen ließ), um die Kreditkrise zu bekämpfen.

Es geschieht Folgendes: Sie erstellen ein neues, besseres Protokoll als den Bitcoin. Um die Leute dazu zu bringen, sie zu benutzen, erstellen Sie Coins und schicken sie an Leute, die bestimmte andere Coins haben – vielleicht Coins, die Ihrem Coin ähnlich sind (aber Ihrer Meinung nach schlechter). Es ist wie bei einer neuen Band, die auf sich aufmerksam machen will – sie bucht einen Auftritt in der örtlichen Kneipe und verschickt Freikarten an alle Häuser in der Nachbarschaft.

Airdrops sind in der Tat oft nur Marketing-Gimmicks. Um die Coins zu erhalten, müssen Sie manchmal etwas tun, zum Beispiel einem bestimmten Twitter-Konto folgen. Und ja, es gibt steuerliche Auswirkungen beim Empfang von Airdrops.

Bedenken über die Verwicklung von Bitcoin in illegale Aktivitäten

Kriminelle, Terroristen und Schurkenstaaten führen gern Finanztransaktionen durch, ohne ihre Identität preiszugeben. Ein wichtiges Merkmal des Bitcoin ist die Anonymität. Bösewichte werden also von Natur aus von ihr angezogen.

Stellen Sie sich vor, Sie könnten Drogen, Waffen und gestohlene Kreditkarten kaufen und verkaufen, ohne Geld durch das Bankensystem bewegen zu müssen! Das hat die illegale Internetseite Silk Road im Jahr 2011 ermöglicht.

Das FBI schloss Silk Road im Jahr 2013. Nachdem Hacker im Jahr 2021 von Colonial Pipeline 4,4 Millionen Dollar in Bitcoin gefordert hatten, erhielt das FBI innerhalb von zwei Wochen den Großteil des Geldes von Colonial zurück. Und als Hacker 611 Millionen Dollar an digitalen Assets aus dem Poly Network stahlen, gaben die Diebe innerhalb weniger Tage fast das gesamte Geld zurück, das sie gestohlen hatten. Wie konnten diese Verbrechen aufgeklärt und das Geld so schnell wiedergefunden werden? Das liegt daran, dass digitale Güter digitale Fußabdrücke hinterlassen. (Es genügte, dass der CEO von Poly Network einen Tweet absetzte, in dem er erklärte, dass er die Computer- und E-Mail-Adressen des Hackers kenne. Und schwuppdiwupp, das Geld wurde umgehend zurückgegeben.)

Ich will damit nicht sagen, dass der Besitz von digitalen Assets ohne Risiko ist. Viele Börsen wurden gehackt, darunter Mt.Gox, Bitfloor, NiceHash, BitFunder und Bitstamp. Von 2014 bis 2020 hat die US-Börsenaufsichtsbehörde (SEC) 87 Vollstreckungsmaßnahmen im Zusammenhang mit Blockchain und digitalen Assets ergriffen, darunter betrügerische Wertpapierangebote, Betrug im Zusammenhang mit dem Handel mit Kryptowährungen, nicht ordnungsgemäße Offenlegung von Vergütungen und Schneeballsysteme mit dem Bitcoin. Das sind durchschnittlich 15 Fälle pro Jahr.

Allerdings setzt das SEC pro Jahr 700 Maßnahmen durch, was bedeutet, dass Kryptowährungen nur zwei Prozent der Fälle der SEC ausmachen. Ebenso stellte ein Bericht von Chainalysis aus dem Jahr 2021 fest, dass kriminelle Aktivitäten nur 0,15 Prozent des gesamten Transaktionsvolumens von Kryptowährungen ausmachen. Dies steht in direktem Widerspruch zu der Behauptung von Finanzministerin Janet Yellen im Jahr 2021, dass digitale Assets „hauptsächlich zur illegalen Finanzierung verwendet werden". Tatsächlich sagte Jake Chervinsky, Chefsyndikus von Compound Labs, gegenüber *Forbes*: „Ihre Aussage ist nachweislich falsch."

Vergessen wir nicht, dass es in jeder Anlageklasse Betrügereien gegeben hat und gibt: Aktien, Anleihen, Öl, Gold, Immobilien, Kunst und mehr. Niemand will deswegen diese Märkte schließen. Jede Innovation ruft leider auch Übeltäter auf den Plan – das ist unvermeidlich.

Und das war schon immer so. Das allererste öffentlich gehandelte Wertpapier in den Vereinigten Staaten war Alexander Hamiltons Emission von Bundesanleihen zur Rückzahlung der Schulden, die die Kolonien während des Revolutionskriegs gemacht hatten. Hamiltons Plan sickerte durch und bei den Anleihen kam es schnell zum ersten Investitionsbetrug überhaupt: Insiderhandel. (Insider kauften die Anleihen von Veteranen für einen Penny pro Dollar, da sie wussten, dass Hamilton sie bald zum Nennwert zurückkaufen würde.)

Seitdem es Investitionen gibt, gibt es auch Investitionsbetrug. So wie die Erfindung des Automobils zu Autodiebstählen führte.

Daten der Vereinten Nationen beweisen, wie unsinnig es ist, den Bitcoin wegen illegaler Aktivitäten zu kritisieren. Die UNO schätzt, dass die routinemäßige Geldwäsche und andere illegale Aktivitäten zwei bis fünf Prozent des weltweiten BIP ausmachen. Anstatt also den

Bitcoin zu verbieten, weil mit einem winzigen Bruchteil Schindluder getrieben wird, sollten wir nicht zuerst alle Fiatgelder abschaffen, da sie in weitaus höherem Maße missbräuchlich verwendet werden?

Bedenken über die Auswirkungen des Bitcoin-Minings auf die Umwelt

Vielleicht möchten Sie Bitcoin kaufen, haben aber gehört, dass sie „schlecht für den Planeten" seien. Sie können Bitcoin ohne schlechtes Gewissen kaufen, denn die Behauptung „schlecht für den Planeten" ist schlicht falsch.

Sie ist nichts weiter als ein Ablenkungsmanöver, das typischerweise von Leuten genutzt wird, die nicht glauben, dass der Bitcoin eine gute Anlageidee ist. (Wir werden *diese* Frage in Teil 3 behandeln.)

Da die Kritiker es bisher nicht geschafft haben, die Menschen vom Kauf des Bitcoin abzuhalten oder den Anstieg des Bitcoin-Kurses zu stoppen, haben sie sich auf eine andere Strategie verlegt: Schuldgefühle. „Der Bitcoin ist schlecht für den Planeten!" Na und? Rauchen, Alkohol und Glücksspiel sind auch schlecht für Sie, aber nicht verboten, lediglich reguliert. Beim Bitcoin kann das auf die gleiche Weise gehandhabt werden.

Vielleicht muss der Bitcoin aber auch gar nicht so „gehandhabt" werden. Vielleicht ist er nicht so schädlich für uns wie Rauchen, Alkohol und Glücksspiel. Gehen wir der Sache auf den Grund und beginnen wir mit der Behauptung, dass das Bitcoin-Mining jährlich so viel Energie verbraucht wie Argentinien.

Argentinien?

Ich habe es überprüft. Diese Behauptung ist offensichtlich richtig. Richtig ist aber auch, dass Argentinien nicht viel Energie verbraucht: Unter den 30 größten Industrieländern der Welt liegt das Land an letzter Stelle.

Und bevor Sie sich über den Energieverbrauch von Bitcoin echauffieren, sollten Sie sich lieber über Autos aufregen. Nach Angaben der

US Energy Information Administration ist der Verkehr der größte Energiefresser der Welt und verbraucht 25 Prozent der weltweiten Energie. Laut dem Cambridge Centre for Alternative Finance liegt der Energieverbrauch des Bitcoin-Netzwerks dagegen bei weniger als 0,5 Prozent. Wenn es für Sie also in Ordnung ist, Auto zu fahren, den Bus zu nehmen oder in einem Flugzeug zu sitzen, sollten Sie auch kein Problem damit haben, Bitcoin zu kaufen.

Autos haben nicht immer so viel Energie verbraucht. Im Jahr 1920, als die Autoindustrie noch neu war, wurden sie kaum genutzt. Mit der zunehmenden Beliebtheit des Automobils stieg auch sein Energieverbrauch.

Mit Bitcoin ist es dasselbe. Vor zehn Jahren verbrauchte Bitcoin nur wenig Strom. Dass er heute viel Energie verbraucht, spiegelt die wachsende Nachfrage wider – ein Zeichen des Erfolgs. Einige argumentieren, dass Autos zumindest einen kommerziellen Nutzen haben, aber wie wir gesehen haben, hat Bitcoin auch einen wertvollen kommerziellen Nutzen.

„Wir haben drei Milliarden Dollar mit Bitcoin-Mining verdient, abzüglich unserer Stromrechnung bleiben uns – 1,61 Dollar."

Anstatt also auf Bitcoin einzuprügeln, sollten wir auf etwas einprügeln, das ein größerer Energiefresser ist – ein Energiefresser, der umso schlimmer ist, als er überhaupt keinen nützlichen Zweck erfüllt. Ich spreche von all den Geräten, die bei Ihnen zu Hause immer eingeschaltet sind: Ihr Fernseher, Ihre Kaffeekanne, Alexa und die blöde Uhr an Ihrem Backofen.* Diese Geräte verbrauchen in den Vereinigten Staaten jährlich 344 Millionen Kilowattstunden Strom und stoßen 250 Millionen Tonnen Kohlendioxid in die Luft aus – vier Prozent aller Treibhausgasemissionen der USA, so die gemeinnützige Umweltschutzorganisation Natural Resources Defense Council. Allein in den Vereinigten Staaten verbrauchen diese Geräte so viel Energie wie alle Bitcoin-Miner auf der ganzen Welt! Bevor man also die Bitcoin-Miner auffordert, ihre Rechner abschalten, sollte man der Bevölkerung vielleicht eher raten, jeden Abend ihr Fernsehgerät auszustecken.

Und wenn Sie wirklich Energieverschwendung vermeiden wollen, sagen Sie allen, dass sie keine Videospiele mehr spielen sollen. Eine Studie aus dem Jahr 2020 ergab, dass Videospieler 46 Prozent mehr Energie verbrauchen als sämtliche Bitcoin-Miner weltweit.

Emissionen, nicht Energie

Diejenigen, die sich über den Energieverbrauch von Bitcoin beschweren, vergessen einen wichtigen Punkt: Es spielt keine Rolle, wie viel Energie Sie verbrauchen. Entscheidend ist, wie viel Kohlendioxid Sie in die Atmosphäre pusten.

Nahezu 80 Prozent der von der Transportindustrie verbrauchten Energie stammt aus Erdöl, Erdgas und Kohle. Bei deren Verwendung werden große Mengen an Kohlendioxid freigesetzt, was schlecht für den Planeten ist. Aber 73 Prozent des Energieverbrauchs von Bitcoin ist kohlenstoffneutral. Der Cambridge Bitcoin Energy Consumption Index zeigt, dass Miner hauptsächlich Wasserkraft, Solar- und Windenergie oder Erdwärme nutzen. Nur 38 Prozent arbeiten mit Kohle. Wie die Zeitschrift *Joule* im Jahr 2021 berichtete, entsprechen die

* Warum brauchen Backöfen überhaupt Uhren?

jährlichen globalen Emissionen von Bitcoin in etwa denen der Stadt London und nicht denen des gesamten Landes Argentinien.

Stellen Sie sich vor, Ford würde sagen, dass die Herstellung von Autos zwar viel Energie erfordert, die Fahrer aber keine Energie für den Betrieb benötigen. Wenn das nur so wäre. Aber auf Bitcoin trifft das zu: Fast der gesamte Energieverbrauch von Bitcoin wird durch das Mining verbraucht. Sind die Coins erst einmal gemint, ist der Energieaufwand für ihren Kauf oder Verkauf minimal.

Dennoch ist der Energieverbrauch von Bitcoin nicht gleich null. Wir müssen dorthin kommen, und jeder in der Krypto-Community weiß das. Aus diesem Grund haben, wie die *Harvard Business Review* feststellte, viele den Crypto Climate Accord (vergleichbar mit dem Pariser Klimaabkommen) unterzeichnet, der sich für die Reduzierung des CO2-Fußabdrucks von Bitcoin einsetzt.

Miner könnten mehr zur Lösung der weltweiten Energiekrise beitragen als jede andere Branche. Warum? Weil sie die größte Motivation haben, dies zu tun. In den meisten Branchen sind Material- und Lohnkosten die größten Ausgabeposten. Der wichtigste Kostenfaktor für Miner ist dagegen der Energiepreis. Entsprechend haben sie einen großen Anreiz, ihre Energiekosten zu senken – und das wiederum motiviert sie, nach billigeren alternativen Energiequellen zu suchen. So haben beispielsweise viele Mining-Unternehmen ihre Anlagen an Standorte verlegt, an denen sie erneuerbare Energiequellen wie Wind- und Wasserkraft nutzen können. Zweifellos werden auch andere Branchen die Lösungen nutzen, die das Bitcoin-Netzwerk entwickelt.

Ich bin nicht der Meinung, dass der Bitcoin verboten werden sollte, weil er schlecht für die Umwelt ist. Aber wenn Sie so denken, dann kaufen Sie einfach keinen. Kaufen Sie stattdessen Proof-of-Stake-Coins. Problem gelöst.

Größte Proof-of-Stake-Coins nach Börsenkapitalisierung

Coin	Herausgeber
ADA	Cardano
ALGO	Algorand
ARDR	Ardor
ARK	Ark
DCR	Decred
EOS	EOS
HBAR	Hedara Hashgraph
HIVE	Hive Token
ICX	ICON
LSK	Lisk
ONT	Ontology
QTUM	Qtum
RUNE	THORChain
STEEM	SteemROSE
TOMO	TomoChain
TRX	Tron
TOMO	Tezos

Abbildung 5.2

6
Wer nutzt Bitcoin?

Es ist viel passiert, seit Laszlo 10.000 Bitcoin für ein paar Pizzen bezahlt hat. Das jährliche Transaktionsvolumen des Bitcoin übersteigt inzwischen 1,5 Billionen Dollar – mehr als doppelt so viel wie das von Paypal und sechsmal mehr als das von Discover. Kein Wunder, dass die Marktkapitalisierung des Bitcoin derzeit größer ist als die von JPMorgan, MasterCard, UnitedHealth, Home Depot und der Walt Disney Company. Dennoch hat Bitcoin keine Büros, keine Mitarbeiter und keine Aktionäre. Das ist wirklich revolutionär.

Unternehmen bieten seit 2021 Kreditkarten an, die mit dem Bitcoin verknüpft sind. Statt Bargeld oder Fluglinienpunkte zu erhalten, wenn man die Karte benutzt, bekommt man Bitcoin – und Visa sagt, dass seine Kunden bereits mehr als eine Milliarde Dollar für Bitcoin-Bonuskarten ausgegeben haben. Auch MasterCard bietet „sichere Erfahrungen für Kunden und Unternehmen in der heutigen digitalen Wirtschaft", während Paypal seinen 325 Millionen Nutzern die Möglichkeit offeriert, Bitcoin auf seiner Plattform zu kaufen und sie für Einkäufe bei den 24 Millionen Händlern zu verwenden, die mit der App verbunden sind.

AXA, die drittgrößte Versicherungsgesellschaft der Welt, ermöglicht es ihren Kunden aufgrund der „wachsenden Kundennachfrage" nun, in Bitcoin zu bezahlen, und stellt fest, dass „der Bitcoin Zahlungen einfach macht“. Das Online-Reisebüro Travala hat nach eigenen Angaben zehn Millionen Reisen gebucht, wobei 70 Prozent der Kunden mit Bitcoin bezahlen. United Wholesale Mortgage ermöglicht Hausbesitzern Hypothekenzahlungen in Bitcoin.

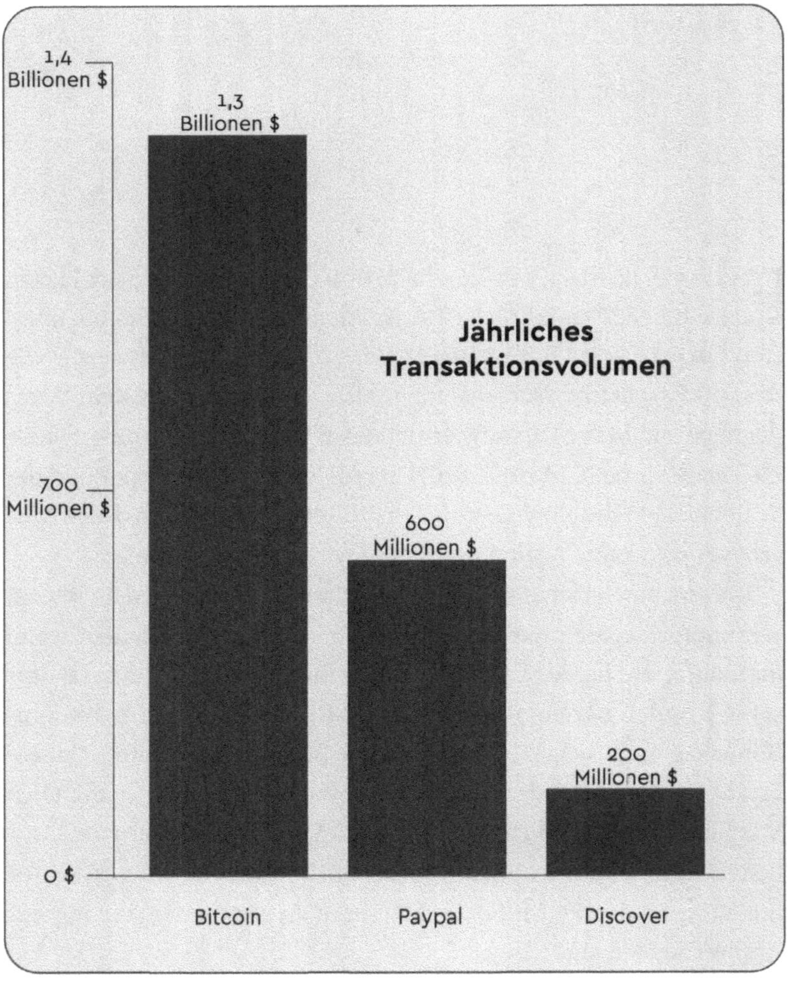

Abbildung 6.1

Einzelhändler sind nicht die einzigen, die den Bitcoin akzeptieren. Auch Politiker tun es. Die Federal Election Commission erlaubt es Kandidaten, politische Spenden in Bitcoin anzunehmen. An der Wharton Business School können Studenten, die einen Kurs über digitale Assets belegen, ihre Studiengebühren in Bitcoin und Ethereum bezahlen.

Tausende von Wohlfahrtsverbänden und gemeinnützigen Organisationen akzeptieren ebenfalls Spenden in Bitcoin.

Wem gehört Bitcoin?

Derzeit besitzen laut Crypto.com 200 Millionen Menschen Bitcoin, darunter 24 Prozent der amerikanischen Erwachsenen. Coinbase ist die beliebteste kostenlose App im Apple Store. Weitere 63 Prozent der Erwachsenen bezeichnen sich als „an Krypto interessiert". Die Menschen steigen ein, weil sie so viel darüber hören.

Und das ist kein Zufall; die Krypto-Community arbeitet hart daran, Sie mit dem Bitcoin vertraut zu machen. Coin Cloud, ein Unternehmen, das Bitcoin-Automaten aufstellt (ja, man kann Bitcoin an einem Kiosk auf dem Bürgersteig kaufen, und Walmart stellt landesweit Bitcoin-Automaten in seinen Filialen auf), hat Spike Lee für die Regie und die Hauptrolle in einem Fernsehspot engagiert. CoinFlip, ein weiterer Betreiber von Bitcoin-Geldautomaten, hat Neil Patrick Harris für seine Werbung engagiert. Alec Baldwin macht Werbung für die eToro-Börse. Matt Damon wirbt in Anzeigen für Crypto.com, das auch die Kampfsportlerin Ronda Rousey, den Basketballstar Carmelo Anthony, die Snowboarderin Lindsey Jacobellis, den Rapper CL und den Astronauten Scott Kelly engagiert hat. Der ehemalige Konkurrent FTX holte sich Stephen Curry als Markenbotschafter, zweimaliger „wertvollster Spieler (MVP)" der National Basketball Association (NBA), während Voyager Digital den viermaligen Super-Bowl-Champion Rob Gronkowski als Markenbotschafter verpflichtete. Popstar Mariah Carey wirbt für die Kryptöbörse Gemini. Der Green-Bay-Packers-Quarterback Aaron Rodgers, dreimaliger MVP der National Football League (NFL), hat zusammen mit dem Rapper Megan Thee Stallion und der Sängerin Miley Cyrus in Zusammenarbeit mit Cash App eine 1-Million-Dollar-Bitcoin-Verlosung auf Twitter und Instagram durchgeführt. Nachdem ein Fan den 600. Touchdown-Pass von Tampa-Bay-Buccaneers-Quarterback Tom Brady gefangen hatte, schickte Brady dem Fan einen Bitcoin. Brady und seine Frau, Supermodel Gisele Bündchen, beteiligten sich an der Kryptobörse FTX und waren Botschafter des Unternehmens. Das Staples Center in Los Angeles, Heimat der Lakers und Clippers in der NBA, der Kings in der National Hockey League (NHL) und der Sparks in der Profibasketballliga der Frauen (WNBA), heißt jetzt Crypto.com Arena. (Das Unternehmen zahlte 700 Millionen Dollar, um sich die Namensrechte für 20 Jahre zu sichern.) Die Dallas Mavericks haben sich mit der Bitcoin-Börse Voyager zusammengetan, während die NBA und die WNBA Coinbase in einem mehrjährigen Vertrag zu ihrem exklusiven Krypto-Sponsor gemacht haben. Der Restaurant-Riese Landry's (Besitzer von Bubba Gump Shrimp, Morton's The Steakhouse, Rainforest Café und Dutzenden anderer Marken) hat ein Treueprogramm, bei dem

Bitcoin-Geldautomat

Adobe Stock, mit Abdruckgenehmigung

Sie 25 Dollar in Bitcoin erhalten, wenn Sie 250 Dollar ausgeben. Adidas geht eine Partnerschaft mit Coinbase ein („Probably nothing“, wahrscheinlich nichts weiter, scherzte Adidas in einem Tweet). Burger King ist eine Partnerschaft mit Robinhood Crypto eingegangen und verschenkt Bitcoin, Ether und Dogecoin. Burger King hat in Russland sogar ein eigenes digitales Asset namens WhopperCoin eingeführt. AMC Theaters wirbt damit, dass es jetzt Bitcoin, Ethereum, Bitcoin Cash und Litecoin akzeptiert – und berichtet, dass 14 Prozent seiner Kinobesucher für Onlinetickets mit diesen digitalen Assets bezahlen.

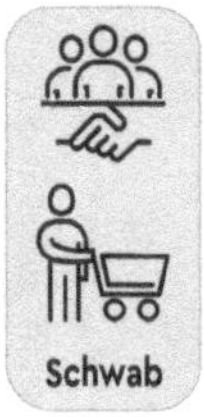

Und all dies geschieht nicht nur in den USA, sondern weltweit. In Indien zum Beispiel warben 70 Prozent der Fernsehspots während der Cricket-Weltmeisterschaft für Kryptounternehmen.

All diese Publicity, unterstützt durch den enormen Anstieg des Bitcoin-Kurses und anderer digitaler Assets, hat einen scheinbar unaufhaltsamen Sog geschaffen. Coinbase, eine börsennotierte Onlinebörse für digitale Assets, hat inzwischen mehr Kontoinhaber als Charles Schwab. Und Schwab meldete 2019, dass zu den zehn größten Beteiligungen seiner Millennial-Kunden der Grayscale Bitcoin Trust gehört (den wir in Kapitel 16 kennenlernen werden). Tatsächlich, so Schwab, besitzen Millennials mehr Bitcoin als Aktien von Berkshire Hathaway, Disney, Netflix, Microsoft oder Alibaba.

Die Bank of New York Mellon, die älteste Bank Amerikas (gegründet von Alexander Hamilton im Jahr 1792), bietet jetzt Verwahrungsdienstleistungen für Bitcoin und andere digitale Assets an. Amazon betreibt ein digitales Währungsprojekt in Mexiko. JPMorgan, Goldman Sachs, Bank of America Merrill Lynch und MassMutual – alle bieten ihren Kunden den Bitcoin an. Uber akzeptiert den Bitcoin als Zahlungsmittel.

Die Behörde Office of the Comptroller of the Currency (OCC) hat damit begonnen, Banken für die Annahme und Verwahrung digitaler Assets zuzulassen. Im Jahr 2021 genehmigte die OCC die erste Bank für digitale Assets, die Anchorage Digital Bank.

Banken für digitale Assets	
Anchorage Digital Bank anchorage.com	Die Anchorage Digital Bank ist die erste nationale Bank für digitale Assets in den Vereinigten Staaten. Als staatlich geprüfte, qualifizierte Depotbank verwaltet sie Kundengelder, hält Wertpapiere und ermöglicht es RIAs, die staatlichen Verwahrungspflichten zu erfüllen. Kontoinhaber können digitale Assets unter den Custody-Governance-Blockchain-Protokollen von Anchorage anlegen und ausleihen.
Avanti Bank & Trust avantibank.com	Avanti Bank & Trust ist eine Bank in Wyoming, die darauf ausgerichtet ist, digitale Assets mit dem herkömmlichen Finanzsystem zu verbinden. Avanti ist ein Verwahrer von digitalen Assets, der die strengsten institutionellen Verwahrungsstandards erfüllen kann.
Kraken kraken.com	Kraken ist die erste Börse für digitale Assets, die in Wyoming eine Banklizenz als SPDI erhalten hat. Kunden der Kraken Bank können nahtlos zwischen digitalen Währungen und Fiatgeld wechseln und Assets von ihrem Bankkonto in ihr Anlage- und Handelsportfolio übertragen.
Silvergate Bank silvergate.com	Die Silvergate Bank ist eine Mitgliedsbank der Federal Reserve und der führende Anbieter von innovativen Finanzinfrastrukturlösungen und -dienstleistungen für die wachsende Branche der digitalen Assets.

Eine aktuelle Liste mit Hyperlinks finden Sie in den
Gelben Seiten des DACFP
unter dacfp.com

Die Banken und Kreditgenossenschaften der Gemeinschaft sind auch für Kleinanleger tätig. Durch eine Partnerschaft mit NCR (dem 1884 gegründeten Unternehmen für Registrierkassen) und NYDIG, einer Investmentfirma für digitale Assets, können 24 Millionen Bankkunden von 650 Banken (40 Prozent aller Finanzinstitute in den Vereinigten Staaten) den Bitcoin über ihre Telefone handeln.

Und wir dürfen die Kinder nicht außer Acht lassen. Dutzende von Krypto-Sommercamps bringen Kindern bereits im Alter von fünf Jahren bei, wie man Bitcoin mint. Auch Eltern können dies tun; alles, was Sie brauchen, ist Norton-Antivirus-Software. Klicken Sie auf eine Schaltfläche und Ihr Computer mint Bitcoin, wenn Sie ihn nicht benutzen, sodass Sie Geld verdienen können, indem Sie Ihren Computer einfach eingeschaltet lassen.

Normale Endkunden sind nicht die Einzigen, die hier aktiv sind. Goldman Sachs gibt an, dass 24 Prozent seiner vermögenden Anleger und zehn Prozent seiner institutionellen Kunden ebenfalls mit digitalen Assets handeln – und dass weitere 20 Prozent daran interessiert sind. JPMorgan sagt, dass zehn Prozent seiner institutionellen Kunden aktuell mit digitalen Assets handeln.

Alle großen Unternehmen sind damit beschäftigt, ihre Kunden beim Kauf digitaler Assets zu unterstützen. Morgan Stanley bietet einen Bitcoin-Investmentfonds an, die Citigroup hat einen Bereich für digitale Assets, die Bank of America Merrill Lynch lässt ihre Kunden über ihr Rechercheteam für digitale Assets mit Bitcoin-Futures handeln und State Street Global Advisors hat eine Abteilung für digitale Vermögensfonds. Fidelity bedient institutionelle Kunden über Fidelity Digital Assets und auch Franklin Templeton hat eine Abteilung für digitale Anlagen.

Universitätsstiftungen wie Harvard, Yale, MIT, Stanford, Dartmouth und die University of North Carolina kaufen ebenfalls digitale Assets. Die 4.000 Pensionsfonds und Stiftungen in Deutschland, die 2,1 Billionen Dollar verwalten, erhielten 2021 die Genehmigung der Regierung, bis zu 20 Prozent ihres Vermögens in digitale Assets

zu investieren. (Wenn sie alle das gesetzliche Limit ausschöpfen, werden 400 Milliarden Dollar in Bitcoin und andere digitale Assets fließen.) US-Pensionsfonds investieren bereits, darunter der Houston Firefighters' Relief and Retirement Fund, das Fairfax County (VA) Employees' Retirement System und das Police Officers Retirement System.

Auch Milliardäre besitzen digitale Assets, darunter Paul Tudor Jones, Stanley Druckenmiller, Ricardo Pliego, Bill Miller, Ray Dalio, George Soros, Mark Cuban, Tim Cook, Peter Thiel und Bill Gurley.

Unternehmen kaufen ebenfalls digitale Assets: Paypal, Square, Microstrategy, TIME, MassMutual und Tesla. Jim Cramer von *CNBC** sagt, es sei „fast unverantwortlich von Unternehmen, keine Bitcoin zu besitzen" – als Teil ihrer Unternehmensreserven.

Viele Fondsmanager investieren in den Bitcoin, darunter die von Renaissance, Ruffer, Guggenheim, Bridgewater, BlackRock und SkyBridge – oder auch The Motley Fool, ein Multimedia-Unternehmen für Finanzdienstleistungen.

Der Bitcoin ist so alltäglich geworden, dass sich darauf mittlerweile die erste Frage in der US-Steuererklärung bezieht. Im IRS-Steuerformular 1040 heißt es: „Haben Sie zu irgendeinem Zeitpunkt während des Jahres virtuelle Währungen erhalten, verkauft, verschickt, getauscht oder anderweitig ein finanzielles Interesse an ihnen erworben?" Damit will das Finanzamt zum Ausdruck bringen, dass es weiß, dass viele Amerikaner digitale Assets besitzen, aber ihre Transaktionen nicht an die Regierung melden – oder die fälligen Steuern nicht zahlen.

* Außerdem bin ich häufig auf *CNBC* und CNBC.com zu sehen.

7

Warum gibt es so viele Coins?

Satoshi erfand 2009 den Bitcoin, um Fiatgeld zu ersetzen. Einen Coin für einen einzigen Zweck: ein elektronisches Bargeldsystem.

Es hat sich jedoch herausgestellt, dass der Bitcoin an gewisse Grenzen stößt. Zum Beispiel schwankt sein Kurs – sehr stark. Die durchschnittliche tägliche Kursbewegung des Bitcoin beträgt drei Prozent und ist damit dreimal so hoch wie die des Aktienmarktes. Volatilität ist schlecht für eine Währung. Deshalb hat jemand Tether geschaffen, den ersten *Stablecoin*, ein digitales Asset, dessen Kurs dem des US-Dollar oder eines anderen Fiatgeldes entsprechen soll. (Mehr zu Stablecoins in Kapitel 8.)

Jemand anderes erkannte, dass Bitcoin eine lange Zeit (sieben Sekunden) braucht, um jede Transaktion zu verifizieren. Visa verarbeitet 1.700 Transaktionen pro Sekunde (das sind 150 Millionen pro Tag). So entstand Litecoin, das 56 Transaktionen pro Sekunde verarbeitet – viel schneller als Bitcoin, aber immer noch viel langsamer als Visa.*

* Je schneller man ist, desto geringer ist jedoch die eigene Sicherheit. Laut dem Nilson-Bericht verloren US-Verbraucher im Jahr 2020 elf Milliarden Dollar durch Kreditkartenbetrug und Visa findet nach eigenen Angaben jeden Monat durchschnittlich 140.000 Fälle von Schadsoftware auf seinen Servern. Das Bitcoin-Netzwerk hingegen wurde noch nie gehackt.

Und noch etwas. Bitcoin-Transaktionen werden sofort verarbeitet, was vielleicht nicht das ist, was Sie wollen. Dank der Einführung von Ethereums Smart Contracts können Sie den Zeitpunkt Ihrer Übermittlungen kontrollieren.

Okay, wir haben gerade drei legitime Gründe genannt, warum Bitcoin unzulänglich ist und warum Tether, Litecoin und Ether eingeführt wurden. Fügen Sie noch ein paar weitere Lösungen, Innovationen und Verbesserungen hinzu und Sie können den Bedarf an etwa einem Dutzend Coins rechtfertigen.

CoinMarketCap listet jedoch 11.233 Coins und 393 Börsen auf, an denen man sie kaufen kann. Und jeden Tag kommen weitere Coins hinzu. Viele sind Gimmicks, einige sind Betrug (mehr dazu in Kapitel 13), und ein paar sind reine Marketingtricks, um die Aufmerksamkeit der Endkunden zu gewinnen und Geld zu verdienen. Viele sind lediglich Markenerweiterungen.

Neulich ging ich auf die Website von Levi's, um eine Jeans zu kaufen. Auf der Website wurde ich aufgefordert, meine bevorzugte Passform auszuwählen, und mir wurden diese Optionen angeboten: Taper, Straight, Slim, Athletic, Relaxed, Skinny, Bootcut, Original, Loose, So High oder Western. Dann wurde ich gefragt, ob ich eine Jeans 501 oder 502, 505, 510, 511, 512, 513, 514, 517, 527, 531, 541, 550, 551, 559 oder 569 haben möchte. Und ob sie schwarz, blau, braun, Dark Wash (was immer das ist), grün, grau oder kaki sein solle. Kleinen Moment, wir sind noch nicht fertig. Möchte ich als Material etwas namens Sustainability, WaterLess, Organic Cotton, Sustainably Soft mit TENCEL, Lyocell, Cottonized Hemp, Recycled Polyester, Recycled Cotton oder Repreve – und möchte ich meine Jeans mit oder Stretch, als Distressed-Variante (mit absichtlicher Beschädigung wie Löchern oder ausgefranstem Saum) oder normal? Ich musste auch den Stil wählen: Chino, Cargo, Cropped, Hi-Ball Roll, Jogger oder Western. Und möchte ich 100 Prozent Baumwolle, All Seasons Tech, Custom (oh nein!), Eco Ease, Hemp, Flex oder Selvedge? Und schließlich: Soll der Hosenschlitz geknöpft sein oder einen Reißverschluss haben?

Ich hatte das gleiche Problem beim Kauf einer Flasche Ketchup. Heinz bietet Tomatenketchup in verschiedenen Größen an, klar, aber auch:

- ohne künstliche Süßstoffe
- ohne Salzzusatz
- ohne Zuckerzusatz
- nur mit Honig gesüßt
- mit einer Gemüsemischung
- scharf und würzig, gemischt mit Tabasco-Pfeffersoße
- Jalapeño, gemischt mit echter Jalapeño
- Sriracha, gemischt mit Sriracha

Heinz-Ketchup-Sorten

© sheilaf2002/Adobe Stock, mit Abdruckgenehmigung

Wenn Sie dachten, dass Satoshis Erfindung des Bitcoin im Jahr 2009 für immer das einzige digitale Geld darstellen würde, das wir jemals brauchen (oder bei dem wir schlussendlich landen) würden, dann denken Sie an das, was Sie gerade gelesen haben, wenn Sie Ketchup auf Ihre Jeans kleckern.

Das Universum der digitalen Assets

Das Ökosystem der digitalen Assets ist komplex und wächst ständig. Das Weltwirtschaftsforum (World Economic Forum, WEF) ordnet alle Coins einer von vier Kategorien zu; bei manchen sind es nur zwei, bei anderen hingegen sogar sieben. Puh.

Mein Ziel ist es, Ihnen dabei zu helfen, eine Vorstellung von den verschiedenen Protokollen und Coins zu bekommen, die es gibt, teilweise zum besseren Verständnis, aber auch für Investitionsüberlegungen. Ich werde Ihnen also vier Kategorien vorstellen. Die ersten beiden entsprechen dem Ansatz des Weltwirtschaftsforums:

- *Basisprotokolle / Base-Layer-Protokolle* (die Stamm-Blockchain-Netzwerke, die die Erstellung, Übertragung und Speicherung digitaler Assets ermöglichen)
- *Second Layer* (sind auf das Basisprotokoll aufgesetzt und bieten zusätzliche Funktionen und Möglichkeiten)

Die nächsten beiden beschreiben verschiedene Produkte und Anwendungen, die es Endkunden, Investoren und Unternehmen ermöglichen, mit Basisprotokoll und Second Layer zu interagieren. Sie sind:

- finanziell
- nicht finanziell

Basisprotokolle

Das Basisprotokoll wird auch *natives Protokoll* genannt, es ist der Ausgangspunkt. Alle digitalen Coins beginnen als Protokoll; jedes wird von seinem Schöpfer benannt. Satoshi hat das Bitcoin-Protokoll entwickelt, Vitalik Buterin das Ethereum-Protokoll und Jed McCaleb das Ripple-Protokoll, um nur einige Beispiele zu nennen.

Jedes Protokoll schafft ein digitales Asset, das auf seiner Plattform betrieben werden kann – etwa so, als würde man sagen: „Ich baue eine Autobahn und dann stelle ich Autos her, die darauf fahren können.“ Die Autobahn ist die Blockchain, der Coin oder das Token ist das Vehikel, um sich darauf zu bewegen, und das Protokoll legt die Regeln fest, die diese Coins befolgen müssen.

Jeder Ersteller gibt seiner Blockchain einen Namen und auch seinem Coin. Satoshi war nicht sonderlich clever und gab sowohl der Blockchain als auch dem Coin den Namen *Bitcoin*. Der Ethereum-Coin heißt Ether, während der Ripple-Coin XRP heißt. Und so weiter.

Und so wie Aktien Tickersymbole haben – AMZN für Amazon, F für Ford Motor Company und DIS für The Walt Disney Company – bekommen auch digitale Werte Tickersymbole. BTC für Bitcoin, ETH für Ether und XRP für, äh, XRP. Es gibt also drei Bezeichnungen für jedes Protokoll – die Blockchain, die Coin und ihr Symbol, zum Beispiel Bitcoin, Bitcoin, BTC oder Ethereum, Ether, ETH.

Wichtige Base-Layer-Protokolle

Arweave arweave.org
Das Hauptziel des Projekts ist es, sicherzustellen, dass wichtige historische und kulturelle Informationen niemals verloren gehen, zensiert oder verändert werden. Das gleichnamige Token von Arweave belohnt diejenigen, die Daten speichern, sodass diejenigen, die Anwendungen im Netzwerk hosten, sich keine Gedanken über technische Wartung oder laufende Hostingkosten machen müssen; wenn ihr Code einmal bereitgestellt ist, bleibt er für immer bestehen.

Um Verlaufsinformationen zu erhalten, arbeitet Arweave mit Institutionen wie dem Internet Archive zusammen, um Aufzeichnungen zu sichern. Dateien können gegen eine einmalige Gebühr gespeichert und Inhalte können anonym hochgeladen und weitergegeben werden. Arweave wurde 2018 eingeführt.

Avalanche avax.network
Avalanche bezeichnet sich selbst als die schnellste Smart-Contracts-Plattform in der Blockchain-Industrie und verfügt über die meisten Validatoren, die die Aktivitäten aller dortigen Proof-of-Stake-Protokolle sichern. Sie kann mehr als 4.500 Transaktionen pro Sekunde verarbeiten.

Wichtige Base-Layer-Protokolle

Bitcoin bitcoin.org
Die erste Blockchain.

Bitcoin Cash bitcoincash.org
Mit Bitcoin Cash können Sie Geld für weniger als einen Cent an andere senden und Ihre Ersparnisse sicher und ohne Zwischenhändler aufbewahren. BCH ist auch privat; es gibt keine Transaktionshistorie wie bei Bankkonten. Monatlich finden mehr als elf Millionen BCH-Transaktionen statt, seit der Einführung im Jahr 2017 waren es mehr als 300 Millionen. An Dutzenden von Börsen können Sie BCH kaufen, verkaufen und halten.

cUSD celo.org
cUSD ist ein Stablecoin, der den Wert des US-Dollar abbildet. Das Ziel von Celo ist es, den Menschen ohne Bankverbindung zu helfen. cUSD wurde 2020 eingeführt und hat bereits 27.000 Wallet-Adressen sowie 15 Millionen cUSD im Umlauf. Es wurden schon mehr als eine Million Transaktionen abgewickelt. Die Plattform wird von der Alliance for Prosperity unterstützt, einem Zusammenschluss von mehr als 100 Organisationen, die sich für die Verbesserung der Lebensbedingungen der unterversorgten Menschen und jener ohne Bankverbindung in der Welt einsetzen.

EOS eos.io
Der Kurs des Bitcoin steigt, je mehr Menschen ihn nutzen. Die öffentliche EOS-Blockchain hat ein anderes Modell: Sie sperrt EOS-Token, um CPU-Bandbreite (die Zeit zur Verarbeitung einer Transaktion), Bandbreite (die Größe einer Transaktion in Bytes) und RAM (die Speicherung von Daten in Bytes) zu reservieren. Im Wesentlichen besitzen EOS-Token digitale Immobilien; wenn Sie Ihr Token sperren, reservieren Sie einen Teil der insgesamt verfügbaren Ressourcen. Sie können eine geringe Gebühr zahlen, um Ihr Konto lange genug mit Energie zu versorgen, um Ihre Transaktionen auszuführen, oder Sie können ungenutzte Token einzahlen, um einen Prozentsatz der Gebühren zu erhalten, die von der gesamten EOS-Blockchain generiert werden. Je nach Nutzung können Sie mehr Gebühren einnehmen, als Sie für Ihr Konto bezahlen.

Ether ethereum.org
Ethereum war der Wegbereiter für „Smart Contracts". Es handelt sich um eine programmierbare Blockchain, was bedeutet, dass Sie die Bedingungen für den Transfer des Ether-Coins bestimmen können. Das Ethereum-Netzwerk aus Tausenden von Computern verfolgt den Status jedes Vertrags. Jeder kann sie im öffentlichen Ethereum-Ledger überprüfen, der von der Ethereum Foundation, einer gemeinnützigen Organisation, gepflegt wird. Um das Ausmaß zu begreifen, sollten Sie sich Folgendes vor Augen führen: Microsoft beschäftigt 40.000 Softwareentwickler. Im Gegensatz dazu gibt es mehr als 200.000 Entwickler, die auf der Ethereum-Blockchain programmieren.

Wichtige Base-Layer-Protokolle

Filecoin filecoin.io
Filecoin hat es sich zur Aufgabe gemacht, Cloud-Speicher zu dezentralisieren, indem es den Nutzern ermöglicht, aus Tausenden von geografisch verteilten Speicheranbietern zu wählen. Sie erhalten Speicherplatz, indem Sie mit Filecoins bezahlen, wodurch diejenigen, die über zusätzlichen Speicherplatz verfügen, einen Anreiz erhalten, diesen zu teilen. Filecoin ging im Oktober 2020 an den Start; innerhalb von drei Monaten hatten Tausende von Minern 1,3 Exabyte Speicherplatz bereitgestellt (genug, um das 650-Fache aller in US-Forschungslabors gespeicherten Daten zu speichern). Bis heute wurden mehr als 100 Anwendungen auf Filecoin aufgebaut.

Litecoin litecoin.com
Die Verwendung von Bitcoin als Geldtransferplattform kann Transaktionen nur eingeschränkt verarbeiten. Litecoin wurde erfunden, um dieses Problem zu lösen. Es bestätigt Blocks achtmal schneller als Bitcoin.

MobileCoin mobilecoin.com
MobileCoin ist für die Verwendung als digitales Bargeld auf Ihrem Telefon konzipiert. Die meisten Transaktionen werden in weniger als zehn Sekunden abgeschlossen. Mobile Messenger-Apps wie WhatsApp, Facebook Messenger und Signal können mit einer MobileCoin-Wallet integriert werden. Jede Transaktion ist kryptografisch geschützt. MobileCoin ist für US-User nicht verfügbar, da die Zahlungen privat sind.

Neo neo.org
Neo ist „die Blockchain-Plattform mit den meisten Funktionen" für den Aufbau dezentraler Anwendungen und unterstützt dezentrale Speicher, Orakel und Domain-Namen-Dienste. Sie war die erste öffentliche Smart-Contract-Plattform, die 2014 von Da Hongfei und Erik Zhang in China gegründet wurde, und damit ein Pionier der frühen Blockchain-Branche. Heute tragen Entwickler auf der ganzen Welt zum Core Development, zur Infrastruktur und zur Ausstattung von Neo bei, darunter ehemalige Mitarbeiter von Microsoft, Facebook, Amazon, Samsung, Dell, Seagate und anderen.

Wichtige Base-Layer-Protokolle

Stellar stellar.org
Das Bitcoin-Netzwerk wurde ausschließlich für den Handel mit dem Bitcoin geschaffen. Im Gegensatz dazu digitalisiert Stellar alle Formen von Geld, sodass das globale Finanzsystem über ein einziges Netzwerk funktioniert. Außerdem ist es schneller und billiger als andere Blockchains (der Ledger wird alle fünf Sekunden überprüft und aktualisiert). Es wurde 2015 eingeführt und hat mehr als 450 Millionen Transaktionen von mehr als vier Millionen Konten verarbeitet.

Die digitale Währung von Stellar ist das Lumen, das nur zur Initialisierung von Konten benötigt wird. Danach können die Transaktionen in jeder beliebigen Währung erfolgen. So können beispielsweise digitalisierte Dollar von Menschen auf der ganzen Welt verwendet werden, ohne dass sie ein US-Bankkonto benötigen. Das Gleiche gilt für alle Fiatgelder. In der Tat könnten Sie Stellar verwenden, um ein Token für jedes beliebige Gut auszugeben – von Maisstauden bis zu einer Stunde Ihrer Zeit als Berater.

Stellar-Token können von jedem Nutzer gesehen, gehalten und gehandelt werden, sind aber in hohem Maße konfigurierbar. Und im Gegensatz zu anderen Zahlungssystemen kann ein Nutzer mit Stellar eine Währung senden und der Empfänger eine andere erhalten – im Wesentlichen ein Geldwechsel in einer einzigen Transaktion. Cowrie, Settle, Tempo, Finclusive und viele andere Coins funktionieren auf Stellar.

Tether tether.to
Tether ist ein Stablecoin, der an den US-Dollar, den Euro und den chinesischen Yuan gebunden ist. Tether ist die am weitesten integrierte digitale Währung, die heute verwendet wird.

Tez tezos.com
Tezos wurde 2011 eingeführt und leistete Pionierarbeit mit dem Proof-of-Stake-Protokoll. Die Plattform ermöglicht es Nutzern, Smart Contracts zu erstellen und dezentralisierte Anwendungen zu entwickeln, die nicht von Dritten zensiert oder verboten werden können. Die Interessengruppen können sich auch an der Verbesserung des Netzwerkes beteiligen, indem sie Änderungen bewerten, vorschlagen oder genehmigen, ganz ohne Hard Forks. Tezos kann Aktien, Gold, Immobilien und sogar Stimmen bei Präsidentschaftswahlen abbilden.

Wichtige Base-Layer-Protokolle

XRP ripple.com
Das RippleNet-Netzwerk kann Hunderte von Finanzinstituten weltweit über eine einzige Schnittstelle miteinander verbinden, sodass Geld schneller, billiger und zuverlässiger bewegt werden kann. Durch die Verwendung von XRP müssen Finanzinstitute keine Konten in den Zielwährungen vorfinanzieren, um grenzüberschreitende Zahlungen zu ermöglichen. Zahlungen werden in etwa drei Sekunden abgewickelt; das Netzwerk kann mehr als 1.500 Transaktionen pro Sekunde zu einem Preis von nur 0,0003 Dollar pro Transaktion abwickeln.

RippleNet ist in mehr als 55 Ländern auf sechs Kontinenten verfügbar, mit Auszahlungsmöglichkeiten in mehr als 70 Ländern. Dutzende von Unternehmen haben Verträge für seine On-Demand-Liquidität unterzeichnet, darunter MoneyGram, Azimo, Santander, American Express, CIMB, Siam Commercial Bank, SBI und HDFC.

Zcash electriccoin.co
Zcash-Transaktionen können transparent sein, obwohl die Benutzer ihre Informationen teilweise oder vollständig schützen können, um die Privatsphäre auf Transaktionsebene zu gewährleisten. Zcash ist ein Open-Source-Projekt, das von der Electric Coin Company und der Zcash Foundation unterstützt wird.

Eine aktuelle Liste mit Hyperlinks finden Sie in den
Gelben Seiten des DACFP
unter dacfp.com

Second Layer

Die Entwickler suchen weiterhin nach Möglichkeiten zur Verbesserung von Blockchain-Netzwerken. Sie wollen drei Ziele erreichen:

1. **Dezentralisierung**, das heißt, das Netzwerk (und nicht eine Einzelperson, ein Unternehmen oder eine Regierung) ist für die Assets verantwortlich;
2. **Sicherheit**, das heißt, das Netzwerk kann nicht aufgebrochen oder seine Daten kopiert, geändert, gelöscht, gestohlen oder unzugänglich gemacht werden;

3. **Skalierbarkeit**, das heißt, was man für zehn Menschen tun kann, kann man auch für eine Milliarde Menschen tun.

Das Bemühen, alle drei Ziele zu erreichen, wird als *Trilemma* bezeichnet, ein Begriff, den der Ethereum-Gründer Vitalik Buterin geprägt hat. Es ist einfach, eine Blockchain zu entwickeln, die eines oder zwei dieser Ziele erreicht, aber es ist außerordentlich schwierig, alle drei Ziele zu erreichen.

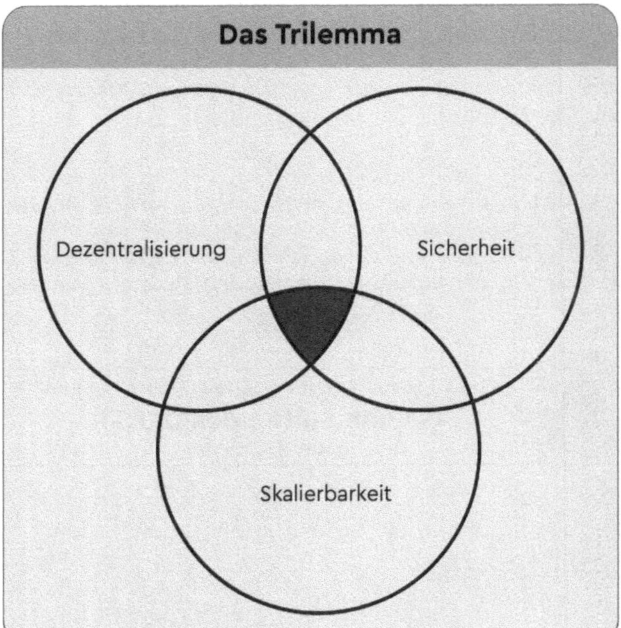

Abbildung 7.1

Bitcoin und Ethereum zum Beispiel wurden mit dem Schwerpunkt auf Dezentralisierung und Sicherheit entwickelt (beide gehören niemandem und beide wurden noch nie gehackt), aber sie bieten diese Funktionen auf Kosten der Größe. (Ethereum kann nur 15 Transaktionen pro Sekunde verarbeiten und Bitcoin ist mit sieben Transaktionen pro Sekunde noch langsamer. Visa hingegen kann 24.000

Transaktionen pro Sekunde verarbeiten, wird aber von einem Unternehmen kontrolliert und wurde bereits mehrfach gehackt.)

Das Trilemma behindert die Basis- oder auch Base-Layer-Protokolle. Daher haben die Entwickler ein Gerüst auf dem Base Layer geschaffen. Der Base Layer bietet Sicherheit und Dezentralisierung, während der „Aufsatz“, der Second Layer, für Geschwindigkeit und Skalierung sorgt.

Das erste und bekannteste Beispiel ist das Lightning Network, das auf der Bitcoin-Blockchain aufsetzt. Das 2015 von Joseph Poon und Thaddeus Dryja erfundene Lightning Network wickelt Transaktionen schneller und kostengünstiger ab, da es nicht den vollen Rechenaufwand und Speicherplatzbedarf des Proof of Work des Bitcoin erfordert. Dies geschieht über *Off-Chain-*Transaktionen – diese heißen so, weil die Transaktionen nicht auf einer Blockchain ausgeführt werden.

Um dies zu verstehen, stellen Sie sich ein Casino vor, wobei das Casino eine Blockchain ist. Sie gehen hinein und tauschen Ihre Dollar in Jetons (der digitale Coin des Casinos) um. Das ist eine *On-Chain-*Transaktion (das heißt eine Transaktion auf der Blockchain). Sie benötigen die Erlaubnis des Casino-Kassierers, um Ihre Dollar in Jetons umzutauschen, und das Casino zeichnet die Transaktion auf. Aber wenn Sie erst einmal am Pokertisch sitzen, können Sie und andere Spieler Jetons so viel und so oft Sie möchten austauschen – das Casino achtet nicht auf diese Transaktionen *außerhalb der Kette* (das heißt zwischen den Parteien). Nur wenn Sie Ihre Jetons in Dollar zurücktauschen, ist das Casino wieder involviert, das ist der einzige Handel, der in der Blockchain aufgezeichnet wird.

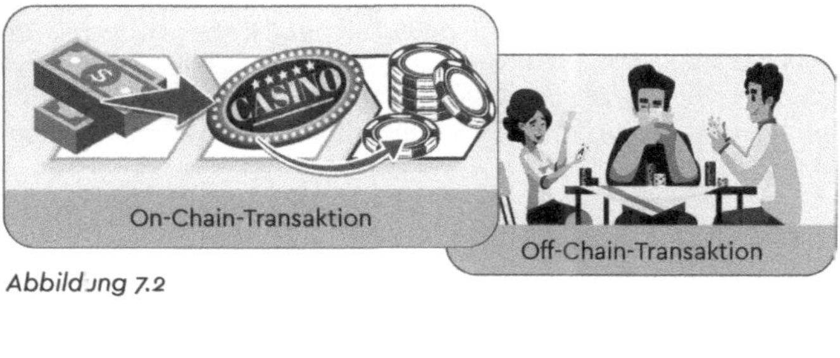

Abbildung 7.2

Wichtige Second-Layer-Protokolle

Aave aave.com
Aave ist eines der ersten dezentralisierten Kreditprotokolle und ermöglicht es Ihnen, mit Dutzenden von digitalen Assets Geld zu leihen oder zu verleihen. Mehr als 25 Milliarden Dollar an Assets befinden sich auf der Plattform.

Bancor bancor.network
Das Bancor-Protokoll wandelt Token sofort zu fairen und berechenbaren Preisen um. Es dezentralisiert automatisierte Token-Swaps auf Ethereum und über Blockchains hinweg und verwendet Smart Contracts, um Automated Market Maker (AMMs, Liquiditätspools oder Bonding Curves genannt), also bestimmte Protokolle auf dezentralen Börsen, zu erstellen. Es handelt sich um eine alternative Methode zum „Geld und Brief"- oder „Auftragsbuch"-Ansatz, der die traditionellen Börsen plagt.

Das Bancor-Protokoll zeigt kontinuierlich die Wechselkurse für alle Token in Echtzeit an und jedes Token kann dem Netzwerk jederzeit von jedem hinzugefügt werden – nicht nur von Finanzinstituten und Großinvestoren. Seit seiner Einführung im Jahr 2017 wurden dem Bancor-Netzwerk Liquiditätspools für Hunderte von Token auf der Ethereum-Blockchain hinzugefügt. Mehr als zwei Milliarden Dollar an Token-zu-Token-Konvertierungen in Zehntausenden von Wallets sind erfolgt.

Cardano cardano.org
Cardano basiert auf dem Ouroboros-Protokoll und verwendet die Programmiersprache Haskell, um eine beispiellose Sicherheit und Stabilität zu gewährleisten.

Chainlink chain.link
Die Smart Contracts von Ethereum benötigen Informationen, die manchmal außerhalb der Kette liegen. Ohne sie funktionieren sie nicht. Chainlink löst dieses Problem, indem es intelligente Verträge sicher mit zuverlässigen externen Datenquellen und Systemen verbindet. Das Token LINK versorgt Chainlink mit Energie. Es kann gegen Fiatgeld oder digitale Währungen gehandelt werden.

Compound compound.finance
Compound existiert auf der Ethereum-Blockchain. Alle Assets, die Sie über Ethereum erhalten, können in Compound eingezahlt werden, wo Sie Zinsen erhalten. Sie können das Asset auch als Sicherheit hinterlegen, um rund um die Uhr und von überall auf der Welt Kredite zu erhalten. Auf diese Weise entsteht ein neuer Kreditmarkt mit Zinssätzen, die sich nach Angebot und Nachfrage richten.

Wichtige Second-Layer-Protokolle

Etherisc etherisc.com
Etherisc ist das erste Versicherungsprotokoll, das auf der Ethereum-Blockchain basiert. Es stellt sicher, dass die Vertragsbedingungen dauerhaft in intelligenten Verträgen codiert sind und die Auszahlungen sofort und zuverlässig erfolgen. Die Zulassungsanforderungen schränken das Wachstum ein; es werden Ansätze zur Skalierung des programmierbaren Risikoschutzes getestet, ohne dass Versicherungslizenzen erforderlich sind.

The Graph thegraph.com
Der Graph ist ein Indizierungsprotokoll. Die Daten können anwendungsübergreifend genutzt werden, sodass jeder mit wenigen Tastendrücken eine Abfrage durchführen kann. Vor The Graph verwendeten Teams proprietäre Indexierungsserver. Jetzt werden die Daten in offenen Netzen mit überprüfbarer Integrität gespeichert und verarbeitet.

Lightning Netzwerk lightning.network
Lightning zielt darauf ab, den Bitcoin schneller und billiger zu machen, damit er das primäre Zahlungsnetzwerk für das Internet werden kann. Mit Lightning ist das Senden und Empfangen von Bitcoin so einfach wie das Senden und Empfangen eines Fotos.

Die Abwicklung einer Bitcoin-Transaktion erfolgt praktisch augenblicklich. Und die Kosten dafür sind unvorstellbar gering: nur 0,0000001 Satoshi. Sie könnten also 100 Millionen Lightning-Geschäfte zum Preis von einem einzigen Satoshi ausführen.

Eine aktuelle Liste mit Hyperlinks finden Sie in den
Gelben Seiten des DACFP
unter dacfp.com

Es gibt auch andere Skalierungsansätze, wie *Sidechains* und *Childchains*. Eine Sidechain ist eine Blockchain, die an eine übergeordnete Blockchain angehängt ist, aber schneller ist als diese. Rootstock und Liquid sind zwei Beispiele. Eine Childchain ist eine Blockchain, die auf der Original-Blockchain und nicht neben ihr arbeitet. Plasma ist ein Beispiel dafür. Childchains sind also von der Blockchain ihres Hosts (Parent) abhängig, während Sidechains dies nicht sind. Childchains sind so sicher wie ihre Parentchain; Sidechains sind es nicht.

Chainlink
Uniswap
MetaMask

Wichtige Second-Layer-Protokolle

OMG omg.network
Ziel des Netzwerks ist es, den Echtzeit-Peer-to-Peer-Transfer sowie die Bezahlung von digitalen Assets zu ermöglichen – und nicht nur von digitalen Assets, sondern auch von anderen immateriellen Wertformen, zum Beispiel Treuepunkten. OMG setzt auf dem Ethereum-Blockchain-Netzwerk auf und ermöglicht es, Anwendungen schneller und kostengünstiger zu betreiben, ohne die Sicherheit von Ethereum zu beeinträchtigen. OMG kann Tausende von Transaktionen pro Sekunde zu einem Drittel der Kosten durchführen. Das OMG-Token wird auf 678.000 Adressen verteilt und ist damit eines der am weitesten verbreiteten Token im Ethereum-Ökosystem.

SushiSwap sushi.com
Ein Konkurrent von Uniswap (siehe unten), der im August 2020 sein Debüt feierte.

Uniswap uniswap.org
Eines der größten Projekte auf Ethereum ist Uniswap, eine dezentrale Börse (mehr dazu in Kapitel 10). Seit 2018 hat das Protokoll ein Volumen von 20 Milliarden US-Dollar unterstützt, gehandelt von mehr als 250.000 eindeutigen Adressen und verteilt über mehr als 8.000 Assets, und mehr als eine Milliarde US-Dollar an Liquidität gesichert, die von mehr als 49.000 Liquiditätsanbietern hinterlegt wurde.

Eine aktuelle Liste mit Hyperlinks finden Sie in den
Gelben Seiten des DACFP
unter dacfp.com

Finanzprodukte und -dienstleistungen

Bitgo

Satoshi hat Bitcoin geschaffen, damit die Menschen ihr Geld frei in der Welt bewegen können. Sie halten das für kreativ? Warten Sie, bis Sie von den Innovationen lesen, die gleich kommen. Sie alle bauen auf dem Base Layer und dem Second Layer der Blockchain-Technologie auf.

Wichtige Blockchain-Anwendungen für Finanzprodukte und -dienstleistungen

Binusu binusu.com
Die 42 Millionen Einwohner Ugandas haben nur sechs Millionen Bankkonten, aber 23 Millionen Abonnenten von mobilem Geld. Mobiles Geld hat jedoch den Nachteil hoher Kosten, langsamer Transaktionen und begrenzter Funktionen und Dienstleistungen. Binusu ermöglicht es den Ugandern, Kredite aufzunehmen, Geld zu verleihen, zu sparen, zu investieren und zu handeln, indem sie eine benutzerdefinierte Blockchain nutzen, die mit dem BNU handelt, einem Stablecoin, der an Ugandas Währung, den Schilling, gekoppelt ist. Binusu bietet somit Händlern und Endkunden Finanzdienstleistungen außerhalb des Bankensystems an. Der Zinssatz von Binusu ist der niedrigste in Uganda und die Händlerdienste ermöglichen eine Abwicklung in Echtzeit.

BitGo bitgo.com
BitGo bedient institutionelle Kunden; 2018 wurde die BitGo Trust Company der erste unabhängige, regulierte Verwahrer für digitale Assets. Seine Sicherheitsplattform wird von Hunderten von Börsen und institutionellen Anlegern sowie im Bereich der digitalen Assets genutzt. BitGo bietet aktuell eine sichere Aufbewahrung digitaler Assets, erstklassige Dienstleistungen (die Kreditvergabe, Kreditaufnahme, Handel, Clearing, Abrechnung und andere Kapitalmarktdienstleistungen in einem verwalteten Konto zusammenfassen) sowie Portfolio-Tools, einschließlich Steuerlösungen, die den Nutzern bei der Verwaltung ihrer Bestände helfen. Entwickler und Institutionen können das Angebot von BitGo problemlos in ihre eigenen Anwendungen integrieren. Das Unternehmen hat mehr als 350 institutionelle Kunden in 50 Ländern und wickelt monatlich Transaktionen im Wert von über 15 Milliarden Dollar ab. Das sind 20 Prozent aller Bitcoin-Transaktionen.

Cowrie cowrie.exchange
Die nigerianische Währung wird nicht weltweit gehandelt, was grenzüberschreitende Zahlungen langsam und teuer macht. Cowrie ermöglicht es Nigerianern, mit digitalen Token, die durch die Nigerianische Naira gedeckt sind, effizient und kostengünstig Transaktionen in der ganzen Welt durchzuführen.

Deutsche Bank cib.db.com/solutions/securitiesservices
Als eines der zehn größten Finanzinstitute der Welt entwickelt die Deutsche Bank eine vollständig integrierte Verwahrungsplattform für institutionelle Kunden und deren digitale Assets. Es handelt sich dabei um eine leicht zu bedienende All-in-one-Plattform, die den Kunden Sicherheit durch Hot-/Cold Storage in institutioneller Qualität mit Versicherungsschutz bietet.

Wichtige Blockchain-Anwendungen für Finanzprodukte und -dienstleistungen

LocalBitcoin localBitcoin.com
Mit LocalBitcoin können Menschen aus verschiedenen Ländern ihre lokale Währung in Bitcoin umtauschen und so weltweit den Zugang zur globalen Wirtschaft öffnen. LocalBitcoin ist auf allen Kontinenten verfügbar und wird in über 8.000 Städten genutzt. Das größte Volumen entfällt auf den Russischen Rubel und den Venezolanischen Bolivar. Im Gegensatz zu Börsen und zentralisierten Handelsplattformen können die Nutzer bei LocalBitcoin miteinander verhandeln, was den Prozess anpassbar und schnell macht und sich eher für den Austausch als für Spekulationen eignet.

MetaMask metamask.io
MetaMask bietet eine sichere, einfach zu bedienende Ethereum-Wallet, die es Nutzern ermöglicht, mit einem einzigen Login mit Tausenden von Websites und Smart Contracts zu interagieren. Sie bietet mehr Anwendungsfälle als jede andere Lösung, darunter Zahlungen, Handel und DEX-Swaps, dezentrale Finanzdienstleistungen, Spiele, Kunstsammlungen, internationale Transaktionen, selbst verwaltete Identität, Authentifizierung und vieles mehr. Zwei Drittel der Nutzer von MetaMask Mobile befinden sich außerhalb Nordamerikas und Europas, vor allem in Märkten, in denen keine Banken vertreten sind.

Paypal paypal.com
Das Zahlungsunternehmen möchte die Akzeptanz digitaler Assets bei seinen 346 Millionen Endkunden und 26 Millionen Händlern in über 200 Märkten auf der ganzen Welt erhöhen. Sein Ziel ist es, Käufer mit dem Bitcoin bezahlen zu lassen und Transaktionen in Fiatgeld abzurechnen. Zum jetzigen Zeitpunkt können Nutzer Bitcoin, Ethereum, Litecoin und Bitcoin Cash kaufen, verkaufen und halten.

Rally rally.io
Rally ermöglicht Influencern, Sportlern und Kreativen mit Millionen von Followern, ihre eigenen digitalen Coins einzuführen und zu verwalten, um die Fanbindung zu erhöhen. Einmal erstellte Coins können von Fans gekauft oder verdient werden, wodurch eine dezentrale Gemeinschaft entsteht. Mit seinen „No-Code"-Tools kann jeder Schöpfer einen Coin ohne technische Kenntnisse oder tiefgreifendes Wissen über digitale Assets auf den Markt bringen.

Wichtige Blockchain-Anwendungen für Finanzprodukte und -dienstleistungen

Ripio ripio.com
2019 beschränkte die argentinische Zentralbank die monatlichen Dollarkäufe auf 200 US-Dollar und führte eine Steuer von 65 Prozent ein, um einen massiven Abfluss der Reserven zu vermeiden. Ripio, das führende Unternehmen für digitale Anlagen in Südamerika, bietet Argentiniern die Möglichkeit, Geld zu sparen und Zinsen zu erzielen, und zwar mit Produkten, die den lokalen Vorschriften entsprechen, aber nicht von Erwerbsbeschränkungen und Steuern betroffen sind. Über die Plattform können Nutzer rund um die Uhr Argentinische Pesos einzahlen und abheben sowie problemlos digitale Assets kaufen, verkaufen und speichern.

SuperRare superrare.co
SuperRare macht Kunst für jeden zugänglich, der einen Internetanschluss hat. Jeder Künstler stellt ein Echtheitszertifikat für das Werk aus, sodass die Mäzene die Herkunft des Werkes nachvollziehen können.

XBT-Anbieter coinshares.com/etps/xbtprovider
Im Jahr 2015 war der Bitcoin-Tracker von CoinShares das erste auf dem Bitcoin basierende Wertpapier, das an einer regulierten Börse erhältlich war, und machte es Anlegern leicht, digitale Assets über traditionelle Wertpapierbörsen zu kaufen.

Eine aktuelle Liste mit Hyperlinks finden Sie in den
Gelben Seiten des DACFP
unter dacfp.com

Nicht-finanzielle Anwendungen und Dienstleistungen

Wenn Sie schon von der Kreativität der Finanzbranche beeindruckt sind, werden Sie doppelt beeindruckt sein, wenn Sie über einige der Innovationen lesen, die von Branchenfremden angeboten werden.

Wichtige Blockchain-Anwendungen und -dienste außerhalb des Finanzsektors

CryptoFund cryptofund.unicef.io
UNICEF hat im Oktober 2019 den CryptoFund ins Leben gerufen, um den Bitcoin und Ether als Mittel zur Finanzierung von Start-ups in Schwellen- oder Entwicklungsländern, die innovative Technologien zur Lösung lokaler Herausforderungen einsetzen, zu erhalten und auszuzahlen. Die Übermittlung von digitalen Assets an Start-ups erfolgt in wenigen Minuten und praktisch ohne Kosten, im Gegensatz zu herkömmlichen Methoden, bei denen mehrere Banken zwischengeschaltet sind, die Tage dauern und bis zu acht Prozent des übermittelten Geldes kosten.

World Food Programme innovation.wfp.org/project/
Das Welternährungsprogramm (WFP), Träger des Friedensnobelpreises 2020, ist die weltweit größte humanitäre Organisation. Die Agentur hat Milliarden von Dollar an viele Millionen Menschen in Dutzenden von Ländern verteilt. Die Vergabe von Bargeld an Bedürftige ist oft der effektivste und effizienteste Weg, um humanitäre Hilfe zu leisten und gleichzeitig die lokale Wirtschaft zu unterstützen. In vielen Gebieten, in denen das WFP tätig ist, gibt es oft nur unzureichende Finanzdienstleister, sie sind unzuverlässig oder nicht verfügbar. In anderen Ländern können Flüchtlinge keine Bankkonten eröffnen oder haben keinen Zugang dazu.

Um diese Probleme zu lösen, nutzt das WFP ein digitales Vermögensnetzwerk, um Geld über Mobiltelefone zu verteilen. Die Begünstigten bestimmen, wie und wann sie das Geld erhalten und ausgeben – in Einzelhandelsgeschäften, an Geldautomaten, über mobiles Geld und mehr. So wurden beispielsweise 25 Millionen US-Dollar in 1,1 Millionen Transaktionen an Flüchtlinge überwiesen, darunter 106.000 syrische Flüchtlinge in Jordanien. Durch den Einsatz der Blockchain-Technologie konnte das WFP seine Bankgebühren für Transaktionen um 98 Prozent senken.

Eine aktuelle Liste mit Hyperlinks finden Sie in den
Gelben Seiten des DACFP
unter dacfp.com

8
Sind digitale Assets Geld?

Satoshis Absicht war eindeutig, dass der Bitcoin als Geld behandelt werden sollte, als „digitale Währung“, die alle Fiatgelder ersetzt. Ist Satoshis Traum Wirklichkeit geworden, und wenn nicht, wird er es jemals werden?

Um diese Frage zu beantworten, müssen wir zunächst eine andere beantworten: Was ist Geld? Schauen wir uns dieses Konzept einmal näher an, damit Sie entscheiden können, ob der Bitcoin oder andere digitale Assets der Definition entsprechen (oder ihr jemals entsprechen werden) – oder ob das überhaupt wichtig ist. Das wird Ihnen die Entscheidung leichter machen, ob und welche digitalen Assets Sie besitzen möchten.

Was ist Geld?

Geld hat seit Jahrhunderten eine zentrale Koordinierungsfunktion in der Gesellschaft. Mit Geld lassen sich Transaktionen effizient abwickeln, sodass wir nicht auf das ineffiziente *Tauschgeschäft* (Barter) angewiesen sind.

Wenn Sie Ihrem Nachbarn einen Liter Milch im Austausch gegen eine Tasse Zucker geben, ist das ein Tauschgeschäft. Aufzeichnungen zeigen, dass solche Geschäfte bereits 6000 v. Chr. Mesopotamier, Phönizier und Babylonier tätigten – lange vor der Erfindung der Währung.

Der Tauschhandel ist allerdings mühsam, weil man die Milch mit sich herumtragen muss, bis man jemanden findet, der Zucker hat. Eine einfachere Methode des Austauschs wurde benötigt – und so wurde das Konzept des Geldes eingeführt. Statt der Milch kann ich kleine Stücke Papier, Metall oder einen anderen Gegenstand mitnehmen. Wenn Sie mir sagen, dass Sie Zucker haben, kann ich das Papier gegen ihn eintauschen. Später können Sie dann das Papier jemandem geben, der Ihnen Milch dafür gibt.

Tauschhandel vs. Geldwirtschaft

Geld macht das Leben effizient. Sie brauchen nicht in dem Moment die Milch anzunehmen, in dem Sie mir Zucker geben. Sie können Geld leichter transportieren und aufbewahren als Milch. Und das Papier ist gegen alles eintauschbar – man muss nicht das besitzen, was die Person mit der Milch haben möchte.

Unsere Vorfahren benutzten alle möglichen Gegenstände als Geld, darunter Tiere, Feldfrüchte, Muscheln, Metall, Papier, Salz und sogar große Steine.

Milch ist Milch, und wenn sie frisch ist, gibt es kaum einen Unterschied zwischen einem Liter und einem anderen. Es ist also leicht, sich darauf zu einigen, wie viel Milch für eine Tasse Zucker benötigt wird. Aber wenn ich Ihnen Coins für Ihren Zucker geben will, wie viele Coins verlangen Sie dann dafür?

Sie werden wissen wollen, wer den Coin erschaffen hat. Und das war schon das erste Problem. In der Anfangszeit des Geldes konnte es jeder herstellen – so wie jeder eine Kuh melken konnte. Da Privatpersonen und Unternehmen ihr eigenes Geld herstellen konnten, erwies sich ein großer Teil davon als wertlos. Infolgedessen zögerten die Menschen, Geld als Zahlungsmittel zu akzeptieren – und kehrten zum problematischen Tauschhandel zurück.

Um das Vertrauen der Menschen in die Coins zu stärken, sodass sie diese akzeptierten, erklärten die Regierungen, dass sie – und nur sie – Geld drucken dürften. Regierungen sind stabiler und haben (dank ihrer Armeen) die Autorität, ihre Regeln durchzusetzen. Das Problem ist jedoch, dass Regierungen kommen und gehen, und es gibt immer mehr als eine.

Rai-Steine

Die Menschen auf den Yap-Inseln in Mikronesien verwendeten Steine als Geld. Sie wurden Rai genannt und hatten einen Durchmesser von etwa 1,5 Zoll bis 12 Fuß (und ein Gewicht von 8.800 Pfund). Die großen Steine waren zu schwer zu transportieren, sodass die Besitzverhältnisse mündlich überliefert wurden. Man findet diese Steine noch immer auf den Inseln – und in Museen auf der ganzen Welt.

Aber diese US-Dollar werden immer noch auf Papier gedruckt.* Das Bureau of Engraving and Printing des Finanzministeriums druckt jedes Jahr 4,2 Milliarden Stück im Wert von einem bis 100 Dollar.

„Wie werden Sie bezahlen? Mit Krypto, per Venmo, Zelle, elektronischer Geldüberweisung, mit Kreditkarte, Scheck, Bargeld, Edelmetallen, bunten Muscheln oder Vieh?"

Natürlich ist es viel einfacher, Geld im Portemonnaie zu haben als Milch. Aber das Geld ist immer noch ein Problem – vor allem, wenn man viel davon hat. Möchten Sie mit Hunderttausenden oder Millionen von Dollar in Ihrer Tasche oder Ihrem Geldbeutel herumlaufen?

Daher beschlossen die Menschen bald, dass sie einen Ort brauchten, an dem sie ihr Geld aufbewahren konnten – so entstanden die Banken. Zunächst zahlten Sie Bargeld bei Ihrer Hausbank ein, die Ihr Geld in ihrem Tresor aufbewahrte. Das ist aber nicht mehr so. Heutzutage werden Ihre Einlagen elektronisch getätigt; die Banken vor Ort haben nur noch wenig Bargeld vorrätig. (In Schweden verlangen die Banken eine Voranmeldung und erheben eine Gebühr, wenn Sie Bargeld abheben wollen.)

---

* Tatsächlich besteht das Material zu 75 Prozent aus Baumwolle und zu 25 Prozent aus Leinen – unter anderem versucht die Regierung so, Fälschungen zu verhindern.

Und doch produziert das Finanzministerium weiterhin Papiergeld.

Wir haben fast alles digitalisiert – von Fotos über Krankenakten bis hin zu Urkunden – daher war es unvermeidlich, dass jemand herausfinden würde, wie man auch Geld digitalisieren kann. Dieser Jemand war nicht das US-Zentralbanksystem (Federal Reserve), die Weltbank oder der Internationale Währungsfonds. Es war Satoshi Nakamoto. Stellen Sie sich das mal vor.

Aber ist der Bitcoin wirklich Geld?

„Oh, mit unserer Ehe ist eigentlich alles in Ordnung. Wir würden nur gern einen Weg finden, sie zu Geld zu machen."

Die Definition von Geld

Um diese Frage zu beantworten, müssen wir zunächst einmal die charakteristischen Eigenschaften von Geld bestimmen. *Geld* zeichnet sich in der Regel durch drei Hauptfunktionen aus:

1. Wertspeicher
2. Recheneinheit
3. Tauschmittel

Schauen wir uns jede einmal an.

Wertspeicher

Sie vertrauen darauf, dass jeder Dollar in Ihrer Geldbörse seinen Wert behalten wird. Dank dieses Vertrauens sind Sie bereit, heute einen Dollar entgegenzunehmen, auch wenn Sie nicht vorhaben, ihn in den nächsten Tagen – oder Jahrzehnten – auszugeben. In der Zwischenzeit können Sie Ihr Geld einfach aufbewahren und jederzeit wieder abrufen. Das gilt nicht für Milch, die im Laufe der Zeit schlecht wird und daher ihren Wert nicht behält.

Geld ist jedoch kein perfektes Wertaufbewahrungsmittel, da auch seine Kaufkraft mit der Zeit abnimmt. Das liegt an der Inflation. In den Vereinigten Staaten besteht das Ziel der Federal Reserve darin, den Wert der Währung um zwei Prozent pro Jahr zu verringern. Sie können davon ausgehen, dass jeder Dollar in Ihrem Portemonnaie in einem Jahr nur noch 98 Cent wert sein wird, und das ist eine bewusste Entscheidung.

Wenn schon der Verlust von zwei Cent pro Jahr ärgerlich ist, dann schauen Sie sich doch einmal Länder mit weit weniger stabilen Regierungen und Volkswirtschaften an. Die Inflationsrate in Venezuela lag im Jahr 2021 bei 2.300 Prozent. Lebensmittel verteuerten sich rasant. Man brauchte 2021 400 Milliarden Venezolanische Bolivar, um das zu kaufen, was man mit einem einzigen US-Dollar kaufen konnte.

Wenn Ihre Währung kein Wertspeicher ist, handelt es sich nicht um Geld.

Recheneinheit

Geld lässt sich verwenden, um den relativen Wert von Waren und Dienstleistungen sowie von Aktiva und Passiva zu beschreiben. So können wir einen Preis für etwas festlegen und es mit etwas anderem vergleichen.

Wenn wir sehen, dass ein Auto 30.000 Dollar und ein anderes 100.000 Dollar kostet, verstehen wir sofort ihren relativen Wert. Ohne Geld als gemeinsamen Nenner wäre es für die Gesellschaft praktisch unmöglich, Handel zu treiben.

Was passiert, wenn eine Währung von Hyperinflation betroffen ist?

Die Hyperinflation hat viele instabile Länder heimgesucht. In den USA ist die größte Stückelung ein Hunderter, aber in Simbabwe ist die größte Stückelung ein 100-Billionen-Schein.

© Adobe Stock, mit Abdruckgenehmigung

Tauschmittel

Geld ist ein Mittler; es erleichtert den Austausch von Waren und Dienstleistungen. Ohne seine Verwendung als Tauschmittel sind wir gezwungenermaßen auf die Unannehmlichkeiten eines Tauschsystems angewiesen.

Erfüllt der Bitcoin diese drei Definitionen?

Ja, nach diesen drei Merkmalen ist der Bitcoin Geld.

	US-Dollar	Bitcoin
Wertspeicher	✓	✓
Recheneinheit	✓	✓
Tauschmittel	✓	✓

Abbildung 8.1

Einige argumentieren jedoch, dass es noch mehr zu beachten gibt. Der Bitcoin könne nicht als Geld angesehen werden, da er nicht durch etwas Greifbares wie Gold oder Silber gedeckt sei. Dieses Argument zieht nicht – aus dem einfachen Grund, dass auch der US-Dollar weder durch Gold noch durch etwas anderes gedeckt ist.

US-Dollar haben einen Wert, weil die beiden Parteien, die sie in einer Transaktion verwenden, sich darüber einig sind, dass es sich hier um einen Wert handelt. Und sie sind sich darüber einig, was dieser Wert ist. Beide Parteien haben Vertrauen in die Währung und sind daher bereit, sie einzusetzen.

Gibt es ein ähnliches Einvernehmen, eine ähnliche Zuversicht und ein ähnliches Vertrauen beim Bitcoin?

Nicht in einem Ausmaß, das dem Einvernehmen, dem Vertrauen und der Zuversicht der Menschen für den US-Dollar entspricht. Vielleicht werden das Einvernehmen, das Vertrauen und die Zuversicht in den Bitcoin mit zunehmender Nutzung wachsen. Millionen von Menschen auf der ganzen Welt glauben bereits, dass der Bitcoin Geld ist – weil er die drei oben genannten Merkmale erfüllt –, und vielleicht wird dieser Ansicht eines Tages jedermann zustimmen.

Gehen wir einmal davon aus, dass Sie zu denjenigen gehören, die den Bitcoin für Geld halten. Bedeutet das, dass der Bitcoin auch eine Währung ist?

Die Definition von Währung

Währung ist die physische Darstellung von Geld. Wenn wir also fragen, ob der Bitcoin Geld ist, müssen wir auch fragen, ob der Bitcoin als Währung angesehen werden kann.

Eine Währung hat sechs Merkmale:

1. Haltbarkeit
2. Übertragbarkeit
3. Teilbarkeit
4. Einheitlichkeit
5. Knappheit
6. Allgemeine Akzeptanz

Werfen wir nun einen genaueren Blick auf diese Merkmale, damit wir entscheiden können, ob der Bitcoin den Test besteht.

Haltbarkeit Die Währung muss stark genug sein, um wiederholten Gebrauch zu überstehen. Vieh, Obst und Gemüse erfüllen diesen Test nicht, Dollarscheine und Coins hingegen schon.

Übertragbarkeit Die Währung muss leicht zu übertragen und zu benutzen sein. Dollarscheine sind leicht zu transportieren, Fässer mit Öl nicht. Winzige Mengen von Gold sind leicht zu übertragen, große Mengen jedoch nicht.

Teilbarkeit Die Währung muss in kleine Stückelungen zerlegbar sein. Dollar können in Pennys zerlegt werden. Goldbarren in Unzen oder Gramm – oder, mit dem richtigen Gerät, sogar in Atome.

Einheitlichkeit Jede Währungseinheit muss den gleichen Wert haben wie alle anderen gleichwertigen Einheiten, unabhängig davon, wann die Einheit geschaffen wurde. Alle 1-Dollar-Noten haben zum Beispiel den gleichen Wert.

Knappheit Damit Geld seinen Wert behält, muss seine Währung knapp sein. Die Federal Reserve kontrolliert die Ausgabe von US-Dollar streng, um zu verhindern, dass ein Überangebot auf den Markt kommt. Wie wir bei den Venezolanischen Bolivar und den Simbabwischen Dollar gesehen haben, führt die übermäßige Ausgabe von Bargeld zu einem starken Wertverlust des Geldes.

Allgemeine Akzeptanz Die Währung muss von einer Bevölkerung für den Austausch von Waren und Dienstleistungen allgemein akzeptiert werden. US-Dollar werden weltweit akzeptiert, nicht nur in allen 50 US-Bundesstaaten.

Erfüllt der Bitcoin diese sechs Definitionen?

Haltbarkeit Digitale Güter sind extrem langlebig, da es sich um Bits und Bytes handelt – Softwarecode kann sich nicht abbauen oder verflüchtigen. Die Einsen und Nullen, aus denen unser elektronisches Zeitalter besteht, können ewig fortdauern.

Viele Menschen (mich eingeschlossen) glauben, dass das begrenzte Angebot des Bitcoin zu seinem Kursanstieg beiträgt. Das ist die klassische Wirtschaftstheorie von *Angebot und Nachfrage*, die wir in Kapitel 11 behandeln werden. Zugegeben, das könnte der Definition des Bitcoin als Geld entgegenstehen, denn wenn man davon überzeugt ist, dass der Kurs steigen wird, wird man nichts davon für Lebensmittel ausgeben wollen, sondern sie stattdessen horten. Es gibt sogar Namen für solche Leute: *HODLer* – wie in Hold On for Dear Life (auf Deutsch: sich gut festhalten, festklammern) – oder auch Diamond Hands (Diamantenhände), denn schließlich heißt es ja, dass Diamanten für die Ewigkeit sind.

Übertragbarkeit Digitale Assets lassen sich komplett übertragen. Da die Daten im Internet gespeichert werden und der Zugriff über Apps auf Ihrem Telefon erfolgt, haben Sie Ihr digitales Vermögen immer bei sich. Sie haben immer sofortigen Zugriff und können Ihre digitalen Assets innerhalb von Sekunden an andere weitergeben.

Teilbarkeit Die kleinste Stückelung des Bitcoin ist der *Satoshi (*kurz: *Sat*); jeder ist 0,00000001 Bitcoin wert. 100 Millionen Satoshis entsprechen einem Bitcoin.*

Einheitlichkeit Bitcoin sind wie Dollar und Gold; alle sind gleich. Das gilt nicht für Vieh, Obst und Gemüse, Häuser oder Autos.

* Aus diesem Grund spielt es keine Rolle, wie hoch der Bitcoin-Kurs steigt. Der Kurs ist bereits so hoch, dass sich die meisten Menschen keinen Kauf leisten können. Stattdessen kaufen die Menschen Satoshis – einen Teil eines Bitcoin. (Genau wie niemand genug Geld hat, um Apple zu kaufen, und deshalb einen Teil von Apple kauft – eine einzelne Aktie. Und weil einzelne Apple-Aktien jetzt teuer sind, kann man einen Bruchteil einer Aktie für nur fünf Dollar kaufen.) In Zukunft wird man nicht mehr von Bitcoin sprechen, sondern von Satoshis.

Knappheit Im Gegensatz zum Dollar – dessen Angebot ständig wächst, weil die Regierung ihn ständig druckt (insbesondere während Finanzkrisen) – ist das Angebot an Bitcoin begrenzt. Insgesamt werden 21 Millionen Bitcoin produziert werden. Nicht mehr.*

Allgemeine Akzeptanz Der Bitcoin wird zunehmend als Zahlungsmittel akzeptiert. Millionen von Händlern auf der ganzen Welt nehmen den Bitcoin als Zahlungsmittel über Paypal an und manche Regierungen (angefangen mit El Salvador) haben bereits begonnen, den Bitcoin als offizielle Währung neben ihren Fiatgeldern auszuweisen. Doch die Akzeptanz ist noch nicht überall vorhanden.

Der Bitcoin weist eindeutig alle Merkmale einer Währung auf, außer vielleicht die allgemeine Akzeptanz. Gilt der Bitcoin also als Währung? Ich denke, das hängt davon ab, wen Sie fragen und in welchem Land Sie sich befinden. Irgendwann wird die Antwort ein klares Ja oder Nein sein. In der Zwischenzeit ist es Ihre Entscheidung.

	US-Dollar	Bitcoin
Haltbarkeit	✓	✓
Übertragbarkeit	✓	✓
Teilbarkeit	✓	✓
Einheitlichkeit	✓	✓
Knappheit	✓	✓

Abbildung 8.2

* Ein begrenztes Angebot ist nicht immer ein Merkmal von digitalen Assets, einige erlauben eine unbegrenzte Menge. (Von Dogecoin sind zum Beispiel mehr als 130 Milliarden vorhanden und fünf Milliarden werden jährlich hinzugefügt – einer von vielen Gründen, warum Investitionen in Dogecoin sowohl dumm als auch gefährlich sind. Dazu später mehr.)

Eine bessere digitale Währung als der Bitcoin

Eines der größten Probleme bei der Verwendung des Bitcoin als Währung ist seine Volatilität. Wie kann man Vertrauen in eine Währung haben, deren Kurs ständig und oft dramatisch schwankt?

Jetzt kommen die Stablecoins ins Spiel. Tether haben wir in Kapitel 7 kennengelernt. Sie und alle anderen Stablecoins behaupten, das zu tun, was der Bitcoin nicht kann: einen stabilen Kurs bieten. Wenn das stimmt, könnten sie wirklich als digitale Währung dienen. Schauen wir uns also die Stablecoins genauer an.

Stablecoins

Im Gegensatz zum Bitcoin und anderen digitalen Assets, deren Kurs von den Anlegern bestimmt wird, ist der Kurs eines Stablecoins derselbe wie der der Währung, die sie ersetzen soll – so wird die Volatilität eliminiert.

Angenommen, Sie kaufen einen US-Stablecoin im Wert von 100 Dollar. Der Herausgeber verwendet Ihr Geld, um 100 US-Dollar zu kaufen, wodurch ein Verhältnis von Coins zu Dollar von 1:1 entsteht. In der Praxis ist die Verwendung des Stablecoins damit genau dasselbe wie die Verwendung von US-Dollar.

Warum dann überhaupt Stablecoin? Warum nicht einfach Dollar verwenden, wie wir es immer getan haben?

Ganz einfach: Dollar funktionieren nur innerhalb des föderalen Finanzsystems. Man braucht ein Bankkonto, um sie aufzubewahren, und man kann Geld nur

> Einige Stablecoins sind an den US-Dollar gekoppelt. Andere sind an den Euro oder den Yen gekoppelt – oder an einen Strauß verschiedener Fiatgelder.
>
> Andere Stablecoins sind an einen Rohstoff wie Gold, Silber oder Öl gekoppelt. Einige werden sogar von einem Algorithmus gestützt, der Angebot und Nachfrage steuert, um den Kurs ihrer Coins zu stabilisieren.
>
> Und ja, es gibt einen Stablecoin, der durch – Sie haben es erraten – andere digitale Coins abgesichert ist.

versenden, wenn man die Regeln befolgt, die, wie wir in Kapitel 2 gelernt haben, zeitaufwendig und kostspielig sind. Im Gegensatz dazu können Sie Stablecoins rund um die Uhr und 365 Tage im Jahr praktisch kostenlos transferieren.

Okay, es gibt zwei Probleme mit Stablecoins, wobei das zweite ein Ergebnis des ersten ist. Der erste ist, wie bereits erwähnt, dass Stablecoins nicht notwendigerweise dem Bankgesetz entsprechen. Banken müssen beispielsweise eine bestimmte Menge an Kapital vorhalten, Stablecoins sind von dieser Verpflichtung aber ausgenommen. Sie müssen sich auch nicht an die Vorschriften zur Bekämpfung von Geldwäsche, an Steuervorschriften oder an andere Regeln halten. Und es gibt keinen Einlagensicherungsfonds wie die FDIC, der Sie schützt.

„Der Kurs einer Aktie schwankt aufgrund dieser drei Faktoren …"

Das führt zum zweiten Problem. Alle Stablecoins behaupten zwar, im Verhältnis von 1:1 an ihre jeweilige Währung gekoppelt zu sein, aber kein Gesetz und keine Vorschrift zwingt sie dazu. Wie man sich vorstellen kann, ergaben sich daher Fragen zu den Assets, die angeblich hinter einigen Stablecoins stehen.

Tether zum Beispiel. Er ist der größte Stablecoin und behauptet, dass all seine Einlagen ausschließlich durch den US-Dollar gedeckt sind. Die US-Börsenaufsichtsbehörde SEC sagt jedoch, dass ein Großteil der Tether-Assets stattdessen in US-Staatsanleihen, Bankeinlagen-Zertifikaten, kurzfristigen Schuldtiteln, Unternehmensanleihen und kommunalen Verbindlichkeiten gehalten wird. Diese Assets sind nicht so sicher wie US-Dollar. (Tether und Bitfinex zahlten im Oktober 2021 eine Geldstrafe in Höhe von 41 Millionen US-Dollar an die Commodity Futures Trading Commission – eine unabhängige Behörde –, weil sie fälschlicherweise behauptet hatten, ihre digitalen Token seien vollständig durch US-Dollar gedeckt.)

Die Regierung ist besorgt, weil Investoren und Endkunden 120 Milliarden Dollar in Stablecoins investiert haben. Eine ganze Reihe von Bundesbehörden arbeitet an diesem Thema, darunter die Arbeitsgruppe für Finanzmärkte des Präsidenten, die Federal Reserve, das Office of the Comptroller of Currency (eine Behörde des Finanzministeriums) und der Financial Stability Oversight Council, der Risiken für das Finanzsystem beobachtet. Könnten Stablecoins reguliert oder gar verboten werden? Die Antwort darauf wird in einem zukünftigen Fortsetzungsband zu diesem Buch zu finden sein.

Aber ist die Regierung nicht etwas dumm? Ich meine, warum haben sie etwas gegen Stablecoins? Vom Konzept her sind sie eine bessere Wahl als unser derzeitiges Finanzsystem, in dem es zu lange dauert (fünf Tage) und zu viel kostet (durchschnittlich 6,7 Prozent), Geld über Grenzen hinweg zu transferieren. Es dauert sogar eine Woche oder länger, um Geld *innerhalb* unserer Landesgrenzen zu bewegen (versuchen Sie einmal, einen Scheck an jemanden zu schicken, der in einem anderen US-Bundesstaat lebt, und warten Sie ab, wie lange es dauert, bis der Scheck nach der Einzahlung freigegeben wird). Und wenn Sie Geld überweisen, fallen Überweisungsgebühren an. All dies setzt voraus, dass Sie überhaupt ein Bankkonto haben. Unser derzeitiges System wäre vielleicht vor 50 Jahren noch zu verteidigen gewesen, aber heute, angesichts der aktuellen technologischen Möglichkeiten, ist unser System stark veraltet.

Warum schafft die Regierung nicht einfach ihren eigenen Stablecoin, anstatt sich über Stablecoins aufzuregen und über die Tatsache, dass es keine Regulierung gibt und zu befürchten ist, dass sie unzureichend abgesichert sind?!

Tolle Neuigkeiten: Sie wird es tun.

Digitale Währungen der Zentralbank

Noch vor Ende dieses Jahrzehnts werden Sie *digitale Dollar* verdienen, empfangen, verwenden und aufbewahren. Es werden die gleichen sein wie die Dollar in Ihrer Tasche oder Ihrem Portemonnaie, die von der Federal Reserve ausgegeben und durch das volle Vertrauen und die Anerkennung der Regierung der Vereinigten Staaten abgesichert sind.

Um zu verstehen, warum und wie dies geschieht, sollten wir einen Schritt zurücktreten und uns ansehen, wie Regierungen (allein oder in Partnerschaft mit Nachbarländern) Geld ausgeben.

Der Prozess beginnt ganz einfach: Die Regierung heuert eine Bank an. Die Bank druckt das Geld und gibt es an andere Banken weiter. Im Rahmen ihrer Satzung ist die Bank für die Geldpolitik des Landes zuständig. Dazu gehören die Festlegung der Zinssätze und die Bestimmung der Geldmenge, die im Land verteilt wird. Die Bank hat sogar Regulierungsbefugnisse gegenüber anderen Banken, indem sie ihnen etwa vorschreibt, wie viel Bargeld sie im Verhältnis zu ihren Einlagen vorhalten müssen (was sich auf ihr Gewinnpotenzial auswirkt). Und die Bank, die dieses staatliche Privileg erhält, hat ein Monopol auf all diese Rechte; keine andere Bank im Land hat die gleichen Befugnisse.

Es ist eindeutig ein gutes Geschäft. Man könnte meinen, dass jede Bank im Land um die Chance konkurriert, ausgewählt zu werden. Aber nein, so funktioniert das nicht. Normalerweise erfinden die Regierungen einfach eine neue Bank und übertragen ihr all diese Befugnisse und Zuständigkeiten. Weil diese Bank so wichtig, so zentral für das Wirtschaftssystem des Landes ist, wird sie als *Zentralbank* bezeichnet.

Praktisch jede Regierung der Welt hat eine Zentralbank. Es gibt sogar eine Vereinigung von ihnen, die Bank für Internationalen Zahlungsausgleich (BIZ). Derzeit sind 63 der 179 Zentralbanken der Welt Mitglied der BIZ.

Alle Zentralbanken arbeiten auf ähnliche Weise. Und von allen Gemeinsamkeiten ist eine (für unsere Zwecke hier) besonders bemerkenswert: Sie alle drucken noch ihre Währungen.

Ernsthaft?

Ja, selbst im heutigen digitalen Zeitalter wird noch auf die altmodische Art und Weise gearbeitet. Sogar Sie als normaler Bürger verwalten Ihr Geld auf eine fortschrittlichere Weise als die Zentralbanken. Sie erhalten Ihren Gehaltsscheck, Ihre Rente, Ihre Pension und Ihre Sozialversicherungsleistungen über eine elektronische Bankeinzahlung. Sie bezahlen Rechnungen mit Kredit- und Debitkarten und Sie senden und empfangen Geld über digitale Apps wie Paypal, Venmo und Zelle. Die meisten Rechnungen bezahlen Sie gar nicht mehr manuell, sondern lassen sie automatisch bezahlen, damit Sie sich nicht damit herumschlagen müssen. Sie reichen Ihre Steuererklärung ein, zahlen Ihre Steuern und erhalten Ihre Steuererstattung ebenfalls elektronisch.

Sie kaufen einen Großteil Ihrer Einkäufe online. Und wenn Sie in einem Geschäft sind, halten Sie einfach Ihr Handy über das Kartenlesegerät. Sie können sich nicht mehr daran erinnern, wann Sie das letzte Mal etwas in bar bezahlt haben. Vielleicht haben Sie sogar aufgehört, Bargeld mit sich zu führen, weil Sie es nicht mehr brauchen.

Doch die Regierung druckt es weiter.

All das gedruckte Geld bringt Probleme mit sich. Zum einen ist es das schiere Ausmaß des Aufwands. Das US Bureau of Engraving and Printing gibt jedes Jahr mehr als eine Milliarde Dollar für den Druck von 5,8 Milliarden Banknoten zwischen einem und 100 Dollar aus. Dieses Geld muss gesichert, an lokale Banken geliefert und vor Fälschungen geschützt werden. Und jedes Jahr wird ein großer Teil davon vernichtet, was noch mehr Kosten verursacht.

Auch die Barzahlung selbst bereitet Probleme. Das erste betrifft Terrorismus und Drogenkartelle. Gauner und Terroristen bezahlen ihre Drogen oder Bomben nicht mit Visa oder MasterCard. Sie verwenden Bargeld. Im Jahr 2007 beispielsweise beschlagnahmten US-amerikanische und mexikanische Behörden bei einer Drogenrazzia 200 Millionen Dollar in bar. Schurkenstaaten und terroristische Organisationen finanzieren sich größtenteils durch die illegale Verwendung von Bargeld.

Das andere Problem ist die Steuerhinterziehung. Wenn Sie dem Babysitter 50 Dollar zahlen*, haben Sie ihn oder sie vorher vielleicht nicht bei der Minijobzentrale angemeldet – und es ist ebenso unwahrscheinlich, dass der Babysitter das Einkommen in seiner Steuererklärung angibt. Das Gleiche gilt für den Hausbauer, der sagt, dass das neue Dach, das Sie haben wollen, 25.000 Dollar kostet, er es aber für 20.000 Dollar macht, wenn Sie bar bezahlen, sodass der Dachdecker „vergessen" kann, das Einkommen an das Finanzamt zu melden – und vielleicht 10.000 Dollar Steuern spart. Wie groß ist das Problem? Nun, Charles Rettig, Beauftragter der US-Bundessteuerbehörde IRS, sagt, dass sich die unbezahlten Steuern auf eine Billion Dollar pro Jahr belaufen – das entspricht dem gesamten Haushaltsdefizit der Regierung vor der Covid-Pandemie. Mit anderen Worten: Der Kongress braucht die Steuersätze für gesetzestreue Steuerzahler nicht zu erhöhen; er muss lediglich die Steuern eintreiben, die von Steuerbetrügern nicht gezahlt werden.

Hinsichtlich Gesetzesvollzug und Steuerehrlichkeit ist gedrucktes Geld sicherlich gefährlich und schädlich. Aber es gibt jetzt eine Lösung: digitales Geld.

Digitales Geld kann die Finanzierung von Terrorismus, illegalem Drogenhandel und Steuerhinterziehung stark einschränken, wenn nicht sogar ganz verhindern. Das liegt daran, dass digitales Geld einen digitalen Fußabdruck hinterlässt. Jede elektronische Transaktion kann nachverfolgt werden – und während das Verfechter des Datenschutzes vielleicht verärgern mag, dürfte es Kriminelle geradezu in Panik versetzen.

---

* Mit Venmo oder Paypal, richtig? Benutzt noch jemand Bargeld? Irgendjemand?

Das ist der Grund, warum digitale Assets auf Dauer Bestand haben werden: Die Regierungen lieben sie. Jede Zentralbank der Welt beschäftigt sich aus diesem Grund mit oder entwickelt CBDCs – Central Bank Digital Currencys, also *digitales Zentralbankgeld*. Die Bahamas haben bereits ihren eigenen Sanddollar eingeführt. (Die bahamaische Währung ist der Dollar.) Die Inselregierung hat erkannt, dass Hurrikans die örtlichen Banken oft dazu zwingen, wochenlang zu schließen, sodass die Bewohner gerade dann nicht an ihr Geld kommen, wenn sie es dringend benötigen. Der Sanddollar sorgt dafür, dass die Wirtschaft der Insel auch dann noch funktioniert, wenn die Banken handlungsunfähig sind.

Die Bahamas sind nicht die Einzigen. China experimentiert mit einem digitalen Yuan, Russland mit einem digitalen Rubel und Japan mit einem digitalen Yen. Nigeria führte seine digitale Währung 2021 ein, Brasilien 2022. Die Schweiz hatte es 2022 vor, Schweden plant es für 2023. Die Zentralbanken von Australien, Malaysia, Singapur und Südafrika testen ein gemeinsames CBDC mit der Bank für Internationalen Zahlungsausgleich; die Zentralbanken von Hongkong, China, den Vereinigten Arabischen Emiraten und Thailand tun dasselbe.

In den Vereinigten Staaten arbeitet die Federal Reserve Bank of Boston mit der Digital Currency Initiative am Massachusetts Institute of Technology zusammen, um die Vorteile und Herausforderungen eines digitalen Dollar zu ermitteln. Robert Bench, stellvertretender Vizepräsident der Bostoner Fed, bezeichnet das Potenzial des Projekts als „immens". Inzwischen hat die Federal Reserve ihren ersten Chief Innovation Officer eingestellt. Lael Brainard, stellvertretende Vorsitzende des Gouverneursrats der Fed, sagte im Juli 2021: „Es ist wichtig, dass die Federal Reserve an der Spitze der Forschung und der politischen Entwicklung in Bezug auf CBDC bleibt", und merkte an, dass „der Dollar im internationalen Zahlungsverkehr sehr dominant ist. Dass die anderen großen Länder der Welt ein CBDC-Angebot haben und die Vereinigten Staaten nicht, kann ich mir einfach nicht vorstellen. Das klingt für mich schlicht nicht nach einer tragfähigen Zukunft."

Andere sind der gleichen Meinung. In einer Publikation der Bank of England vom Juli 2021 heißt es: „Neue Formen des digitalen Geldes wären in einem sich entwickelnden Umfeld die jüngste Innovation, wie sich Zahlungen in der Wirtschaft tätigen lassen. Sie könnten zu einem schnelleren, billigeren und effizienteren Zahlungsverkehr beitragen und potenziell die finanzielle Eingliederung fördern. Neue Formen des digitalen Geldes könnten Vorteile in Bezug auf Kosten und Funktionalität bieten. Auch eine Umstellung auf eine stärker marktorientierte Finanzierung könnte potenzielle Vorteile mit sich bringen. Es ist zudem möglich, dass sie den Prozess geldpolitischer Übertragungen verbessern könnten." Im darauffolgenden Monat sagte die Präsidentin der Europäischen Zentralbank, Christine Lagarde: „Wir müssen sicherstellen, dass wir es richtig machen – das sind wir den Europäern schuldig." Und die Zentralbanken Japans, Kanadas und Südkoreas haben Whitepapers veröffentlicht, in denen sie die Vorteile von CBDCs preisen.

Insgesamt erkunden 80 Prozent der Zentralbanken der Welt CBDCs, so die Bank für Internationalen Zahlungsausgleich (BIZ), die bis 2025 mit einer weitverbreiteten Nutzung in der ganzen Welt rechnet. Kein Wunder, dass 76 Prozent der von Deloitte im Jahr 2021 weltweit befragten Finanzfachleute der Meinung sind, dass digitale Assets „in den nächsten fünf bis zehn Jahren eine starke Alternative zu Fiatgeldern darstellen oder diese ganz ersetzen werden". Eine Studie der Deutschen Bank kommt zu demselben Schluss, dass Kryptowährungen bis 2030 das Bargeld ersetzen könnten.

Die Facebook-Bedrohung

Aber machen wir uns nichts vor. Die Zentralbanken planen die Einführung von CBDCs nicht nur wegen ihrer Vorteile. Sie führen CBDCs ein, weil sie Angst davor haben, was mit ihnen und ihren Regierungen passieren könnte, wenn sie es nicht tun.

Ihre Befürchtung wurde 2019 deutlich, als Mark Zuckerberg bekannt gab, dass er in der Schweiz eine gemeinnützige Organisation gegründet habe, die den Stablecoin Libra (später Diem) auf den Markt bringen werde. Diem sei an die weltweit führenden Fiatgelder gekoppelt und stünde nur Nutzern von Meta-Platforms-eigenen Apps wie Facebook, WhatsApp und Messenger zur Verfügung. Sie könnten Diem nutzen, um sich gegenseitig Geld zu schicken und Produkte auf dem Facebook-Marketplace zu kaufen, der mit Amazon, Walmart, Craigslist und Ebay konkurriert.

Facebook hat weltweit fast drei Milliarden Nutzer. Das ist fast die Hälfte der Weltbevölkerung; zwei Drittel aller Menschen mit einem Internetanschluss haben ein Facebook-Konto. Wenn nun jeder auf der Welt sofort alles kaufen und Geld an jeden schicken könnte, indem er eine privat geschaffene Währung verwendet, die außerhalb der staatlichen Kontrolle liegt, warum sollte dann noch jemand Dollar, Pfund oder Euro brauchen? Eine Welt, eine Währung – alles kontrolliert von einem Mann, Mark Zuckerberg.

Sofort flippten die Regierungen weltweit aus. Nur wenige Minuten nach Zuckerbergs Ankündigung erklärte der französische Finanzminister Bruno Le Maire, Frankreich werde Diem nicht in der Europäischen Union zulassen, da dies deren Währungssouveränität gefährde. Japan begann sofort, Diem und ihre möglichen Auswirkungen auf die japanische Geldpolitik und Finanzregulierung zu untersuchen. Und Beamte von 26 Zentralbanken kamen rasch zusammen, um über Diem zu beraten.

In den Vereinigten Staaten gab es innerhalb weniger Stunden nach Zuckerbergs Ankündigung einen Aufschrei einer Phalanx von US-Regulierungsbehörden und Gesetzgebern. Die US-Abgeordnete Maxine Waters, Vorsitzende des Finanzdienstleistungsausschusses des Repräsentantenhauses, holte Zuckerberg zu einer Anhörung ins Kapitol und forderte Facebook später in einem Brief auf, die Entwicklung von Diem einzustellen, wofür sie Bedenken hinsichtlich des Datenschutzes, der nationalen Sicherheit, des Handels und der Geldpolitik anführte. Der Vorsitzende der US-Notenbank, Jerome Powell, teilte dem Kongress mit, dass die US-Notenbank „ernsthafte Bedenken" gegen Diem hege, und Präsident Donald Trump twitterte, dass Facebook, wenn es weitermachen wolle, „eine neue Bankenkonzession beantragen und sich allen Bankvorschriften unterwerfen“ müsse. Am 19. Oktober 2021 schrieben die US-Senatoren Richard Blumenthal, Sherrod Brown, Brian Schatz, Tina Smith und Elizabeth Warren an Mark Zuckerberg und forderten ihn auf, „Diem nicht auf den Markt zu bringen“.

Und die Behörden haben es nicht dabei belassen. Der Kongress ging auch gegen Visa, Paypal, MasterCard und Stripe vor und zwang sie, zu erklären, was sie im Falle der Einführung von Diem tun würden.

Gegen so viel Widerstand stellte Zuckerberg Diem komplett ein. Er versuchte zunächst, die Regierungsbeamten zu beschwichtigen, indem er die gemeinnützige Organisation von der Schweiz in die Vereinigten Staaten verlegte, aber der Kongress war nicht umzustimmen. Also verkaufte Zuckerberg Diem an die Silvergate Bank für 182 Millionen Dollar in bar und in Aktien (nicht in Bitcoin).

Trotzdem wissen die Regierungen der Welt, dass sie diese Entwicklung nicht aufhalten können. Gut, sie mögen Meta gestoppt haben, aber nur, weil Meta ein großes Unternehmen mit anderen Geschäftsinteressen ist, die es schützen möchte. Es könnte jedoch ein anderer Spieler aufs Feld kommen, der solche Schwachstellen nicht hat. Das Internet ist allgegenwärtig, und die Blockchain-Technologie ermöglicht die Gründung von Organisationen ohne zentralen Standort oder Autorität (mehr zu diesen DAOs – dezentralen autonomen Organisationen – in Kapitel 10), was es für Regierungen schwierig macht, sie zu stoppen oder auch nur zu regulieren.

Sicherlich bieten CBDCs wunderbare Vorteile für alle – Regierungen, Unternehmen und Endkunden gleichermaßen. Aber die Zentralbanken der Welt sind deshalb so engagiert dabei, ihre eigenen digitalen Währungen zu schaffen, weil sie wissen, dass, wenn sie es nicht tun, jemand wie Mark Zuckerberg es stattdessen tun und sie und das derzeitige Finanzsystem der Welt beseitigen wird.

Wenn du sie nicht schlagen kannst, verbünde dich mit ihnen.

Genau das haben die Zentralbanken vor. Und wenn sie das tun, wird sich eine neue Frage stellen: Wenn die Regierung uns eine digitale Währung zur Verfügung stellt, brauchen wir dann noch Stablecoins?

Bedrohen CBDCs den Bitcoin?

Die Regulierungsbehörden müssen Stablecoins nicht verbieten. Sie könnten sie einfach überflüssig machen – indem sie ihre eigenen schaffen. Ein digitaler Dollar, der von der Federal Reserve ausgegeben wird, dürfte bei Unternehmen und Endkunden weitaus beliebter sein als ein Stablecoin, der von einer privaten Einrichtung erfunden wurde. Der Markt wird entscheiden, aber es besteht kein Zweifel daran, dass das CBDC der Fed der Stablecoin sein wird, den es zu schlagen gilt.

Wenn CBDCs den Stablecoin-Krieg gewinnen, was bedeutet das für den Bitcoin? Stellen CBDCs eine existenzielle Bedrohung für den Bitcoin und andere, ähnliche digitale Assets dar – entweder weil Regierungen den Bitcoin verbieten werden (so wie sie Stablecoins verbieten könnten) oder weil das Interesse der Verbraucher schwinden wird (und der Bitcoin einfach wertlos wird), wenn sich jeder für das CBDC der Fed entscheidet?

Ich glaube nicht, dass eines der beiden Szenarien eintreten wird. Die Aussichten des Bitcoin als Währung sind nach wie vor intakt. Dies zeigt nicht zuletzt die Entscheidung El Salvadors, den Bitcoin zur offiziellen Währung zu machen (Panama, die Ukraine und Paraguay folgen gerade). Aber selbst wenn der Bitcoin nicht flächendeckend als Währung angesehen wird, ist er – im Gegensatz zu Diem – keine Bedrohung für die Zentralbanken.

Der Grund dafür? Es mag zwar umstritten sein, ob der Bitcoin eine digitale Währung ist, aber es ist unbestritten, dass es sich um ein digitales Asset handelt. Und digitale Assets stellen keine Bedrohung für die Fed dar. Ein Beweis für diese Feststellung ist, dass es bereits viele digitale Assets gibt – Flugmeilen, Geschenkkarten, Treuepunkte und vieles mehr – und keines davon hat jemals eine Zentralbank verschreckt. Sicherlich gibt es beim Bitcoin und anderen digitalen Assets Probleme mit dem Kurs, der Verfügbarkeit, der Sicherheit und dem Datenschutz, aber das alles lässt sich leicht regulieren – genau wie die Aktien- und Anleihemärkte reguliert wurden.

Das erklärt auch, warum das Interesse am Bitcoin nicht nachlassen wird. Die Kurse aller Assets schwanken und das zieht die Anleger eher an, als dass es sie abschreckt. Mit dem Kauf von Devisen kann man nicht reich werden, wohl aber mit Aktien, Immobilien und Baseballkarten. Wenn die Leute glauben, dass sie mit dem Kauf von Bitcoin und anderen digitalen Assets Geld verdienen können, werden sie sie auch weiterhin kaufen.

Daher wird die Legitimität des Bitcoin durch die Einführung von Regierungs-CBDCs auf der ganzen Welt eher gestärkt als geschwächt. Die Ausgabe eines digitalen Dollar ist das unverblümte Eingeständnis der Regierung, dass digitales Geld funktioniert und Eigenschaften und Vorteile hat, die Papiergeld nicht hat. Dies ist eine implizite Befürwortung der Blockchain (der Technologie, die für die Einführung und Verwaltung aller CBDCs verwendet werden wird) und damit aller digitalen Assets.

Das wird Sie in die Lage versetzen, eine digitale Währung zu kaufen, die von der Regierung ausgegeben wird und einen stabilen Wert hat, oder ein digitales Asset, das von anderen zu Kursen ausgegeben wird, die Ihnen die Möglichkeit zur Vermögensbildung geben. Beide werden friedlich nebeneinander existieren.

Gold versus Bitcoin

Wir können ein Kapitel über Geld nicht beenden, ohne über Gold zu sprechen. Nicht weil Gold Geld ist, sondern weil einige Leute darauf bestehen, dass es das ist. Diese auch „Goldbugs“, also „Goldkäfer“, genannten Menschen glauben, dass Gold das einzig wahre Geld ist – und dass Aktien, Anleihen, Immobilien und alle anderen Assets es nicht wert sind, sie zu besitzen.

Die Anhänger des Bitcoin glauben jedoch, dass dieser besser ist als Gold. Manche bezeichnen den Bitcoin sogar als „digitales Gold“.

Nun, für Goldliebhaber ist das eine Kampfansage. Und natürlich gibt es viele Gründe, die für den Besitz von Gold sprechen:

- Gold ist seit 5.000 Jahren ein Wertspeicher und genießt ein Vertrauen, das andere Assets nicht erreichen können.
- Gold ist ein echter physischer Wert. Es ist nicht nur ein Stück Papier, das als etwas anderes fungiert.
- Gold schützt vor Inflation und geopolitischer Unsicherheit.
- Gold hat viele kommerzielle Verwendungsmöglichkeiten, da es reaktionsträge ist, nicht anläuft oder korrodiert, keine Schmierung, Wartung oder Reparatur benötigt, geschmolzen und leicht zu Draht verarbeitet, in mikrodünne Bleche gehämmert oder mit anderen Metallen legiert werden kann, Elektrizität leitet und keine Allergien auslöst. Gold wird am häufigsten für Schmuck verwendet, aber auch in der Elektronik, in Raumfahrtprogrammen und im Gesundheitswesen (einschließlich der Zahnmedizin und der Behandlung von rheumatoider Arthritis und Krebs) findet es Verwendung. Da Gold seit Langem für außergewöhnliche Leistungen steht, werden Preise und Medaillen häufig daraus hergestellt.
- Die Goldförderung ist seit dem Jahr 2000 rückläufig, während die Nachfrage gestiegen ist. Die Angebot/Nachfrage-These besagt, dass der Goldpreis steigen wird.
- Gold ist unabhängig von Aktien oder Anleihen, was es zu einer ausgezeichneten Ergänzung macht, um sein Portfolio zu diversifizieren.
- Es gibt zahlreiche Möglichkeiten, Gold zu kaufen: in Form von Barren, Goldmünzen, Aktien von Goldminengesellschaften, Gold-Terminkontrakten und börsengehandelten Goldfonds.

Ich bin von der obigen Liste nicht sonderlich beeindruckt. Die Geschichte des Goldes ist irrelevant, es ist die Zukunft, die zählt.

Was die geopolitische Unsicherheit betrifft, so werden Sie, wenn die Welt zusammenbricht, nicht nach Gold, sondern nach Munition und Whiskey suchen. Was den Vorteil angeht, ein physisches Asset zu sein: Eine Million Dollar entspricht etwa 35 Pfund Gold. Versuchen Sie mal, das den ganzen Tag mit sich herumzuschleppen.

Außerdem ist Gold nicht unbedingt ein wirksamer Schutz vor Inflation. In den letzten 100 Jahren ist der Goldpreis manchmal im Zuge der Inflation gestiegen. Aber manchmal fällt er auch. Man kann sich einfach nicht darauf verlassen, dass Gold einen vor der Inflation schützen wird.

Wir sollten auch nicht vergessen, dass Goldhandel, Preise und Gebühren nicht reguliert sind und dass die Kurse von Goldminen-Aktien oft vom Goldpreis abweichen. Es stimmt zwar, dass Gold nie verschwindet oder verfällt, aber das bedeutet auch, dass das Angebot jedes Jahr wächst – was eine steigende Nachfrage erfordert, damit der Preis nicht zusammenbricht.

Will ich Ihnen also sagen, dass Sie kein Gold besitzen sollten? Ganz und gar nicht. Stattdessen halte ich die Debatte „Gold versus Bitcoin“ für albern. Die beiden Anlageklassen haben nichts miteinander zu tun, und die Worte *Bitcoin* und *Gold* sollten niemals im selben Satz vorkommen.

Diese ganze Debatte ist eine künstliche Verdrehung von Eiferern (auf beiden Seiten), die glauben, dass sie nur dann recht haben können, wenn alle anderen im Unrecht sind. Die Wahrheit ist, dass Sie sich nicht zwischen diesen beiden Möglichkeiten entscheiden müssen. Wenn Sie ein Anhänger der Portfoliodiversifizierung sind (ein Konzept, das wir in Kapitel 14 untersuchen werden), sollten Sie beide besitzen!

9
Token

Oh, oh, hier kommt ein weiteres neues Wort … *Token.* Aber keine Angst. Sie kennen sie schon und wissen, wie sie funktionieren. Sie sind sich dessen nur noch nicht bewusst.

Token sind kleine physische Darstellungen von etwas Immateriellem. Jahrzehntelang brauchte man eine Wertmarke, ein Token, um mit den New Yorker Bussen und U-Bahnen zu fahren. In vielen Vergnügungsparks braucht man Token, um Spiele zu spielen. Im Englischen gibt es den Begriff „token gesture", das ist eine kleine Geste, die Ihre Gefühle ausdrückt – wie das Überreichen einer Rose an jemanden, den Sie lieben.

Beachten Sie das Wort *„klein"*. Das ist der Schlüssel. Nehmen wir an, Sie wollen eine große Pizza kaufen. Sie können Sie nicht im Ganzen aufessen, also schneiden Sie sie in acht Stücke. Jedes Stück ist ein *Teil* der ganzen Pizza.

Dasselbe gilt für Aktien. Wäre es nicht cool, Amazon zu besitzen? Leider ist Amazon 1,6 Billionen Dollar wert – und so viel Geld haben Sie nicht. Keine Sorge – Sie können auch ein winziges Stückchen des Unternehmens kaufen – einen *Teil* (in diesem Fall in Form von Aktien), genau wie bei der Pizza – und schon gehört Ihnen Amazon zumindest ein bisschen. Je mehr Aktien Sie kaufen, desto mehr Anteile besitzen Sie an dem Unternehmen.

In der Kryptowelt werden keine Aktien verkauft. Manchmal werden *Coins* verkauft, wie wir gesehen haben, in anderen Fällen *Token.* Das ist dasselbe wie Aktien und Coins, es hat nur einen anderen (dritten) Namen.

Betrachten wir die digitalen Assets, die in Form von Token ausgegeben werden.

Utility Token

Das Wort *Utility* (auf Deutsch: Nützlichkeit) beschreibt, natürlich, etwas, das nützlich ist. Flugmeilenpunkte sind ein Beispiel für Utility Token – jeder Punkt hat einen Wert und wenn Sie genug davon sammeln, können Sie sie gegen etwas Nützliches eintauschen, zum Beispiel ein Flugticket oder ein Hotelzimmer.

Utility Token sind nur für den vorgesehenen Verwendungszweck gültig. Sie können Ihre Flugmeilen nicht verwenden, um mit der U-Bahn zu fahren, und Sie können keine U-Bahn-Token verwenden, um nach Paris zu fliegen.

Neue Unternehmen, sogenannte *Start-ups,* geben häufig Utility Token aus. Angenommen, Sie gründen ein neues Unternehmen. Sie werden bald ein schickes neues Produkt verkaufen können, aber noch ist es nicht fertig. Ohne ein Produkt kann man keine Kunden anlocken – oder deren Geld. Aber Sie brauchen das Geld jetzt, um die Entwicklung Ihres Produkts zu finanzieren. Da Sie noch kein Produkt verkaufen können, verkaufen Sie den Kunden ein Token – das Recht, Ihr Produkt zu erhalten, sobald es verfügbar ist. „Kaufen Sie heute mein Token", sagen Sie potenziellen Kunden, „und in Zukunft können Sie es gegen mein Produkt eintauschen."

Utility Token sind keine Investitionen oder Wertpapiere wie Aktien und Anleihen, ebenso wenig wie U-Bahn-Token. Ihre Preise werden von der ausgebenden Firma festgelegt und dürften an sich nicht schwanken (obwohl sie das könnten, wenn das Start-up nur einige wenige ausgibt und den Empfängern erlaubt, sie weiterzuverkaufen). Stattdessen kaufen die Leute in der Regel Utility Token, weil sie das Produkt, das Sie zu liefern versprechen, haben und zu den Ersten gehören wollen, die es bekommen. Oder, wenn das Produkt nur in begrenzter Stückzahl hergestellt wird, wollen sie es kaufen, bevor es ausverkauft ist.

Mit dem Kauf eines Utility Token gehen Sie ein Risiko ein, denn es kann sein, dass das emittierende Unternehmen das Produkt nie herausbringt oder Sie es gar nicht haben wollen, wenn es so weit ist. In der Zwischenzeit haben Sie wahrscheinlich keine Möglichkeit, Ihr Token zu verkaufen. Es ist wie beim Kauf einer Konzertkarte, bei der man hoffen muss, dass die Veranstaltung tatsächlich stattfindet und man auch hingehen kann, denn wenn nicht, kann man die Karte bestimmt nicht verkaufen und der Veranstalter wird nicht in jedem Fall eine Rückerstattung gewähren, wenn das Konzert abgesagt wird.

Seien Sie beim Kauf von Utility Token also vorsichtig.

Security Token

Der Name stimmt eigentlich nicht, denn diese Art von Token hat nichts mit Cybersicherheit (security = Sicherheit) zu tun. Stattdessen ist der Name ein (schlechter, ungenauer) Verweis auf das Wertpapierrecht des Bundes, auf Englisch Federal Securities Law. Daher sollten diese Token besser Wertpapier-Token und nicht Security Token heißen.

Aber (seufz) da die Krypto-Community den falschen Ausdruck verwendet, müssen wir das auch tun. Weiter geht's! (grummel)

Ein Security Token ist eine Online-Darstellung eines realen, physischen Assets. Sie wissen, dass eine Urkunde das Eigentum an einem Haus und ein Aktien-Zertifikat das Eigentum an einem Unternehmen darstellt. Ähnlich verhält es sich mit einem Security Token: Es repräsentiert das Eigentum an einem Asset – und zwar einem Asset, das von derjenigen Person gekennzeichnet wurde, die das Token herausgegeben hat.

Security Token sind jedoch nicht nur eine neuartige Möglichkeit für Unternehmen, Aktien zu emittieren. Vielmehr können diese digitalen Assets zur Kapitalbeschaffung und zur Bereitstellung von Liquidität für *jedes beliebige* Asset verwendet werden – auch für solche, die in der Vergangenheit als äußerst illiquide galten.

Fällt Ihnen ein Asset ein, das viel Geld wert ist, aber bekanntermaßen schwer zu verkaufen ist? Genau: *Immobilien.*

Es wäre doch cool, wenn man ... sagen wir ... das Empire State Building besitzen könnte. Aber das Gebäude ist 2,3 Milliarden Dollar wert. Das ist nicht nur ein Problem für Sie (da Sie nicht so viel Bargeld auf Ihrem Girokonto haben), sondern auch für den Eigentümer des Gebäudes. Wenn er es verkaufen will, muss er einen Käufer mit sehr tiefen Taschen finden.

Blockchain ist die Rettung. Der Eigentümer des Gebäudes könnte die Immobilie in Token umwandeln und Security Token ausgeben, so wie Apple Aktien ausgibt. Jedes Token würde einen Teil des Eigentums an dem Gebäude repräsentieren und wenn die Token zu einem erschwinglichen Preis angeboten werden, könnten Millionen von Anlegern sie kaufen – und sie dann problemlos untereinander handeln, genau wie sie es mit Aktien tun.

Das ist keine Zukunftsmusik. Das erste tokenisierte Immobiliengeschäft wurde 2018 abgeschlossen – ein 30 Millionen Dollar teures Gebäude mit Luxus-Eigentumswohnungen in Lower Manhattan. Erst kürzlich, im Jahr 2021, hat das Immobilienunternehmen Arms & McGregor International Realty aus Dubai die erste Tokenisierungs-Plattform für Immobilien im Mittleren Osten eingeführt, die auf den Tokenisierungs-Infrastrukturanbieter Blocksquare zurückgreift.

Immobilien sind die wertvollste Anlageklasse der Welt – mit laut Savills World Research 280 Billionen Dollar, das ist etwa dreimal so viel wie der globale Aktienmarkt – und sie können alle in Token umgewandelt werden, wodurch eine riesige neue Anlageklasse für Investoren entsteht. Auf diese Weise kann einer der größten, aber illiquiden Assets der Welt genauso leicht handelbar werden wie Aktien.

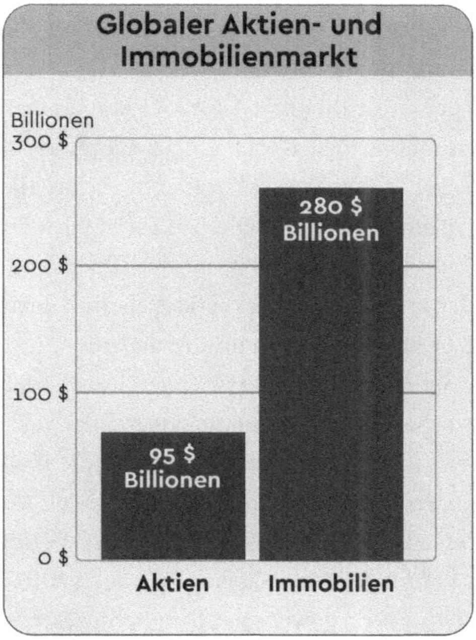

Abbildung 9.1

Stellen Sie sich vor, Sie könnten Ihr Haus tokenisieren. Warum Sie das wollen sollten? Nun, wenn Sie wie die meisten Hausbesitzer sind, ist Ihr Haus Ihr größtes Asset. Sagen wir, es ist eine Million Dollar wert. Sie befinden sich im Ruhestand und benötigen ein zusätzliches Einkommen, um Ihren Lebensunterhalt zu bestreiten. Sie könnten Ihr Haus verkaufen, aber Sie wollen nicht umziehen. Sie könnten eine Hypothek aufnehmen, aber es ist schwierig, im Ruhestand einen Kredit zu bekommen. Außerdem möchten Sie nicht mit den monatlichen Raten belastet werden.

Tokenisieren Sie Ihr Haus stattdessen. Schneiden Sie die notarielle Urkunde in 100.000 Stücke, oder eben in Token, zu je zehn Dollar. Verkaufen Sie dann so viele Token, wie Sie möchten. Verkaufen Sie einen Teil jetzt, einen anderen später – wie Sie wollen. Die Käufer werden in Immobilien investieren – in Ihre Immobilie. Und sie werden ihre Token über die Blockchain an andere Investoren weiterverkaufen können. Sie können die Token sogar zurückkaufen, wenn Sie möchten; ihr Wert richtet sich nach dem aktuellen Wert des Hauses und nach Angebot und Nachfrage.

Immobilien gelten als illiquide Assets; es kann lange dauern, sie zu verkaufen, und es fallen viele Kosten an, um eine Transaktion durchzuführen. Und bei dieser Transaktion geht es um alles oder nichts – Sie müssen die gesamte Immobilie verkaufen (Sie können nicht nur das Esszimmer verkaufen). Aber dank der Blockchain-Technologie *können* Sie doch nur das Esszimmer verkaufen. Ihr Haus wird zu einem liquiden Asset, genau wie Aktien und Anleihen.

Jedes physische Asset ließe sich in Token umwandeln, einschließlich Kunstwerke, Sammlerstücke (wie Baseballkarten, seltene Coins und Briefmarken), Antiquitäten, seltene Autos, edle Weine, Tantiemen und Darstellerverträge (das Geld, das Schauspieler, Künstler, Sportler und Autoren im Laufe der Zeit verdienen). Verkäufer erhalten Liquidität und Käufer erhalten Zugang zu neuen Anlagemöglichkeiten – und zu noch nie da gewesenen Möglichkeiten der Portfoliodiversifizierung, mehr als je zuvor.

Aufregend! Vergewissern Sie sich vor dem Kauf eines Token, dass Sie diesen Kauf genauso bewerten wie jede andere Investition.

Governance Token

Wir haben gesehen, dass Unstimmigkeiten unter den Entwicklern dazu führen können, dass es bei Coins zu Forks kommt. Aber welche Entwickler haben ein Mitspracherecht bei diesen Entscheidungen?

Einige Protokolle beantworten diese Frage mit der Ausgabe von Governance Token, wobei Governance so viel heißt wie Führung oder Steuerung. Ein Token entspricht einer Stimme. Je mehr Token Sie also sammeln, desto mehr Einfluss haben Sie auf die jeweilige Blockchain.

Denken Sie einen Moment darüber nach. Wenn ein Unternehmen vor einer Entscheidung steht, stimmt der Vorstand – der am Konferenztisch in der Unternehmenszentrale sitzt – ab. Es handelt sich dabei um eine zentralisierte Struktur. Jeder weiß, wer abstimmt und wo die Abstimmung stattfindet.

Aber wenn Hunderttausende von Entwicklern und Nutzern auf der ganzen Welt über eine dezentralisierte Blockchain abstimmen, wer hat dann die Kontrolle? Niemand; die Organisation arbeitet autonom. Und wo findet die Abstimmung statt? Nirgendwo und überall gleichzeitig.

Diese Organisation wird daher als *dezentralisierte autonome Organisation* (DAO) bezeichnet. Laut dem Tracker DeepDAO halten diese Unternehmen bereits ein Vermögen von mehr als acht Milliarden Dollar; *MoneyWeek* hat die 2020er-Jahre zum „Jahrzehnt der DAO" erklärt. Manche bezeichnen DAOs als das nächste große Ding im Bereich der digitalen Assets. Ich persönlich glaube, dass sie das übernächste große Ding sind. Das nächste große Ding (das früher kommt) ist …

Non-Fungible Token

Um zu verstehen, was ein Non-Fungible Token ist – und warum ich ihn als das nächste große Ding bezeichne –, müssen Sie zuerst verstehen, was ein Fungible Token ist.

Fungibel bedeutet identisch und austauschbar. Dollarscheine zum Beispiel sind fungibel. Angenommen, ich leihe Ihnen einen Dollar und Sie zahlen ihn mir nächste Woche zurück. Der Dollar, den Sie mir zurückgeben, muss nicht derselbe sein, den ich Ihnen gegeben habe, denn alle Dollarscheine sind gleich. Sie sind austauschbar. Auch die Meilenpunkte, die Sie mit Ihrer Visa-Karte erhalten, sind fungibel, ebenso wie Casino-Jetons. Wir tauschen zwanglos Fungible Token, Aktien, Währungen und andere Assets, denn jedes ist wie das andere. Das Gleiche gilt für den Bitcoin, für Ether und XRP – fungibel sind jeder Coin und jedes Token.

Es sei denn, sie sind es nicht. Wenn Token nicht fungibel, also nicht gleich sind, handelt es sich um *Non-Fungible Token* oder NFTs. Jedes

NFT ist einzigartig. Wie bei den Gemälden von Picasso ist keins wie das andere.

Ein NFT ist ein digitales Asset, das reale Objekte wie Kunst, Musik oder Videospiele darstellt. Wie andere digitale Coins und Token werden auch NFTs auf einer Blockchain erstellt. (Obwohl mehrere Blockchains ihre Erstellung ermöglichen, ist die Ethereum-Blockchain zum Zeitpunkt der Erstellung dieses Artikels die am weitesten verbreitete. NFTs werden unter Verwendung des nativen Blockchain-Coins, in diesem Fall Ether, gekauft und verkauft.)

Ins Rampenlicht rückten NFTs im Februar 2021, als Christie's ein digitales Bild versteigerte, das von Mike Winkelmann, einem in Charleston, South Carolina, lebenden Künstler, geschaffen wurde. Er nennt sich auch Beeple. Sein NFT wurde für 69 Millionen Dollar verkauft. Der Käufer hat das Recht an dem digitalen Bild erworben – aber das ist dann auch schon alles. Das Kunstwerk existiert nicht in der realen Welt. Der Käufer kann es nicht an die Wand hängen, sondern es nur auf dem Telefon betrachten.

Warum sollte jemand Kunst kaufen, die man nicht an die Wand hängen kann?

Aus dem einfachen Grund, dass Sie nicht oft auf Ihre Wand schauen. Sie schauen viel häufiger auf Ihr Handy. Ist es nicht sinnvoll, seine Kunst bei sich zu haben, um sie jederzeit betrachten zu können?

Okay, das ergibt Sinn. Aber nicht nur der Käufer, sondern auch Millionen anderer Menschen können Beeples Kunstwerk betrachten, da das Bild im Internet für jedermann zugänglich ist. (Auf geht's, googeln Sie es.)

Nur – was genau hat der Käufer dann erworben?

Teils schlicht das Recht, damit anzugeben. Der Käufer erwirbt aber auch den Rechtsanspruch, der alleinige und wahre Eigentümer des Assets zu sein (auch wenn es digital ist) und daher das Recht zu haben, es nach Belieben zu verkaufen, zu lizenzieren oder zu vertreiben. Dazu gehört auch das Recht, dass alle anderen, die das Bild irgendwo einstellen, dies unterlassen oder rechtliche Konsequenzen tragen müssen.

Ob Sie nun verständnisvoll nicken oder ungläubig und missbilligend den Kopf schütteln, sollten Sie wissen, dass der weltweite Gesamtumsatz mit Non-Fungible Token im Jahr 2021 mehr als 13 Milliarden US-Dollar betragen hat; im Jahr 2020 waren es weniger als 30 Millionen US-Dollar. Mehr als vier Millionen Menschen kaufen und verkaufen heute täglich NFTs. Sie tauchen überall auf, und die Emittenten buhlen um die Aufmerksamkeit der Käufer. Als Coinbase im Jahr 2021 seine NFT-Plattform einrichtete, meldeten sich bereits am ersten Tag mehr als 900.000 Personen an.

Die National Basketball Association (NBA) hat sich mit ihren virtuellen Sammelkarten namens NBA Top Shots zu einem der erfolgreichsten Emittenten von NFTs entwickelt. Diese Karten sind Sammlerstücke, ähnlich wie die Baseballkarten, die Kinder seit Generationen tauschen – nur dass diese neuen Karten nur im Internet existieren. Die NBA hat zunächst 2.500 Pakete mit je zehn Karten zum Preis von 999 US-Dollar erstellt. Die Pakete wurden über eine Blockchain angeboten und waren innerhalb weniger Minuten ausverkauft. Heute können Sie die Karten auf der Top-Shot-Website kaufen, verkaufen und tauschen. NBA Top Shot hat in weniger als einem Jahr einen Umsatz von 700 Millionen Dollar erzielt; eine Viertelmillion Menschen loggen sich jeden Tag auf der Website ein. Und Dapper Labs, das Unternehmen, das Top Shot für die NBA entwickelt hat, wird mit 7,6 Milliarden Dollar bewertet.

Obwohl ein NFT von LeBron James für 300.000 Dollar verkauft wurde, ist diese Domäne nicht ausschließlich etwas für reiche Leute; es gab drei Millionen Tauschgeschäfte für weniger als 50 Dollar pro Stück. Das Angebot ist so beliebt, dass die NBA auch Karten für die WNBA, die Basketball-Profiliga der Frauen, herausgebracht hat, und die Major League Baseball und die National Football League sowie europäische Fußballvereine haben nachgezogen.

Warum sollte jemand Sammelkarten kaufen wollen, die es nur in digitaler Form gibt? Aus vielen Gründen. Da die Karten digital sind, können sie nicht nur Fotos, sondern auch Videos enthalten. Sie sind nicht auf die kleine Größe von rund acht mal zehn Zentimetern der physischen Sammelkarten beschränkt, sodass sie viel mehr Inhalt bieten können, einschließlich Hyperlinks zu anderen Websites. Sie können nicht verloren gehen, beschädigt oder gestohlen werden. Und der Besitz von NFTs kann mit Rechten und Vorteilen für die Käufer verbunden sein, die physische Karten nicht haben – wie zum Beispiel das Vorrecht auf andere Produkte, einschließlich Spieltickets oder besonderen Zugang zu den Sportlern. Und da die Karten ausschließlich über eine Blockchain gehandelt werden, wissen die Händler genau, wer die Vorbesitzer waren, da die gesamte Historie einsehbar ist. Diese öffentlich zugängliche Provenienz kann den Wert einer Karte steigern (so wie ein Haus mehr wert sein kann, wenn es einst einem Prominenten gehörte).

Das Beste daran ist, dass die Händler dank der Unveränderlichkeit der Blockchain-Technologie wissen, dass die Karten, die sie kaufen, echt und nicht gefälscht sind.

Gefälschte Sportmemorabilien sind ein großes Problem. Laut dem FBI, der zentralen Sicherheitsbehörde der USA, sind 50 Prozent aller auf dem Markt befindlichen Sportmemorabilien gefälscht. Versicherungs-Riese Chubb geht sogar davon aus, dass die Zahl eher bei 80 Prozent liegt. Aber NFTs können weder dupliziert noch gefälscht werden.

Ein berühmtes frühes Beispiel für NFTs ist CryptoKitties. Das sind keine echten Katzen, sie existieren digital und werden über die Ethereum-Blockchain gehandelt. Es gab drei Millionen CryptoKitties-Transaktionen mit einem Gesamtwert von 39 Millionen Dollar; der höchste jemals für ein Exemplar gezahlte Preis liegt bei 120.000 Dollar. Ein anderer Verein ist der Bored Ape Yacht Club.* 10.000 digitale Affenunikate, jedes ein NFT. Der Durchschnittspreis für einen Affen lag im Juli 2021 bei 3.600 Dollar, das sind fast 1.600 Prozent mehr als bei der Einführung nur drei Monate zuvor. Mehr als 60 Millionen Dollar wurden in diese NFTs investiert, sorry, falsches Wort, sie wurden dafür *ausgegeben.*

Jeder, so scheint es, erstellt NFTs, darunter Katy Perry, Rob Gronkowski, Floyd Mayweather, Porsche, Mattel, die *New York Times*, McLaren und Jay-Z. Visa hat ein NFT-Programm ins Leben gerufen, um Künstlern den Einstieg in die digitale Kunst zu erleichtern. Die Associated Press hat NFTs mit dem Titel „Unique Moments“ herausgegeben – digitalisierte Fotos und Nachrichten, die auf der AP-Berichterstattung über historische Momente des letzten Jahrhunderts basieren, darunter die Kapitulation Japans im Zweiten Weltkrieg, Nelson Mandelas Amtseinführung und die Entdeckung des Pluto. Filmregisseur Quentin Tarantino versteigerte sieben NFTs, die jeweils eine ungeschnittene Szene aus *Pulp Fiction* zeigen. Die Dallas Mavericks von Mark Cuban verteilten NFTs als Belohnung für Fans, die Heimspiele besuchten. Der *Economist* veröffentlichte eine Ausgabe mit dem Thema Krypto auf der Titelseite – und verkaufte dann ein NFT davon für 420.000 Dollar. Die Rolling Stones verkaufen tokenisierte Versionen ihrer Musik, indem sie virtuelle und reale Waren bündeln. McDonald’s führte ein Gewinnspiel durch, bei dem NFTs mit McRib-Thema verlost wurden. State Farm hat eine Augmented-

* Man muss diese Namen einfach lieben.

Reality-Schatzsuche eingeführt, bei der die Verbraucher NFTs finden können. Campbell's, Pizza Hut, Taco Bell, Clinique, American Eagle, Charmin und Pringles haben im Jahr 2021 alle NFT-bezogene Werbeaktionen durchgeführt.

The New York Times USA Today The Economist

James Allison, ein Professor, der während seiner Zeit in Berkeley den Nobelpreis für seine Arbeit zur Krebsimmuntherapie erhalten hatte, digitalisierte seine Forschungsunterlagen und verwandelte sie in digitale Kunstwerke, die er dann als NFTs verkaufte – das wissenschaftliche Äquivalent zur Digitalisierung der Rookie-Baseballkarte von Mickey Mantle. Berkeley tat dasselbe für Jennifer Doudna, eine weitere Berkeley-Nobelpreisträgerin (für die CRISPR-Technologie). Sir Tim Berners-Lee erfand das World Wide Web im Jahr 1989. Er schrieb den Code, ließ seine Arbeit aber nie patentieren. Daher wandelte er den Code in ein NFT um und das Auktionshaus Sotheby's verkaufte es für 5,4 Millionen Dollar.

Es sind nicht nur Menschen und Unternehmen, die sich für NFTs interessieren. Auch Wohltätigkeitsorganisationen tun das. NFT for Good hat durch den Verkauf von NFTs 80.000 Dollar für Anti-Rassismus-Projekte gesammelt. Noora Health versteigerte ein NFT für fünf Millionen Dollar. Alex's Lemonade Stand verkaufte NFTs von Kunstwerken, die von krebskranken Kindern gezeichnet worden waren. Merriam-Webster versteigerte die Definition von *NFT* und spendete den Erlös an Teach For All. Macy's verkaufte während der Thanksgiving Day Parade 2021 9.500 NFTs klassischer Paradeballons, der Erlös kam der Make-A-Wish Foundation zugute. Der World Wildlife Fund startete eine Reihe von NFTs mit dem Titel „Non-Fungible Animals“, während die StreetCode Academy „pNFTS“ (philanthropische NFTs) versteigerte, um Minderheiten den Einstieg in die Tech-Wirtschaft zu erleichtern. Gannett, zu dem die Tageszeitung *USA Today* gehört, sammelte Geld für die Air Force Space and Missile Museum Foundation, indem es ein NFT der Zeitung verkaufte, die Alan Shepard auf den Mond mitgenommen hatte. Die Leukämie-und-Lymphom-Gesellschaft, Save the Children, das Fred-Hutchinson-Krebsforschungszentrum und andere Wohltätigkeitsorganisationen verkaufen NFTs als Fundraising-Maßnahmen. Die Major League Basketball (MLB), die National Hockey League (NHL) und die National Football League (NFL) veranstalten alle NFT-Auktionen für wohltätige Zwecke.

Inzwischen werden sogar Möbel, Häuser und Grundstücke gekauft und verkauft, die nur als NFTs existieren. SuperWorld kartografierte den Planeten und teilte ihn in 64 Milliarden Parzellen ein, jede 300 mal 300 Fuß (etwa 90 × 90 m) groß. Sie können jede beliebige Parzelle kaufen – den Eiffelturm, das römische Kolosseum, das Empire State Building, das Haus Ihrer Kindheit, was immer Sie wollen. Wenn die Parzelle niemand bereits für sich beansprucht hat, zahlen Sie 0,1 Ether (etwa 400 Dollar). Wenn jemand das gewünschte Grundstück bereits gekauft hat, können Sie es ihm abkaufen; Sie verhandeln einfach über den Preis, wie es auf jedem Markt üblich ist. Sobald Sie ein Grundstück besitzen, können Sie es jederzeit an andere verkaufen, so wie Sie jedes andere Asset verkaufen können, das Sie besitzen.

Möchten Sie lernen, wie man das macht? Onlinespiele bringen es Ihnen bei. Axie Infinity ist ein Spiel, mit dem man Geld verdienen kann, es ist ein sogenanntes Play-to-Earn-Game. Indem Sie digitale Haustiere, die Axies, züchten, bekämpfen und mit ihnen handeln, erhalten Sie NFTs und andere Belohnungen und können mit Ihrem Vermögen virtuelle Grundstücke im Spiel kaufen. (Ein Grundstück wurde im Dezember 2021 für 2,5 Millionen Dollar verkauft.)

Es ist so einfach, NFTs zu erstellen, dass es sogar ein Kind tun kann. Ahmed, ein zwölfjähriger Programmierer, der mit seinen Eltern in London lebt, entwarf im Sommer 2021 seine eigene NFT-Kollektion namens Weird Whales. Seine Eltern stellten die 300 Dollar zur Verfügung, die er brauchte, um seine NFTs auf eine Blockchain hochzuladen – und die gesamte Kollektion war innerhalb von neun Stunden ausverkauft. Ahmed hat bisher fünf Millionen Dollar durch Verkäufe und Wiederverkäufe verdient (er erhält 2,5 Prozent Tantiemen auf jeden Weiterverkauf). Zurzeit entwickelt Ahmed weitere NFT-Projekte – und hat immer noch kein Bankkonto. Nur eine Krypto-Wallet.

Fans elektronischer Spiele sind ebenfalls an NFT-Aktivitäten beteiligt. Und warum auch nicht? Weltweit geben die Menschen 160 Milliarden Dollar pro Jahr für das Spielen aus (siehe Kasten). Aber dieses Geld ist weg, sobald man aufhört, das Spiel zu spielen. Das heißt, bis jetzt. Burberry hat 100.000 NFTs seiner Kleidung hergestellt; die Spieler können die Kleidung kaufen und ihren Avatar einkleiden. Die ist aber nicht nur wertloser Nippes für dieses bestimmte Spiel, Sie besitzen damit Ihr Burberry-NFT. Das heißt, Sie können die Kleidung mitnehmen und in anderen Spielen tragen. Sie können sie auch verkaufen, wenn Sie sie leid sind.

Mythical Games produziert und verkauft auch NFT-Kleidung für Spieler. Sie können Ihre eigene Kleidung entwerfen, um sie zu tragen oder zu verkaufen. Mythical Games hat 120 Millionen Dollar von Investoren erhalten, aber man braucht nicht viel Kapital, um loszulegen. Die Erstellung eines NFTs kostet weniger als 1.000 Dollar und bei einigen Websites ist sie sogar kostenlos.

Und anstatt Geld für das Spielen *auszugeben*, *verdienen* viele Spieler welches. Bei Axie Infinity, einem Kampfspiel, wetteifern die Spieler um die Smooth Love Potion (ein kleiner Liebestrank und das Token des Spieles). Es können beträchtliche Einkommen erzielt werden. Besonders beliebt ist das Spiel auf den Philippinen, wo einige Menschen ihr einziges Einkommen damit erzielen. Andere beliebte Videospiele, mit denen man Geld verdienen kann, sind:

- **CryptoBlades:** Ein Rollenspiel auf der Binance Smart Chain, bei dem Sie SKILL-Token verdienen können, indem Sie Feinde besiegen und Raubzüge durchführen.
- **Cometh:** Die Spieler erforschen die Galaxie und minen Token auf Asteroiden.
- **Plant vs. Undead:** Die Spieler verdienen PVU-Token, indem sie die virtuellen Pflanzen auf den digitalen Farmen anderer Spieler gießen. Mit den Wertmarken können sie echte Samen und Pflanzen kaufen.

- **Zed Run:** Die Spieler züchten virtuelle Rennpferde mithilfe von Stammbaum und Vorfahren, um Pferde in verschiedenen Farben, mit verschiedenen Stärken und Geschwindigkeiten zu erschaffen. Gute Züchter können Tausende von Dollar gewinnen, wenn sie ihre E-Pferde auf digitalen Rennstrecken laufen lassen.

Fast drei Milliarden Menschen weltweit geben jedes Jahr 160 Milliarden Dollar für Onlinespiele aus. Sie geben es für Kauf- und Abonnementgebühren, Avatare (digitale Versionen ihrer selbst, die sie beim Spielen verwenden), Kostüme und Kosmetika (denn schließlich muss ihr Avatar gut aussehen!), Tipps, Waffen und Skill Tools (bestimmte Fertigkeiten zur Verbesserung ihrer Spielleistung) aus. Sieben von zehn Spielern zahlen für diese Einkäufe mit Kredit- und Debitkarten; nur 3,2 Prozent zahlen in Bitcoin oder mit anderen digitalen Assets. Das Wachstumspotenzial für digitale Assets ist daher enorm – ebenso wie die Bedrohung für Kreditkartenunternehmen.

Nicht nur ein dummes Spiel

Wenn Ihnen das alles immer noch ein bisschen albern vorkommt, liegt das daran, dass wir bisher nur über Kunst, Baseballkarten und Videospiele gesprochen haben. Das alles ist doch nicht *wirklich* wichtig, oder?

Das stimmt. Versuchen wir also Folgendes: Bald können Sie Ihren Reisepass in ein NFT umwandeln, das durch die Blockchain-Technologie gesichert ist. Sie müssen das Dokument nicht mehr mit sich führen. Ihr Pass ist einzigartig, und dank der Blockchain ist er authentifiziert und kann nicht dupliziert, kopiert oder gelöscht werden.

Flughäfen, Fluggesellschaften und Sportveranstaltungen können NFTs als digitale Andenken ausgeben. Anstatt ein T-Shirt auf einem Konzert zu kaufen, kauft man ein NFT.

Live Nation, der weltweit größte Musikveranstalter, verkauft jetzt Konzertkarten in Form von NFTs.

Das New Yorker Restaurant Quality Eats kreierte im Jahr 2021 einen Cocktail und ein NFT von dessen geheimem Rezept. Es wurde für etwa 2.000 Dollar versteigert. Zusätzlich zum Besitz des Rezepts erhält der Käufer bei jedem Besuch des Restaurants ein kostenloses Getränk. Ein kluger Schachzug – das Restaurant bekommt zwei Riesen in bar im Voraus und bringt einen Stammgast ins Haus, der vor seinen Freunden damit prahlt, das Rezept zu besitzen. Die Mahlzeit, die sie jedes Mal kaufen, wenn sie für ein Gratisgetränk kommen, bringt dem Restaurant viel mehr Geld ein, als das Freigetränk es kostet. Alle gewinnen.

„Es ist mir egal, wie viel ich besitze – die digitalen Girl Scout Thin Mints haben immer noch etwas Unbefriedigendes an sich."

Noch ein Beispiel: Masterworks kauft Kunst von Warhol, Banksy, Monet und anderen. Das Unternehmen stellt dann Token für die Gemälde her und verkauft sie. Zum ersten Mal können Millionen von Kleinanleger ein Stück der seltenen Gemälde besitzen.

In der digitalen Welt kann alles tokenisiert, monetarisiert und demokratisiert werden. Einzige Voraussetzung für die Teilnahme ist der Besitz eines Mobiltelefons mit Internetzugang. Kein Wunder, dass der NFT-Markt explodiert: Im dritten Quartal 2021 erreichte das NFT-Handelsvolumen 10,7 Milliarden US-Dollar, was einem Anstieg von 700 Prozent gegenüber den vorangegangenen drei Monaten entspricht. Morgan Stanley geht davon aus, dass der NFT-Markt bis 2030 ein 300-Milliarden-Dollar-Geschäft sein und Luxusmarken dabei helfen wird, ihre Gewinne um 25 Prozent zu steigern. All dies erklärt, warum laut der Wochenzeitung *Economist* Risikokapitalgeber im Jahr 2021 20 Milliarden Dollar in Blockchain- und Digital-Asset-Unternehmen investierten, siebenmal mehr als im Jahr 2020.

All diese Begeisterung ist zunehmend auf das *Metaversum* zurückzuführen. Das ist ein weit gefasster Begriff, der sich auf die virtuelle Realität bezieht, ein Begriff, der eigentlich „Videospiel" bedeutet. Die Spieler erstellen einen Avatar, kaufen Land, Werkzeuge, Fähigkeiten, Wissen und NFTs und tauschen ihre Besitztümer mit anderen Spielern. Das Metaversum ist vernetzt mit virtuellen 3D-Welten, die weltweit rund um die Uhr funktionieren. Es handelt sich um eine eigenständige Internetwirtschaft, die sowohl die digitale als auch die physische Welt einbezieht.

Und die Metaverse-Wirtschaft ist riesig. Der Kryptofonds Grayscale geht davon aus, dass dieser Markt bis 2025 einen Jahresumsatz von 400 Milliarden US-Dollar erreichen und schließlich ein Markt von einer Billion US-Dollar sein wird. Jetzt beginnen Sie zu verstehen, warum Mark Zuckerberg den Namen seines Unternehmens von Facebook in Meta Platforms geändert hat.

Möchten Sie ein paar NFTs kaufen, vielleicht, um im Metaverse zu handeln? Bewerten Sie sie wie jedes andere Produkt, das Sie kaufen würden.

Simple Agreement for Future Tokens

Risikokapitalgeber, die in dezentrale Projekte investieren (Kapitel 10), kaufen oft Eigenkapital des Unternehmens, indem sie SAFTs erwerben – *Simple Agreements for Future Tokens* oder, zu Deutsch, *einfache Vereinbarungen für zukünftige Token.* Die SAFTs sind ein Vertrag: Das Unternehmen verspricht, dem Risikokapitalgeber, dass er in der Zukunft Token bekommt, falls die Token jemals ausgegeben werden. Es handelt sich hierbei um ein neues Instrument, bei dem viele rechtliche und steuerliche Fragen noch nicht geklärt sind und das daher zum Zeitpunkt der Erstellung dieses Textes noch nicht für normale Anleger geeignet ist.

10

Dezentrales Finanzwesen oder auch DeFi

Als wir über NFTs gesprochen haben, wurde uns schnell klar, dass wir Non-Fungible Token nicht verstehen können, bevor wir nicht Fungible Token verstehen.

Ähnlich verhält es sich mit DeFi, dem *dezentralen Finanzwesen.* Um das zu verstehen, müssen wir zunächst einmal wissen, was ein *zentrales Finanzwesen* ist. Die gute Nachricht ist, dass Sie das bereits tun: Die Finanzdienstleistungen, die Sie tagtäglich in Anspruch nehmen, werden von zentralen Unternehmen erbracht – Banken, Brokerfirmen und Börsen. Sie haben physische Standorte, viele Mitarbeiter und Aktionäre, die sie besitzen. Das Unternehmen entscheidet, ob es Ihnen die Erlaubnis zur Teilnahme erteilt. Sie können nur dann mit Aktien handeln, wenn das Brokerunternehmen der Eröffnung eines Kontos für Sie zustimmt; Sie können kein Bankkonto eröffnen, ohne die Zustimmung der Bank einzuholen.

Zentralisierte Unternehmen haben also eine große Macht. Aber DeFi beseitigt sie – und ihre Macht. Erstaunlich, aber wahr: Banken, Broker und Börsen werden nicht mehr benötigt. Jeder darf sich überall investieren, ohne die Erlaubnis von irgendjemandem zu brauchen.

Das ist revolutionär.

Die Welt des dezentralen Finanzwesens bietet Ihnen alles, was die traditionellen Finanzdienstleister anbieten – Anleihen und Kredite, Vermögensverwaltung, Anlage- und Versicherungsprodukte. Alles wird über *Smart Contracts* (die wir in Kapitel 2 kennengelernt haben) auf einer Blockchain bereitgestellt.

Um eine dezentrale Anwendung zu nutzen, benötigen Sie eine Hot Wallet, wie sie beispielsweise von MetaMask angeboten wird. Legen Sie ein digitales Asset, wie zum Beispiel Ether, hinein. Das war's. Sie sind bereit, um jede dezentrale Anwendung zu nutzen. Kein Log-in. Kein Benutzername. Kein Passwort. Niemandes Erlaubnis erforderlich.

Anstatt also Aktien über eine Brokerfirma zu kaufen, die mit der New Yorker Börse verbunden ist (zwei zentralisierte Unternehmen!), gehen Sie zu einer DEX – einer *dezentralen Börse*. Das größte Unternehmen ist Uniswap, das seit seiner Gründung im Jahr 2018 Transaktionen im Wert von mehr als 400 Milliarden US-Dollar abgewickelt hat; jeden Tag werden mehr als 350 Millionen US-Dollar gehandelt. Die New Yorker Wertpapierbörse (NYSE) hat mehr als 3.000 Mitarbeiter, Uniswap hat 37. Die NYSE wurde 1792 gegründet; Uniswap wurde 2018 von Hayden Adams gegründet, zwei Jahre nach seinem College-Abschluss. Krass, oder?*

Laut dem Trackingdienst DefiLlama halten DeFi-Plattformen bereits mehr als 240 Milliarden Dollar auf verschiedenen Blockchains und Risikokapital- und Private-Equity-Firmen haben laut DeFi Pulse mehr als 70 Milliarden Dollar in DeFi-Start-ups investiert.

Aber das ist alles noch neu und daher riskant in der Anwendung. DeFi agiert außerhalb jedes regulatorischen Rahmens – keine Aufsichts- und Regulierungsbehörden wie SEC, CFTC oder FDIC, die Sie schützen. Wenn es einen Fehler im Smart Contract gibt, kann die Funktion fehlschlagen oder fehlerhaft ausgeführt werden, was zu finanziellen Verlusten führt. Die Gasgebühren (siehe Kapitel 5) können

---

* Ich habe Anteile an ICE, der Muttergesellschaft der NYSE, und an Bakkt, einer digitalen Börse, die früher ICE gehörte.

100 Dollar oder mehr pro Transaktion betragen. Und man kann nie sicher sein, wer hinter dem Vorhang steckt; das Protokoll PolyGaj zum Beispiel verwaltet sieben Millionen Dollar; es wurde von Gajesh Naik gegründet. Er ist 13 Jahre alt.

Vergewissern Sie sich also, bevor Sie aktiv werden, dass Sie die Technologie und die Menschen hinter den Plattformen, die Sie nutzen wollen, verstehen.

Orakel

Ein *Orakel* ist ein Softwarecode, der die digitale Welt mit der realen, physischen Welt verbindet. Wie hoch ist zum Beispiel der Kurs der IBM-Aktie im Moment? Die New Yorker Börse kann es Ihnen sagen, denn dort wird IBM gehandelt. Aber Blockchains haben keine Ahnung. Hier kommen die Orakel ins Spiel.

„Habe ich dir nicht erst letzte Woche Geld für eine Neugründung gegeben?"

Orakel bringen Daten aus der physischen Welt (Off-Chain-Daten genannt) auf eine digitale Blockchain (On-Chain-Daten). Es gibt Tausende von Anwendungsmöglichkeiten für Orakel – Lieferketten und Warenbewegungen, das Wetter, die Anzahl der Nutzer in einem bestimmten Ökosystem, politische Trends, rechtliche Vereinbarungen und vieles mehr. All diese Daten können in die digitale Welt übertragen werden.

Es gibt auch *ausgehende Orakel (outbound oracles)*. Sie informieren eine reale Einheit außerhalb der Blockchain über ein Ereignis, das auf selbiger stattgefunden hat, zum Beispiel den Gesamtbetrag des von einer bestimmten App, einem Netzwerk oder einem Protokoll verliehenen Geldes.

Zurzeit ist Chainlink der größte Anbieter von Blockchain-Orakeln.

11

Bewertung und Preisgestaltung des Bitcoin und anderer digitaler Assets

Es gibt eine Frage, die mir am häufigsten gestellt wird, und das ist auch verständlich: Welchen Wert hat der Bitcoin? Es ist wichtig, dass Sie die Antwort kennen, damit Sie entscheiden können, wie hoch das Potenzial dafür ist, dass er weiter steigt.

Bei dieser Frage gibt es jedoch ein Problem. Nicht mit der Frage an sich, sondern mit der Person, die sie stellt. Die Frage „Welchen Wert hat der Bitcoin?" kommt meist von Kritikern, die das wissen wollen, weil sie bereits entschieden haben, dass die Antwort null ist. Diese Leute behaupten, dass der Bitcoin keinen intrinsischen Wert, keine erwartete Rendite (gemäß der Theorien ihrer Wirtschaftsprofessoren), keinen Nutzen, keine Zinsen, keine Dividenden und keinen Nutzen hat. „*Pfff*", sagen diese Leute zu mir, „der Bitcoin hat doch keinen Wert!"

Ich streite mich nie mit ihnen. Es wäre sinnlos, da man mit Neandertalern (wie einem bestimmten Investmentmanager, den ich kenne) nicht vernünftig reden kann. Stattdessen antworte ich: „Der Bitcoin hat vielleicht gar keinen Wert. Aber er hat einen höllisch guten Kurs."

Sogenannte Experten haben mir gesagt, dass der Bitcoin keinen Wert hat, seit das Wort *Bitcoin* in ihre Dickschädel eingedrungen ist. Sie sagten, er habe keinen Wert, als er für ein paar Hundert Dollar verkauft wurde (der Kurs, als ich ihm zum ersten Mal begegnet bin). Sie sagten, er habe keinen Wert, als er auf 20.000 Dollar stieg. Sie sagten, dass er keinen Wert mehr habe, als sein Kurs um 84 Prozent fiel, aber immer noch bei 3.000 Dollar lag. Sie sagten, dass er keinen Wert mehr habe, als sein Kurs 60.000 Dollar erreichte. Und sie sagen auch heute noch, dass er keinen Wert hat.

Gut. Er hat keinen Wert. Aber sein Kurs ist seit seiner Einführung um 87.000.000 Prozent gestiegen. Der Bitcoin ist das profitabelste Asset der Geschichte. Diese Geldmanager mit Hochschulabschluss, die da in ihrem Elfenbeinturm sitzen, sollten also ihre Überheblichkeit aufgeben, damit die Geschichte sie nicht mit „Experten" in Verbindung bringt, die behaupten, die Erde sei flach.

Jamie Dimon, CEO von JPMorgan Chase, hasst den Bitcoin	
812 Dollar – Januar 2014	Jamie sagte, der Bitcoin sei ein „schrecklicher Wertspeicher".
400 Dollar – November 2015	Jamie sagte: „Der Bitcoin wird gestoppt werden."
3.900 Dollar – September 2017	Jamie sagte: „Der Bitcoin ist Betrug. Das wird nicht funktionieren."
3.900 Dollar – September 2017	Jamie sagte: „Irgendwann wird das explodieren. Das ist ein Betrug, okay?", während er den Händlern seiner Firma, die den Bitcoin gekauft hatten, mit Entlassung drohte.
5.600 Dollar – Oktober 2017	Jamie sagte: „Wenn Ihr so dumm seid, ihn zu kaufen, werdet Ihr eines Tages den Preis dafür bezahlen."
6.300 Dollar – Oktober 2018	Jamie sagte: „Der Punkt ist doch: Das ist mir scheißegal, okay?"
53.300 Dollar – Mai 2021	Jamie sagte: „Ich bin kein Bitcoin-Befürworter ... der Bitcoin ist mir egal. Ich habe kein Interesse daran."

54.800 Dollar – Oktober 2021	Jamie sagte: „Der Bitcoin hat keinen intrinsischen Wert. Ich glaube, er ist ein bisschen wie Narrengold."
57.500 Dollar – Oktober 2021	Jamie sagte, der Bitcoin sei „wertlos". „Mein persönlicher Rat an die Leute ist, sich davon fernzuhalten."

Jamie Dimon und Warren Buffett hassen den Bitcoin. Doch nicht alle in ihren Reihen teilen diese Ansichten. So sagte James Gorman, CEO von Morgan Stanley, im Oktober 2021: „Ich glaube nicht, dass Kryptowährungen eine Modeerscheinung sind, ich glaube nicht, dass sie verschwinden werden … Die Blockchain-Technologie, die sie unterstützt, ist offensichtlich sehr real und leistungsstark."

Sie müssen also entscheiden, auf wen Sie hören wollen. Ich für meinen Teil ignoriere Leute, die sagen, dass ihnen Kryptowährungen „scheißegal" sind und die zugeben, nichts darüber zu wissen. Ich halte es für hilfreicher, zu akzeptieren, dass der Markt tatsächlich einen Kurs für den Bitcoin und alle anderen digitalen Assets festgelegt hat – selbst Jamie Dimon und Warren Buffett stimmen zu, dass dies der Fall ist! –, und sich daher auf die Frage zu konzentrieren, die wirklich zählt: Wie hoch wird der künftige Kurs sein? Denn wie bei jeder Investition wäre es hilfreich, zu wissen, ob der Kurs steigen oder fallen wird!

Warren Buffett hasst den Bitcoin

450 Dollar – März 2014	Warren sagte: „Im Grunde ist der Bitcoin eine Illusion. Die Vorstellung, dass er einen großen intrinsischen Wert hat, ist in meinen Augen ein Witz. Es würde mich nicht wundern, wenn es ihn in 10 oder 20 Jahren nicht mehr gibt. Er ist kein Wertspeicher, sondern eine sehr spekulative Sache – so nach Buck-Rogers-Art."

9.900 Dollar – Januar 2018	Warren sagte: „Wir besitzen keine. Wir werden nie welche besitzen. Warum in aller Welt sollte ich etwas kaufen, von dem ich keine Ahnung habe?"
7.300 Dollar – Mai 2018	Warren sagte: „Wahrscheinlich ist das gequirlte Scheiße."
6.900 Dollar – August 2018	Warren sagte: „Er wird sich eine Zeit lang selbst ernähren. So etwas zieht eine Menge Scharlatane an. Es wird ein schlimmes Ende nehmen."
3.700 Dollar – Februar 2019	Warren sagte: „Der Bitcoin hat überhaupt keinen eindeutigen Wert. Im Grunde ist er eine Illusion."
8.800 Dollar – Februar 2020	Warren sagte: „Kryptowährungen haben im Grunde keinen Wert und sie produzieren nichts. Was den Wert betrifft: null. Der Bitcoin wurde verwendet, um eine beträchtliche Menge an Geld illegal zu bewegen. Ich habe keine Bitcoin – und ich werde nie welche haben."

Traditionelle Vermögensverwalter und Investmentanalysten behaupten oft, dass der Bitcoin wertlos ist, indem sie auf ihre Bewertungsmethoden verweisen, die dies angeblich belegen. Tatsächlich ziehen sie oft ihre Recherchen heran, um ihren Standpunkt zu beweisen. Das Problem ist, dass die Methoden, die sie verwenden – die bewährten, gut etablierten Kennzahlen, die auf eine Vielzahl traditioneller Anlageklassen (wie Aktien, Anleihen und Immobilien) angewendet werden –, bei der Bewertung digitaler Assets nicht funktionieren. Das liegt daran, dass digitalen Assets die Inputs fehlen, die andere Anlageklassen haben. Das ist kein Fehler von digitalen Assets, der Fehler liegt im Irrglauben, dass das Nichtvorhandensein dieser Inputs bedeuten muss, dass der Bitcoin keinen Wert hat.

Investmentwissenschaftler und -praktiker verwenden routinemäßig drei Techniken, um den Wert eines Assets zu bestimmen. Schauen wir uns diese an und Sie werden sehen, warum es keinen Sinn ergibt, sie auf digitale Güter anzuwenden.

Kostenansatz

Diese Technik besagt im Wesentlichen, dass der Preis eines Assets den Kosten entsprechen sollte, die anfallen, um es herzustellen, zu ersetzen oder zu beschaffen. Diese Zahl war in den Anfangstagen des Bitcoin recht einfach zu schätzen, als Laszlos Pizzakauf den Kurs des Bitcoin auf sieben Hundertstel eines Pennys festlegte.

Eine frühe Website zum Thema Bitcoin untersuchte die Kosten für die Miete eines Computers zum Mining von Bitcoin und den benötigten Strom und verglich diese Kosten mit der Menge an Bitcoin, die man durch das Mining erhält. Das scheint zwar sinnvoller zu sein und es funktioniert auch, wenn man versucht, den richtigen Preis für Coca-Cola zu ermitteln. Aber der Bitcoin ist kein Produkt und Sie versuchen ja auch nicht, den Preis des einzelnen Coins zu ermitteln. Was Sie ermitteln wollen, sind die Kosten des gesamten Netzwerks. Dieser „Kosten des Minings“-Ansatz ignoriert den Wert des Bitcoin-Ökosystems und seines Netzwerks. Das ist ein ziemlich großes Versäumnis und führt zu einer völlig falschen (und niedrigen) Bewertung.

Marktansatz

Bei diesem Ansatz werden Assets bewertet, indem Transaktionen mit anderen Transaktionen mit ähnlichen Merkmalen verglichen werden, die um unterschiedliche Mengen, Qualitäten oder Größen bereinigt werden. Die sogenannte „Public Company Comparables“-Methode vergleicht Daten ähnlicher börsennotierter Unternehmen. Dies ist bei digitalen Assets natürlich nicht hilfreich, da es sich bei ihnen nicht um börsennotierte Unternehmen handelt; sie haben keine Mitarbeiter, keinen Hauptsitz, keine Produkte und keinen Umsatz.

Bei der „Precedent Transactions“-Methode werden Unternehmen betrachtet, die in einer bestimmten Branche verkauft wurden, und deren *Multiplikatoren* werden dann als Grundlage für die Festlegung eines Preises für das zu bewertende Unternehmen verwendet. Nehmen wir zum Beispiel an, ein Hotelunternehmen macht zehn Milliarden Dollar Gewinn und wird für 50 Milliarden Dollar verkauft. Das ist ein fünffacher Multiplikator. Wenn Ihr Hotel also drei Milliarden Dollar Gewinn macht, sollten Sie es für etwa 15 Milliarden Dollar verkaufen wollen, wenn Sie den gleichen Multiplikator verwenden.

Das Problem ist, dass der Bitcoin kein Unternehmen ist und keine Einnahmen oder Gewinne erzielt; es gibt nichts, worauf man eine Bewertung stützen könnte – was diesen Ansatz irrelevant macht. Aber anstatt das zu erkennen, bestehen viele Marktanalysten darauf, dass dies beweist, dass der Bitcoin keinen Wert hat.

Diskontierter Cashflow

Der diskontierte Cashflow, ein abgezinster Zahlungsstrom, ist ein effektives Instrument, wenn Sie die künftigen Cashflows, Abzinsungssätze und Endwerte kennen oder vernünftige Annahmen darüber treffen können, aber er ist nicht zuverlässig in Bezug auf Assets, die keine Cashflows generieren – wie der Bitcoin.

Wie Sie sehen, liefern diese Techniken keine genauen Informationen, wenn sie auf digitale Assets angewendet werden. Trotzdem verwenden viele Finanzanalysten und Anlageverwalter sie nach wie vor. Wenn die Techniken also keine validen Daten liefern, sagen sie einfach: „Der Bitcoin hat keinen Wert", anstatt zu sagen: „Wir brauchen eine bessere Bewertungsmethode."

Letzteres haben diejenigen, die sich im Bereich der digitalen Assets bewegen, getan. Sie haben andere Ansätze entwickelt oder angewandt, die ihnen helfen, den richtigen Kurs für den Bitcoin und andere digitale Assets zu ermitteln. Jeder Ansatz ist recht anspruchsvoll, daher werde ich hier nur kurze Zusammenfassungen geben (zum einen, um Sie in die Konzepte einzuführen, und zum anderen, um Sie nicht zu Tode zu langweilen).

Marktsubstitut und Gebrauchswert

Satoshis Absicht bei der Schaffung des Bitcoin war klar: Es sollte ein unabhängiges Peer-to-Peer-Zahlungssystem sein. Mit anderen Worten: Der Bitcoin wurde als Geld konzipiert. Wenn dies sein einziger Nutzen ist, dann muss sein gesamter Wert auf dieser Funktion beruhen. Einige sind der Meinung, dass der Wert des Bitcoin daher mit anderen Wertspeichern verglichen werden kann, die er theoretisch ersetzen könnte, wie zum Beispiel Gold.

Wenn der Bitcoin eine Alternative zu Gold sein soll, müsste sein Preis auf einem Niveau liegen, das mit dem des Goldes vergleichbar ist. Machen wir das einmal und sehen uns an, was dabei herauskommt.

Der World Gold Council schätzt, dass im Laufe der Geschichte 190 Millionen Tonnen Gold abgebaut wurden (und immer noch werden). Geht man von einem Preis von 2.000 Dollar pro Unze aus, so beträgt der Gesamtwert des weltweiten Goldes 13,4 Billionen Dollar.

Das muss also auch der Wert aller Bitcoin der Welt sein, so die Theorie. Da insgesamt 21 Millionen Bitcoin gemint werden, sollte der Preis für jeden Bitcoin – wenn er mit dem Goldpreis vergleichbar ist – 639.000 Dollar betragen.

Doch halt. Wir wissen, dass bisher nur 18,5 Millionen Bitcoin gemint wurden, und etwa vier Millionen davon gelten als verloren. Es verbleiben also 14,5 Millionen Bitcoin, was bedeutet, dass der tatsächliche Preis jedes existierenden Bitcoin 926.000 Dollar betragen sollte.

Erinnern Sie mich kurz: Wie hoch ist der aktuelle Kurs des Bitcoin heute?

Wie Sie sehen, legt der Ansatz des *Marktsubstituts und des Gebrauchswerts* nahe, dass der Preis digitaler Assets drastisch steigen wird, wenn die Anleger erkennen, dass die aktuellen Preise unter dem tatsächlichen Wert liegen.

Die Umlaufgeschwindigkeit des Geldes

Sie haben einen Dollarschein unter der Matratze. Wie schnell bewegt er sich?

Nun ja, logisch, er bewegt sich überhaupt nicht. Er liegt einfach da, unter Ihrem Bett. Geschwindigkeit gleich null. Aber sagen wir, Sie geben diesen Dollar einem Händler als Bezahlung für ein Produkt. Der Händler gibt den Dollar an einen Großhändler weiter, um weitere Waren zu kaufen. Der Großhändler gibt den Dollar dem Hersteller, um mehr Produkte zu kaufen, und der Hersteller verwendet den Dollar, um Rohstoffe von einem Lieferanten zu kaufen.

„Weißt du, manchmal ist ‚ja, logisch' nicht gerade ein Kompliment."

Die Geldbewegung durch ein Wirtschaftssystem wird als *Umlaufgeschwindigkeit des Geldes bezeichnet.* Wenn die Anzahl an Transaktionen in einem bestimmten Zeitraum steigt, nimmt die Umlaufgeschwindigkeit des Geldes zu – und je höher die Umlaufgeschwindigkeit, desto schneller wächst die Wirtschaft.

Wenden Sie dies auf Bitcoin-Käufer an. Verwenden diese den Bitcoin, um Waren und Dienstleistungen zu kaufen und zu verkaufen? Oder handeln sie als HODLer? Wenn Sie glauben, dass die Verwendung des Bitcoin als Finanztransaktionsinstrument mit der Zeit zunehmen wird, argumentieren Sie für einen Anstieg seines Kurses.

Netzwerkwert

Dieser Bewertungsansatz basiert auf dem Metcalfe'schen Gesetz, das besagt, dass der Wert eines Netzwerks exponentiell ansteigt, wenn das Netzwerk mehr Nutzer hat. Die Theorie wurde 1993 von dem Wirtschaftswissenschaftler George Gilder entwickelt, aber es war der Internet-Pionier Robert Metcalfe (Miterfinder des Ethernet und Mitbegründer von 3Com), der sie auf die Nutzer und nicht auf die Geräte eines Kommunikationsnetzes anwandte.

Das Metcalfe'sche Gesetz besagt, dass der Wert eines Netzwerks proportional zum Quadrat der Anzahl angeschlossener Nutzer des Netzwerks ist. Einfach ausgedrückt: Facebook ist viel Geld wert, weil es viele Nutzer hat, und mit steigender Nutzerzahl wächst der Wert von Facebook nicht linear, sondern exponentiell.

Denken Sie daran: Bitcoin ist ein Netzwerk. Es ist daher nicht überraschend, dass diejenigen, die versuchen, den Wert des Bitcoin zu bestimmen, das Metcalfe'sche Gesetz auf dessen Preis anwenden. Das Verhältnis Netzwerkwert zu Metcalf (NVM) teilt die Marktkapitalisierung eines digitalen Assets durch die Anzahl der aktiven Adressen zum Quadrat.

Viele halten diese Technik eher für nützlich, um ein digitales Asset mit einem anderen (oder mit sich selbst über verschiedene Zeiträume) zu vergleichen, als für ein Instrument zur Ermittlung des intrinsischen Preises eines digitalen Assets. Außerdem berücksichtigt das Verhältnis nicht die geografische Lage der einzelnen Nutzer, die Häufigkeit ihrer Aktivitäten, den Datendurchlauf oder andere Faktoren. Deshalb habe ich noch niemanden getroffen, der sich ausschließlich auf diese Methode verlässt. Stattdessen wird sie zusammen mit anderen Kennzahlen angewendet.

NVT-Verhältnis

Einige Bitcoin-Analysten schauen auf das Verhältnis von Netzwerkwert zu Transaktionen (Network Value to Transactions Ratio; NVT). Es misst den Wert des Netzwerks eines digitalen Assets und den gesamten Dollarwert aller zirkulierenden Einheiten des Assets, bis hin zu seinem Wert als Zahlungsnetzwerk (der durch den Dollarwert der Transaktionen gemessen wird, die über die Blockchain des Assets abgewickelt werden).

Das NVT-Verhältnis zeigt an, wie viel der Markt bereit ist, für den Transaktionsnutzen einer Blockchain zu zahlen.

Stock-to-Flow-Verhältnis

Diese Kennzahl wird verwendet, um die Knappheit eines Gutes zu quantifizieren. Das Verhältnis wird berechnet, indem das vorhandene Angebot durch das jährliche Produktionswachstum geteilt wird.

Spekulativer Wert

Die Bewertung basiert auf der Hoffnung, dass zukünftige Investoren mehr für das digitale Asset zahlen werden als Sie heute. Also alles eine Frage von Angebot und Nachfrage.

Das sind sechs Bewertungsansätze, die im Bereich der digitalen Assets entwickelt oder eingesetzt werden. Und es gibt noch viele mehr.

Woobull.com bietet die folgende umfangreiche Liste an:

- **Bitcoin-Kursmodelle:** verschiedene Kursmodelle für Bitcoin.
- **Bitcoin-NVT-Verhältnis:** das Kurs-Gewinn-Verhältnis des Bitcoin. Erkennt, wann der Bitcoin über- oder unterbewertet ist.
- **Bitcoin-NVT-Kurs:** der NVT-Kurs des Bitcoin. Nützlich, um den Kurs durch organische Investitionen unterstützt zu sehen.
- **Bitcoin-NVT-Signal:** beschreibt das NVT-Verhältnis, das darauf optimiert ist, responsiver zu sein. Nützlich als ein langfristiger Handelsindikator.
- **Bitcoin-VWAP-Verhältnis:** ein nützliches Signal für lokale und globale Markthochs und -tiefs unter Verwendung des volumengewichteten Durchschnittspreises.
- **Bitcoin-MVRV-Verhältnis:** ein Unter-/Überbewertungsindikator für den Bitcoin, der auf dem Verhältnis von Marktkapitalisierung zu realisierter Kapitalisierung basiert.
- **Bitcoin-RVT-Verhältnis:** eine volumenbasierte Variante des MVRV, die zur Bestimmung von Markthochs und -tiefs verwendet wird.
- **Bitcoin Mayer Multiple:** Mittels der Kennzahl Mayer Multiple lässt sich der Kurs des Bitcoin im Verhältnis zu seiner historischen Bewegung messen.
- **Bitcoin Difficulty Ribbon:** Der „Bitcoin-Schwierigkeitsgrad“ gibt einen Einblick, wie schwierig Minen gerade ist, und signalisiert so Zeiten, in denen Käufe sinnvoll sind.
- **Bitcoin Risk-Adjusted Returns:** vergleicht die risikoadjustierte Rendite (ROI) des Bitcoin mit der von anderen Assets.
- **Bitcoin-Volatilität im Vergleich zu anderen Anlageklassen:** vergleicht die Schwankungsanfälligkeit des Bitcoin mit der von anderen Anlageklassen.

- **Bitcoin-Wachstum im Vergleich zu anderen Anlageklassen:** vergleicht das Wachstum des Bitcoin mit dem anderer Anlageklassen.
- **Bitcoin im elektronischen Zahlungsverkehr (ETF) und die Liquiditätsplanung von Unternehmen (Corporate Treasuries):** verfolgt die Bitcoin, die in öffentlich zugänglichen Unternehmen über Aktienbesitz gehalten werden.
- **Bitcoin-Bewertungsgewinn pro investiertem Dollar:** Dollar für Dollar, wie viel der Bitcoin-Kurs pro investiertem Dollar steigt.
- **Bitcoin-Netzwerkvolumen:** das monatliche Volumen an Bitcoin, das zwischen verschiedenen Investoren im Netzwerk bewegt wird.
- **Bitcoin vs. Gold:** vergleicht die Anlageperformance des Bitcoin und von Gold.
- **Bitcoin-Volatilitätstrend:** im Vergleich zum Devisenhandel (Forex); auch gehandeltes Volumen.
- **Bitcoin-Geldmenge im Vergleich zum USD:** Geht der Trend beim Bitcoin zu einer Weltreservewährung?
- **Bitcoin-Inflationsrate:** verfolgt die historische jährliche Inflationsrate der Bitcoin-Geldmenge.
- **Bitcoin-Umlaufgeschwindigkeit:** Geht der Trend beim Bitcoin in Richtung Zahlungen oder Sparen/Investitionen?
- **Bitcoin-Volumen im Vergleich zum Netzwerkwert:** Das von der Bitcoin-Blockchain übermittelte Volumen verfolgt den Netzwerkwert genau.
- **Bitcoin SegWit Adoption:** verfolgt die Einführung von Segwit (eine Funktion des Bitcoin-Protokolls).
- **Bitcoin-Netzwerkdatendurchlauf:** Durchlauf des Bitcoin in Transaktionen, Zahlungen und USD-Wert pro Sekunde.
- **Bitcoin Congestion:** auf Deutsch etwa: „Bitcoin-Stau“. Nutzerzentrierte Kennzahlen, die die Überlastung des Netzwerks verfolgen, zum Beispiel Zahlungsgebühren und Bestätigungszeiten.

- **Bitcoin-Hashpreis:** Der Preis pro Hash, eines Verschlüsselungskonzeptes, zeigt die Fähigkeiten der Bitcoin-Mining-Hardware im Laufe der Zeit.
- **Bitcoin-Outputs per Tx:** verfolgt, wie viele Ausgaben (Outputs) in jede Bitcoin-Transaktion gepackt werden.

Ich bin sicher, Sie sind erleichtert, dass ich bei keiner der vorgestellten Optionen weiter in die Tiefe gehe. Wenn Sie mehr über sie erfahren möchten, besuchen Sie woobull.com. Mit dieser Auflistung möchte ich verdeutlichen, dass kluge und seriöse Marktteilnehmer – viele von ihnen derzeitige oder ehemalige Wall-Street-Mitarbeiter – hart daran arbeiten, den Kurs des Bitcoin zu bestimmen. Die Behauptung, dass der Bitcoin keinen Wert hat, nur weil ein paar andere Methoden, die für nicht verwandte Anlageklassen entwickelt wurden, keinen fundierten Kurs ergeben, bedeutet nicht, dass es keinen gibt.

Die Schlussfolgerung, die Sie aus diesem Inhalt ziehen sollten, ist, dass die Behauptung zwar richtig sein mag, dass der Bitcoin keinen intrinsischen Wert hat, er aber ganz gewiss einen Kurs hat.

TEIL DREI

INVESTIEREN IN DIGITALE ASSETS

12

Ist es zu spät, um Bitcoin zu kaufen?

Der Kurs des Bitcoin ist seit seiner Einführung um 87.000.000 Prozent gestiegen. Das wird mit Sicherheit nicht noch einmal passieren. Massive Zuwächse sind aber immer noch möglich – vor allem, wenn man die potenziellen Renditen mit denen anderer Anlageklassen vergleicht, die in der Regel jährlich im einstelligen oder niedrigen zweistelligen Bereich liegen.

Wir sollten uns also nicht auf die Vergangenheit konzentrieren, sondern auf die Zukunft. Wie könnte der zukünftige Preis des Bitcoin und anderer digitaler Assets aussehen?

Viele prophezeien ein weiteres massives Wachstum und argumentieren, dass sich diese aufstrebende Anlageklasse noch im Anfangsstadium befindet. Der milliardenschwere Hedgefonds-Manager Steve Cohen sagt: „Obwohl der Markt für [digitale Assets] jetzt schon eine Anlageklasse von zwei Billionen Dollar darstellt, befinden wir uns noch in der Anfangsphase der institutionellen Umsetzung." Der ehemalige Vorsitzende von Prudential Securities, George Ball, bezeichnet digitale Assets als „sehr attraktiv" und sagt voraus, dass „viele Menschen in diese Anlageklasse investieren werden". Rick Rieder, Chief Information Officer (CIO) für festverzinsliche Wertpapiere bei der Investmentgesellschaft BlackRock, ist der Meinung, dass der Bitcoin mit Gold als primärem Wertspeicher konkurrieren könne. Sein Chef, BlackRock-CEO Larry Fink, sagt: „Der Bitcoin ist hier, um zu bleiben." Und Niall Ferguson, Professor für Wirtschaftsgeschichte in Stanford, ist der Ansicht, die beste Investitionsmöglichkeit nach der Pandemie sei der Bitcoin.

Die Strategen von JPMorgan unter der Leitung von Nikolaos Panigirtzoglou sind der Meinung, dass der Bitcoin bis auf 140.000 Dollar steigen könnte. Tiburon Strategic Advisors rechnet mit 150.000 Dollar. Tom Fitzpatrick, Global Head von Citibank Technicals, sagt, dass der Bitcoin auf 318.000 Dollar steigen wird. Laut Guggenheim werden es 400.000 Dollar sein, laut ARK Invest 500.000 Dollar. Forex Suggest meint, dass der Bitcoin im Jahr 2025 bei einer Million Dollar liegen wird. Und Jurrien Timmer, Director of Global Macro bei Fidelity Investments, geht davon aus, dass der Kurs des Bitcoin bis 2030 bei einer Million Dollar und bis 2038 bei einer Milliarde Dollar liegen wird. (Das ist kein Tippfehler. Eine. Milliarde. Dollar.)

Kein Wunder, dass die Association of Governing Boards of Universities and Colleges (auf Deutsch etwa: Vereinigung der Verwaltungsräte von Universitäten und Hochschulen) sagt, dass digitale Assets „bereits Hunderte von Millionären und eine Reihe von Milliardären hervorgebracht haben und innerhalb des nächsten Jahrzehnts die ersten Billionäre der Welt hervorbringen könnten". Die Organisation ist begeistert, weil diese Reichen gebeten werden, große Spenden an die Universität zu leisten.

Im Jahr 2018 hat Inigo Fraser Jenkins den Bitcoin schlechtgemacht. Das war bemerkenswert, denn er ist mitverantwortlich für die Portfoliostrategie bei AllianceBernstein, einem globalen Investmentmanagement-Unternehmen mit einem verwalteten Vermögen von 631 Milliarden Dollar. Doch im Jahr 2021 schrieb Fraser Jenkins in einem Bericht, der an die Kunden des Unternehmens verteilt wurde: „Ich habe meine Meinung über die Rolle des Bitcoin in der Vermögensallokation geändert." Seine Entscheidung wurde durch eine Reihe von Entwicklungen wie die Pandemie, Änderungen in der Regierungspolitik, die Höhe der Staatsverschuldung und neue Diversifizierungsmöglichkeiten für Anleger im Ökosystem der digitalen Assets vorangetrieben. Der Bitcoin spielt bei der Vermögensallokation durchaus eine Rolle, sagt er jetzt.

Ein Großteil der Begeisterung für den Bitcoin ist auf das Gesetz von Angebot und Nachfrage zurückzuführen. Sand ist billig, weil es so viel davon gibt und nur wenige ihn haben wollen. Diamanten sind teuer, weil sie selten sind, aber von vielen begehrt werden.

Auch der Bitcoin ist ein knappes Gut, und mit der steigenden Nachfrage wird auch sein Preis steigen. Bedenken Sie: Es gibt weltweit 47 Millionen Millionäre. Wenn sie alle auch nur einen Bitcoin kaufen wollten, wäre das nicht möglich. Das liegt daran, dass es derzeit nur etwa 14 Millionen Bitcoin gibt, und es werden wohl nie mehr als 21 Millionen werden. Wenn jeder Millionär mit den anderen zusammen Bitcoin kaufen will, muss der Preis steigen – vielleicht sogar deutlich.

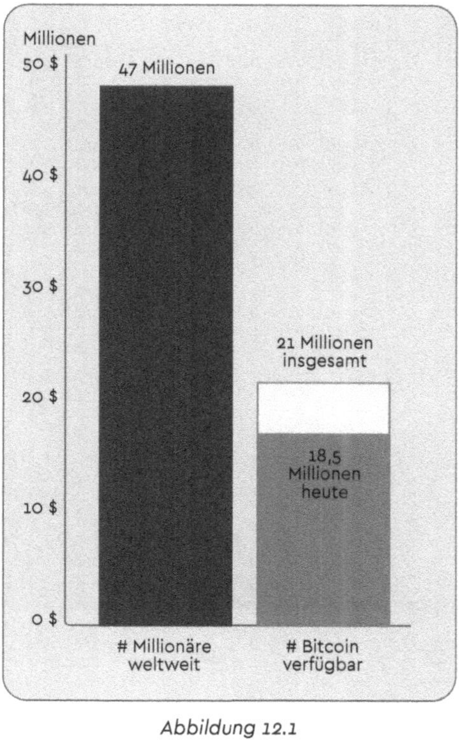

Abbildung 12.1

Und was ist mit der amerikanischen Durchschnittsbevölkerung? Wie viele von ihnen wollen den Bitcoin? Im Jahr 2009 lautete die Antwort „niemand“. Im Jahr 2021 besaßen 24 Prozent der Amerikaner Bitcoin und es wird prognostiziert, dass im Jahr 2029 90 Prozent Bitcoin besitzen werden. Was glauben Sie, wie sich der Preis eines Assets entwickelt, wenn das Angebot fix ist, die Nachfrage aber um 530 Prozent steigt?

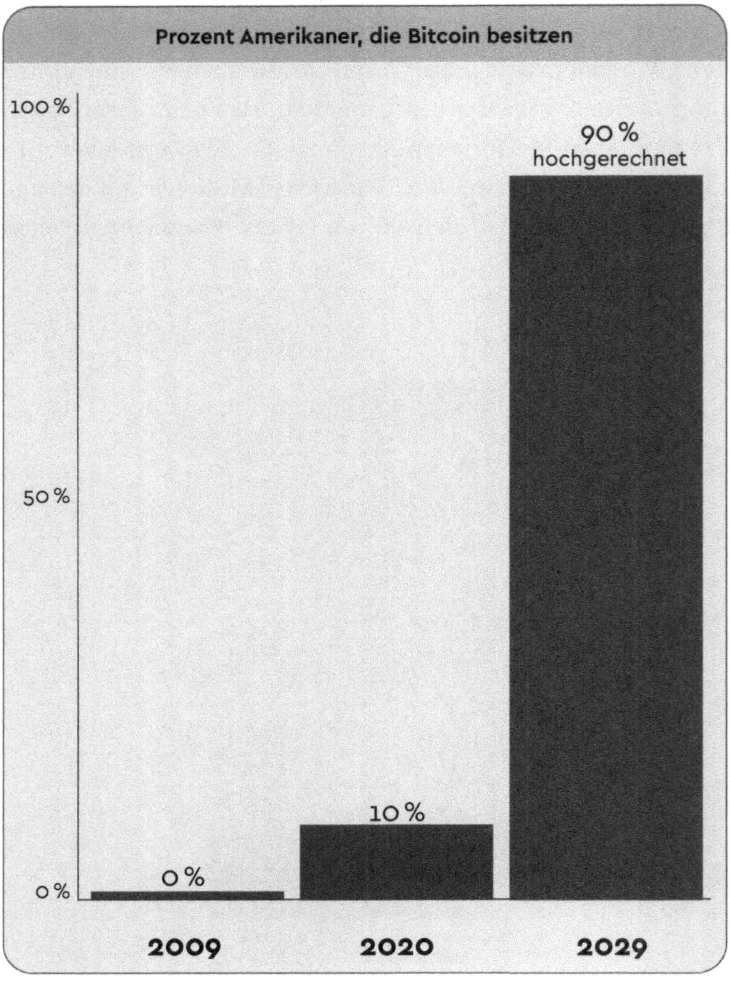

Abbildung 12.2

Selbst unter Finanzberatern befindet sich die Nachfrage noch im frühen Stadium. Laut der Zeitschrift *Financial Advisor* haben bisher nur 14 Prozent von ihnen den Bitcoin in die Portfolios ihrer Kunden aufgenommen, aber weitere 26 Prozent geben an, dass sie damit beginnen wollen, was die Intensität der Interaktion verdreifacht. Wenn das stimmt, wird bis Ende 2022 jeder zweite Berater den Bitcoin und andere digitale Assets empfehlen. Berater kontrollieren laut Tiburon Strategic Advisors acht Billionen Dollar an Anlegergeldern; wenn alle diese Berater nur ein Prozent der Kundengelder in den Bitcoin investieren, werden 80 Milliarden Dollar in den Markt fließen, ein Betrag, der acht Prozent der Marktkapitalisierung des Bitcoin zu diesem Zeitpunkt entspricht. Wenn die Nachfrage nach Eintrittskarten für ein Konzert plötzlich um acht Prozent steigen würde, was glauben Sie, wie sich der Preis für diese Karten entwickeln würde?

Aber das ist noch gar nichts. Umfragen von Ernst & Young und Intertrust aus dem Jahr 2021 ergaben, dass 31 Prozent der Hedgefonds-Manager bis 2023 digitale Assets in ihre Portfolios aufnehmen und bis 2025 durchschnittlich 7,2 Prozent ihrer Portfolios in selbige investieren wollen. Die Umfrage von Intertrust zeigt Zuflüsse in Höhe von 312 Milliarden Dollar, was mehr als einem Drittel des Gesamtwerts des Bitcoin zu diesem Zeitpunkt entspricht.

Ist es also zu spät? Wohl kaum.

Die Finanzberater und Vermögensverwalter, die ihren Kunden digitale Anlagen empfehlen, sind klug: Sie werden an den Gebühreneinnahmen beteiligt, die durch die Verwaltung dieser Anlagen entstehen. Wie hoch sind die Gebühren? Insgesamt 4,6 Milliarden Dollar in den nächsten fünf Jahren, so Broad Ridge Financial Solutions.

13

Die Risiken von Investitionen in digitale Assets

Obwohl viele von den Zukunftsaussichten des Bitcoin und anderer digitaler Assets begeistert sind, müssen wir zugeben, dass es sich hierbei noch um eine aufstrebende Anlageklasse handelt. Niemand weiß, was passieren wird – das bedeutet, dass wir ernsthaft die Möglichkeit in Betracht ziehen müssen, dass wir einen massiven und dauerhaften Marktabsturz bei den Kursen für digitale Assets erleben könnten.

Daher müssen wir die Risiken von Investitionen in diese Anlageklasse genau prüfen. Das müssen Sie bei jeder Investitionsmöglichkeit tun; wir müssen uns immer fragen, welche Rendite wir für unser Geld erwarten und ob wir jemals eine Rendite für unser Geld erhalten werden.

Lassen Sie uns also die Gründe erforschen, warum die Kurse für digitale Assets fallen könnten ... bis auf null.

Marktmanipulation

Dieses Risiko gilt für jede Anlageklasse. „Pump and Dump"-Strategien, Frontrunning und Insiderhandel sind gängige Probleme in der Investmentwelt und auch digitale Assets sind dagegen nicht gefeit.

Schlimmer noch, viele digitale Assets sind in den Augen der SEC keine Wertpapiere. Daher kommt es auch in der Welt der digitalen Assets zu Verhaltensweisen, die gegen die Wertpapiervorschriften verstoßen.

Geschäftliches und kommerzielles Scheitern

Digitale Assets entstehen nicht von selbst, sie werden von Unternehmern erfunden. Eine Idee mag großartig sein, aber sie in ein erfolgreiches Unternehmen zu verwandeln, das effizient, profitabel und in großem Maßstab arbeitet, ist eine ganz andere Sache. Sie könnten in etwas investieren, das auf dem Markt scheitert.

Technische Überalterung

Erinnern Sie sich an das Sony Betamax? Dieses Magnetbandsystem zum Aufzeichnen von Videos wurde von VHS-Videorekordern vom Markt gedrängt, die ihrerseits wiederum Netflix weichen mussten. Die Software Lotus 1-2-3 wurde von Microsoft Excel überholt. Die Encyclopaedia Britannica wurde von Wikipedia übertrumpft. Die große Innovation von heute, die den Markt durcheinanderbringt, könnte durch die nächste große Innovation wertlos gemacht werden – und damit den Kurs Ihrer Investition zerstören.

Verbraucher-/Investorennachfrage

Hüten Sie sich vor dem Kevin-Costner-Syndrom – dem Glauben, dass „wenn man es baut, sie schon kommen werden“. Das passiert nur in Filmen. Im wirklichen Leben braucht es viel mehr als einen solch festen Glauben, um ein erfolgreiches Unternehmen aufzubauen. Nur weil Sie ein Geschäft eröffnen, heißt das noch lange nicht, dass die Leute es auch besuchen – oder etwas kaufen, wenn sie mal drin sind.

Bedenken Sie, wie viele Anzeigen Sie täglich sehen. Unternehmen bemühen sich sehr um Ihre Aufmerksamkeit und die erfolgreichsten bieten nicht unbedingt die besten Produkte an; oft haben sie einfach das beste Marketing.

Wird sich das digitale Asset, das Sie kaufen, durchsetzen, weil es ein Geschäfts- oder Verbraucherproblem löst? Oder wird es ignoriert oder schnell vergessen werden?

Regulatorische Intervention

Der Bereich der digitalen Assets ist nach wie vor umstritten. Einige Regierungen haben sie ganz verboten. Andere verbieten bestimmte Praktiken. Andere schränken ein, wer kaufen darf und was jemand kaufen kann.

Angesichts der rasanten Entwicklung in diesem Bereich ändern viele Regierungen häufig ihre Meinung – und sorgen damit für Chaos in der Krypto-Community. Sie müssen sich darüber im Klaren sein, dass die Bundes- oder Länderregierung Ihre Investition verbieten oder lästige Steuern oder Meldepflichten auferlegen könnte. All diese Maßnahmen könnten sich negativ auf den Kurs Ihrer Investition auswirken.

51-Prozent-Attacke

Eine örtliche Bankfiliale ist ein verlockendes Ziel für Bankräuber, weil sich im Tresorraum so viel Geld befindet. Das ist das Risiko zentralisierter Systeme – und erklärt, warum so viele Unternehmen gehackt wurden und werden: Der Standort der einzelnen Unternehmensnetze ist bekannt und kann daher gezielt angegriffen werden.

Blockchains sind jedoch dezentralisiert; das ist so, als ob eine Bank jeden Dollarschein in Tresoren auf der ganzen Welt verstreut hätte. Wie könnte ein Hacker sie alle aufspüren und stehlen? Unmöglich.

Das ist ein wichtiger Grund, warum die Mitglieder der Krypto-Community so überzeugt von ihren Aktivitäten sind: Blockchains sind unhackbar. In der Tat ist Bitcoin in seiner gesamten Geschichte noch nie gehackt worden.

Unmöglich ist es aber nicht. Es gibt eine Möglichkeit, wie ein Hacker dies tun könnte. Man nennt das eine 51-Prozent-Attacke. Um die Kontrolle über eine Blockchain zu übernehmen und ihre Daten (und Assets) zu stehlen, müsste ein Hacker die Mehrheit der Nodes, der Knotenpunkte des Netzwerks, kontrollieren.*

Mit Millionen von Nodes, die über die ganze Welt verstreut sind, gilt es als „unmöglich", dass das Bitcoin-Netzwerk gehackt werden kann. Vielleicht sollten wir sagen „fast unmöglich" oder „praktisch unmöglich" oder „verdammt, anstatt sich über eine 51-Prozent-Attacke Gedanken zu machen, sollten wir uns etwas anderes suchen, worüber wir uns Sorgen machen".

Es gibt einen Grund, das so zu sehen: Das Bitcoin-Netzwerk ist so groß – laut der Website Bitnodes.io gibt es weltweit mehr als 11.500 Nodes –, dass es allein 5,5 Milliarden Dollar an Hardware kosten würde, wenn ein Hacker die Kontrolle über 51 Prozent davon erlangen wollte, basierend auf den Hashraten von 2021. Ein Hacker, der so viel Geld hat, braucht wahrscheinlich nicht noch mehr, sehr wohl muss man sich aber Sorgen über verbrecherische Regierungen machen. (Viele glauben, dass Schurkenstaaten wie Nordkorea den Bitcoin lieben, weil sie damit die von den Vereinigten Staaten und anderen Ländern verhängten Wirtschaftssanktionen umgehen können. Vielleicht sollten wir uns aber mehr Sorgen darüber machen, dass die CIA eine 51-Prozent-Attacke durchführt, als über als Kim Jong Un.)

---

* Obwohl eine Mehrheit technisch gesehen 50,1 Prozent und nicht 51 Prozent ist, ist es umständlich, von einer 50,1-Prozent-Attacke zu sprechen, daher verwenden wir die (leicht ungenaue) Bezeichnung. Seien Sie nachsichtig mit uns.

Wie auch immer. Nur weil das Bitcoin-Netzwerk als „zu groß zum Hacken“ gilt, heißt das nicht, dass das auf alle Blockchains zutrifft. Einige von ihnen *wurden* sogar Opfer von 51-Prozent-Attacken – was möglich ist, weil sie viel kleiner sind. Die BSV-Blockchain wurde am 4. August 2021 Opfer einer 51-Prozent-Attacke. Frühere Angriffe betrafen Bitcoin Gold, Ethereum Classic, Verge und andere. In allen Fällen wurden die Coins gestohlen, bevor der Angriff abgewehrt werden konnte, was zu erheblichen Verlusten für die Anleger führte.

Fazit: Je kleiner das Netzwerk oder je neuer der Coin oder das Token ist, desto größer ist die Anfälligkeit für 51-Prozent-Attacken. Behalten Sie dies im Hinterkopf, wenn Sie entscheiden, welche digitalen Assets Sie kaufen und wie viel Geld Sie in diese investieren wollen.

Fortschritte in der Quanteninformatik

In diesem Buch – einschließlich des vorherigen Abschnitts – haben wir eine ziemlich unbekümmerte Haltung gegenüber der Undurchdringlichkeit des privaten Schlüssels (Private Key) des Bitcoin eingenommen. Die Keys sind so lang (256-Bit-Zahlen, die sich aus Buchstaben und Ziffern zusammensetzen), dass es 10^{77} mögliche Variationen gibt. Kein Computer kann es schaffen, den Code zu knacken, und deshalb haben es Hacker auf die dumme vierstellige PIN abgesehen, die Sie am Geldautomaten verwenden.

Nach Angaben von stackexchange.com bräuchte der schnellste Supercomputer der Welt 0,65 Trillion Jahre*, um eine einzige Bitcoin-Adresse zu knacken. Es gibt also keinen Grund zur Beunruhigung.

Bis die Quanteninformatik den Markt erreicht. Es handelt sich um den nächsten großen Fortschritt in der Informatik und es wird all-

* Nein, das ist kein Tippfehler. Ich habe wirklich 650.000.000.000.000.000 Jahre gemeint. Ich wollte nur nicht all diese Nullen eintippen müssen. Und jetzt habe ich es doch gemacht – Ihretwegen.

gemein erwartet, dass sie bis 2030 kommerziell genutzt werden kann. Wie groß ist der Fortschritt? Nehmen wir an, Sie möchten ein bestimmtes Datenelement aus einer Datenbank mit einer Billion Einträgen finden. Die heutigen Supercomputer würden 10.000 Jahre brauchen, um die gesuchten Daten zu finden. Ein Quantencomputer könnte sie in 200 Sekunden finden. Viele Cybersicherheitsexperten befürchten, dass die Private Keys des Bitcoin leicht gehackt werden können.

Sollten Sie sich Sorgen machen? Das bleibt Ihnen überlassen, aber ich bin aus zwei Gründen nicht beunruhigt. Erstens: Wenn diese neuen Maschinen in der Lage sind, die Bitcoin-Blockchain zu hacken, wären Blockchains unsere geringste Sorge. Ich würde stattdessen um die Sicherheit des Stromnetzes, der Wasserversorgung, der Luftverkehrskontrolle und des Atomwaffenarsenals unseres Landes fürchten.

„Diese Bitcoin-Dinger werden durch Technologie und das Internet abgesichert! Was kann da schon schiefgehen?"

Zweitens: Wenn Hacker es schaffen, mithilfe von Quantencomputern Private Keys (und unsere Atomwaffen) zu knacken, glauben Sie dann nicht, dass die Bitcoin-Entwickler (und das Verteidigungsministerium) Quantencomputer nutzen werden, um neue Cybersicherheitssysteme zu entwickeln, die vor solchen Hacks schützen? Wenn die bösen Jungs eine drei Meter lange Leiter bauen, dann bauen wir eben eine vier Meter hohe Mauer.

Wenn ich mich irre und die Quanteninformatik tatsächlich alle digitalen Sicherheitssysteme zerstört, dann ist das Spiel vorbei. In diesem Szenario wäre nichts mehr sicher – alles würde gehackt, auch Ihre Bank- und Depotkonten, Ihr Rentenfonds, Ihre Sozialversicherung, Ihre Versicherungspolice, Ihre Rente, Ihre Kreditkarte und vieles mehr.

Deshalb bin ich nicht beunruhigt. Man könnte sich genauso gut Sorgen über Asteroiden machen, die den Planeten treffen. Wenn es passieren soll, wird es passieren. Und wenn es passiert, kann man sich nirgendwo verstecken.

Verzichten Sie nicht aus Angst vor so etwas auf digitale Assets. Selbst wenn Sie nicht gehackt werden, werden alle anderen gehackt – und Sie befinden sich in der gleichen misslichen Lage, als wären Sie selbst gehackt worden. Suchen Sie sich also etwas anderes, worüber Sie sich Sorgen machen können, und nehmen Sie dieses Problem nicht als Grund, nicht zu investieren.

Betrügerische Verwahrer

Wann haben Sie das letzte Mal über Luft nachgedacht? Es ist wahrscheinlich schon eine Weile her, denn sie ist allgegenwärtig und in großer Menge vorhanden. Sie machen sich darüber keine Gedanken, weil es nicht nötig ist. Und doch ist sie lebenswichtig für Sie.

Genau die gleiche Rolle spielt die Verwahrung in ihrem finanziellen Leben – sie ist ein äußerst wichtiger, integraler Bestandteil Ihrer persönlichen Finanzen. So integral, so automatisch, so sicher, dass Sie wahrscheinlich nicht einmal merken, dass Sie völlig davon abhängig sind.

Aber das war nicht immer so. Die heutige Verwahrungskultur ist das Ergebnis der Lösung von Problemen, mit denen wir seit Jahrhunderten konfrontiert sind – und die erst in den letzten 90 Jahren ernsthaft angegangen wurden.

Was ist Verwahrung? Es ist der juristische Begriff dafür, wenn jemand für etwas verantwortlich ist, das jemand anderem gehört. (Ähnlich wie *das Sorgerecht,* das jemand anders für Ihre minderjährigen Kinder bekommt, wenn Sie sterben.)

Nachdem wir die Zeit des Tauschhandels hinter uns gelassen hatten, begannen die Menschen, beim Verkauf von Produkten und Dienstleistungen Geld zu vereinnahmen. Als die Menschen darin erfolgreich wurden, begannen sie, eine Menge Geld anzuhäufen – und das stellte ein Problem dar. Wie bewahrte man es sicher auf?

Sie konnten es unter Ihrer Matratze verstecken oder im Garten vergraben – aber dort konnte es verloren gehen, gestohlen oder zerstört werden. Sie konnten einfach vergessen, wo Sie es hingelegt haben, und im Falle Ihres Todes hatten Ihre Erben keine Ahnung, wo Sie es versteckt haben könnten. Sie brachten es daher auf die Bank, wo es Zinsen trug und sicher war.

Zumindest so lange, bis Billy the Kid, Jesse James, Butch Cassidy und andere Banditen der 1870er- und 1880er-Jahre auftauchten. Während der Weltwirtschaftskrise kam es zu weiteren Überfällen auf Banken, die John Dillinger, Bonnie & Clyde, Baby Face Nelson, Machine Gun Kelly und anderen berüchtigten Banditen zum Opfer fielen. Jedes Mal, wenn Bankräuber den Banken Geld stahlen, stahlen sie *Ihr* Geld.

Das veranlasste viele Menschen, ihr Geld nicht mehr bei Banken anzulegen. Ohne Einlagen hatten die Banken wenig Geld zum Verleihen. Ohne die Möglichkeit, Kredite aufzunehmen, konnte der Handel nicht wachsen und die Wirtschaft geriet ins Stocken.

Schließlich wurde der Kongress tätig. Er erklärte Bankraub zu einem Bundesverbrechen und gab dem neuen Federal Bureau of Investigation, der zentralen US-Sicherheitsbehörde, die Befugnis, Räuber zu verfolgen und festzunehmen, unabhängig davon, in welchem Bundesstaat sie sich aufhielten. Der Kongress schuf auch die Federal Deposit Insurance Corporation, die Bankeinlagen versicherte, um den Endkunden die Gewissheit zu geben, dass ihr Geld sicher war, auch wenn die Bank selbst es nicht war.

Jetzt regulieren das Office of the Comptroller of the Currency, die Federal Reserve, die FDIC, die CFPB, die SEC, die FTC und andere Bundes- und Landesbehörden die Banken in den Vereinigten Staaten und führen Prüfungen durch, um sicherzustellen, dass diese das eingezahlte Geld ordnungsgemäß verbuchen und sichern. Die Banken selbst wenden sorgfältige Geschäftspraktiken an, einschließlich umfangreicher Sicherheitssysteme (zum Beispiel massive Tresorräume) und interner Prüfungen, um Betrug durch Mitarbeiter zu verhindern und aufzudecken.

Das Gleiche gilt für die Wertpapierbranche. Die SEC, FINRA, NYSE, CFTC, DOL, PBGC und andere Aufsichtsbehörden arbeiten hart daran, sicherzustellen, dass Ihr Bargeld und Ihre Wertpapiere, die bei Brokerfirmen, Börsen und Verwahrern hinterlegt sind, geschützt sind. Und die SIPC versichert Ihr Wertpapierkonto, ähnlich wie die FDIC Bankkonten versichert.

Heutzutage leistet die gesamte Finanzdienstleistungsbranche so gute Arbeit bei der Verwahrung, dass man sich darüber gar keine Gedanken mehr macht. Sie denken nicht einmal an das Risiko, dass Ihre Verwahrstelle (das Unternehmen, das Ihr Konto für Sie führt) Pleite macht oder Ihr Vermögen stiehlt. Das liegt daran, dass das Risiko tatsächlich gering ist. Anstatt sich also Sorgen zu machen, dass Sie Ihr Geld durch einen Zusammenbruch der Verwahrstelle oder deren Fehlverhalten verlieren könnten, müssen Sie sich lediglich Sorgen machen, dass sich Ihre Anlagen aufgrund von Marktrückgängen dezimieren könnten. (Die SIPC versichert Sie beispielsweise gegen den Ausfall eines Unternehmens, nicht gegen Verluste aufgrund von Marktzusammenbrüchen.)

In Kapitel 16 erfahren Sie, wie Sie einen Treuhänder auswählen. Seien Sie sich bewusst, dass beim Umgang mit digitalen Assets die Wahl des Verwahrers genauso wichtig ist wie Ihre Investitionen.

Verlorene Passwörter, gefährdete Wallets und gekaperte SIM-Karten

Sie wissen, wie wichtig Cybersicherheit und der Schutz Ihrer persönlichen Daten sind. Vorsicht ist besonders wichtig, wenn es um digitale Assets geht, denn alles, was Sie mit ihnen tun, geschieht per Definition online – und daher sind Sie ständig dem Risiko des Diebstahls durch Cyberkriminelle ausgesetzt. Schützen Sie Ihre Benutzernamen, Kennwörter und PINs. Sie dürfen sie nicht weitergegeben, vergessen oder verlieren. Seien Sie auf der Hut vor Dieben, die sich mithilfe von Technologie unerlaubt Zugang zu Ihren Wallets verschaffen.

Achten Sie vor allem darauf, dass Ihre SIM-Karte nicht gekapert wird. Ihre SIM-Karte ist ein herausnehmbarer Speicherchip in Ihrem Smartphone. Er speichert Informationen über Sie und verbindet Ihr Telefon mit dem Netz Ihres Anbieters, damit Sie telefonieren und auf das Internet zugreifen können.

Diebe müssen Ihr Telefon nicht physisch stehlen, um an Ihre SIM-Karte zu gelangen. Stattdessen benötigen sie nur die PIN Ihres Telefons. Wenn die Betrüger Ihre PIN haben, rufen sie Ihren Mobilfunkanbieter an, geben sich als Sie aus und überzeugen ihn, die mit Ihrer Telefonnummer verknüpfte SIM-Karte gegen eine neue SIM-Karte und ein neues Telefon auszutauschen. Auf diese Weise kann der Betrüger Ihre Telefonnummer übernehmen und erhält so Zugriff auf alle Ihre Onlinekonten, einschließlich der Codes für die Zwei-Faktor-Authentifizierung, die Sie per Textnachricht erhalten. Dadurch sind alle Ihre Finanzkonten gefährdet, einschließlich Bank- und Depotkonten und natürlich auch Ihre Konten und Wallets für digitale Assets.

Bevor Sie es merken – vielleicht sind Sie gerade in einer Besprechung oder schlafen –, greifen die Gauner auf Ihre E-Mail-, Social-Media- und Finanzkonten zu, ändern Ihre Kennwörter und geben sich online als Sie aus.

Ist Ihre PIN also sicher? Nun, im August 2021 wurde T-Mobile gehackt und die Sozialversicherungsnummern, Führerscheine und PINs von 50 Millionen Kunden wurden gestohlen.

Fat-Finger-Fehler

Haben Sie beim Tippen schon einmal die falsche Taste erwischt? Natürlich haben Sie das. Wir alle tun das von Zeit zu Zeit.* Normalerweise ist das keine große Sache. In der Finanzbranche kann dies jedoch schwerwiegende Folgen haben. Als Samsung im Rahmen eines Gewinnbeteiligungsplans 2,8 Milliarden Dollar an die Mitarbeiter ausschütten sollte, ordnete ein Mitarbeiter versehentlich die Ausschüttung von 2,8 Milliarden *Aktien* an – mehr als der gesamte Wert des Unternehmens. Mehr als 100 Milliarden Dollar wurden versandt, was zu einem erheblichen Kursrückgang der Aktie führte.

Glücklicherweise operieren die Leute an der Wall Street nur mit Geld und nicht am menschlichen Herzen, wie es Herzchirurgen tun. In den meisten Fällen lassen sich die Verluste also wieder wettmachen. Wenn Sie 100 Aktien kaufen, obwohl Sie eigentlich verkaufen wollten, können Sie zumeist Ihren Broker bitten, den Trade zu stornieren. Wenn der das nicht kann (oder will), können Sie einfach einen entgegengesetzten Trade platzieren, um die Transaktion rückgängig zu machen. Es kann sein, dass Sie einige Provisionen zahlen müssen und aufgrund von Kursschwankungen, die auftreten, während Sie alles in Ordnung bringen, einen kleinen Verlust erleiden, aber Sie werden wahrscheinlich den Großteil Ihres Geldes zurückbekommen.** Es gibt auch eine Versicherung, die Schäden ersetzt. Schließlich sind staatliche Stellen wie FDIC, SIPC und PBGC dazu da, Sparer, Anleger und Rentner zu schützen.

Aber all das hilft nicht, wenn man sich bei einem öffentlichen Schlüssel (Public Key) vertippt (weil das mit dicken Fingern auf der Tastatur

* In meinem Fall alle paar Sekunden. Ich bin ein unglaublich schneller Schreiber – mehr als 100 Wörter pro Minute (plus/minus ein Prozent) – aber wenn man meine Tippfehler rausrechnet, fällt meine Geschwindigkeit auf unter 40, also unter den Durchschnitt. Ich habe vier Minuten gebraucht, um diese Fußnote fertigzustellen.

** Wenn Sie Glück haben, bewegt sich der Markt zu Ihren Gunsten und Sie profitieren von dem Fehler. So geschehen in Frankreich, wo 2018 ein Händler, der glaubte, auf einer Testplattform zu üben, echte Geschäfte abschloss und 11,6 Millionen Dollar verdiente.

häufig(er) passiert, heißt das auch Fat-Finger-Fehler). Angenommen, Sie besitzen sowohl Bitcoin als auch Ether und möchten die Coins von einer Börse zu einer anderen transferieren. Sie müssen Ihre Bitcoin von einer Bitcoin-Wallet in eine andere verschieben. Wenn Sie Ihre Bitcoin versehentlich an Ihre Ether-Wallet senden, indem Sie entweder den Public Key falsch eingeben oder den Schlüssel in die falsche Wallet codieren, wird Ihr. Bitcoin. Verloren. Sein. Für immer. Auf Nimmerwiedersehen. Unwiderruflich. Unwiederbringlich. Unumkehrbar.

Wenn Sie Kryptowährungen handeln oder versenden, t … i … p … p … e … n S … i … e s … e … h … r l … a … n … g … s … a … m u … n … d v … o … r … s … i … c … h … t … i … g u … n … d ü … b … e … r … p … r … ü … f … e … n S … i … e d … r … e … i … m … a … l , o … b a … l … l … e … s , w … a … s … S … i … e g … e … t … i … p … p … t h … a … b … e … n , s … t … i … m … m … t , w … i … r … k … l … i … c … h a … l … l … e … s , b … e … v … o … r S … i … e d … i … e E … n … t … e … r … t … a … s … t … e d … r … ü … c … k … e … n.

Ganz banale alltägliche Betrügereien

Anlagebetrug findet viel zu häufig statt. Überall lauern Gauner, die Ihnen Ihr Geld abschwatzen wollen, indem sie Ihnen haarsträubende Renditen ohne Risiko versprechen. Kriminelle haben es auf Aktien-, Gold- und Immobilienanleger abgesehen – und auf Menschen, die sich für digitale Assets interessieren. Nach Angaben der US-Behörde Federal Trade Commission haben Verbraucher im Jahr 2021 164 Millionen Dollar durch Kryptobetrug verloren. Seien Sie also genauso vorsichtig, wenn Sie mit einer Investitionsidee in diesem Bereich konfrontiert werden, wie bei jeder anderen Investition.

Diese Risiken zeigen, dass man bei Investitionen in digitale Assets nicht übermütig sein darf. Ein großer Teil dieses Ökosystems operiert außerhalb des Zuständigkeitsbereichs der Regulierungsbehörden, was es den Betreibern ermöglicht, ziemlich dreist vorzugehen. Und wenn es zu einem Ausfall kommt, gibt es keine FDIC oder SIPC, die Sie entschädigen.

Manchmal ist Betrug so offensichtlich, dass man ihn nicht erkennt. Ich spreche von Dogecoin.

Im Jahr 2013 schufen zwei Softwareingenieure Dogecoin als Scherz. Sogar der Name war ein Gag: Es handelt sich um die falsche Schreibweise von *doggy (auf Deutsch: Hündchen)*, weshalb der Name vielfach falsch ausgesprochen wurde.

Dogecoin ist und war nie dazu gedacht, ein legitimes digitales Asset zu sein. Bitcoin hat die 500.000-fache Rechenleistung und ist knapp, während der Vorrat von Dogecoin unbegrenzt ist. (Bereits jetzt sind 113 Milliarden Dogecoins im Umlauf und jeden Tag werden 14 Millionen weitere geprägt.) Die Verknappung lässt den Preis des Bitcoin steigen, während die große Menge an Dogecoin dessen Kurs nur umso riskanter macht.

Trotz alledem ist der Dogecoin-Kurs seit seiner Einführung um mehr als 40.000 Prozent gestiegen. Im Jahr 2021 entfielen 62 Prozent des Kryptohandels auf der Plattform Robinhood auf Dogecoin.

Viele Amerikaner kommen durch Dogecoin das erste Mal mit digitalen Assets in Kontakt. Das Problem ist, dass Dogecoin einen Zuspruch genießt, der auf falschen Annahmen beruht. Es ist nicht hilfreich, wenn Elon Musk, der reichste Mann der Welt, Dogecoin in einer Art und Weise anpreist, die für mich wie ein Pump-and-Dump-Schema aussieht. Das, was er und viele andere da machen, ist besorgniserregend, da Dogecoin als kurzlebiger Scherz gedacht war. Es gibt keinen geschäftlichen Anwendungsfall, es kann sich daher nur um eine Modeerscheinung handeln.

Der Bitcoin wird von vielen als „digitales Gold" bezeichnet. Ich würde Dogecoin als „digitalen Pet Rock", ein Haustierspielzeug, das in den 1970er-Jahren populär war, bezeichnen – und genau wie diese Modeerscheinung wird auch Dogecoin wieder verschwinden. Und wenn das geschieht, wird das vielen Menschen wehtun. Der Skandal wird ein Schandfleck sein, der die ernsthaften Bemühungen ernsthafter Menschen beeinträchtigen könnte, die sich gemeinsam mit Regulierungsbehörden und Gesetzgebern um die Legitimierung der aufkommenden digitalen Anlageklasse bemühen.

Dogecoin ist gefährlich, und es beunruhigt mich sehr, dass er so viel Aufmerksamkeit erhält, wie flüchtig er auch sein mag.

Kaufen Sie keine Dogecoin. Sagen Sie Ihren Freunden und Verwandten, dass sie sie nicht kaufen sollen und, wenn sie schon welche gekauft haben, sie verkaufen sollen. Versichern Sie ihnen, dass Dogecoin wenig mit anderen Entwicklungen im Ökosystem der Blockchain und der digitalen Assets gemein hat.

Man hört oft, dass es im Kryptobereich wie im Wilden Westen zugehe. Es ist sogar noch schlimmer. Wie mir ein Krypto-Fernsehkommentator einmal sagte: „Das ist nicht der Wilde Westen. Das ist Lewis und Clark!“ Daher ist es von entscheidender Bedeutung, dass Sie sich zwar darauf konzentrieren, wie Sie eine Rendite für Ihr Geld erwirtschaften können, aber auch alles tun, was Sie tun können, um die Rendite Ihres Geldes zu sichern.

Es wäre absolut normal, wenn Sie sich vom Schreckgespenst des Scheiterns davon abhalten ließen, in digitale Assets zu investieren. Doch bevor Sie zu diesem Schluss kommen, lesen Sie das nächste Kapitel – denn dort wird aufgezeigt, dass das hohe Risiko digitaler Assets eigentlich der wichtigste Grund ist, warum Sie investieren sollten!

Klingt das verrückt? Lesen Sie weiter, mein Freund!

14

Die Risiken sind der Grund für Investitionen in digitale Assets

Warum in digitale Assets investieren, wenn es riskant ist? Weil dadurch Ihr Risiko geringer wird.

Bitte was?

Ja, ich weiß. Das scheint keinen Sinn zu ergeben. Lassen Sie mich es also erklären. Oder besser gesagt, lassen Sie Harry das erklären.

Moderne Portfoliotheorie

Anfang der 1950er-Jahre entdeckte Harry Markowitz als Student an der Universität von Chicago, dass die Anlage in zwei risikoreiche Assets sicherer ist als die Anlage in nur einen von ihnen. Seine Erkenntnis wurde lange Zeit ignoriert, aber andere erkannten schließlich, wie grundlegend wichtig sie war – und 1990 erhielt Harry den Nobelpreis für das, was heute als moderne Portfoliotheorie bekannt ist. Heute ist Harrys Arbeit die Grundlage für professionelles Portfoliomanagement weltweit.

Harry, den ich einmal treffen durfte, war der Erste, der erkannte, dass das Hinzufügen eines riskanten Assets zu einem Portfolio dazu führen kann, dass das Gesamtrisiko des Portfolios sinkt. Der Schlüssel dazu sei die *Korrelation*: Wenn Sie zwei Assets besitzen und diese gleichzeitig steigen und fallen – was bedeutet, dass sie *positiv korrelieren* –, sind Sie nicht besser dran, als wenn Sie nur einen der beiden besitzen. Steigt jedoch einer der beiden Werte, während der andere fällt und umgekehrt – das heißt, sie *korrelieren negativ* –, so verringert sich Ihr Gesamtverlustrisiko erheblich. Und wenn man einen dritten Asset hinzufügt, der risikoreicher ist als die beiden anderen, aber mit keinem der beiden korreliert, verringert man nicht nur die Gesamtverluste des Gesamtportfolios, sondern verbessert auch dessen Gesamtrendite (weil der neue dritte Asset mehr Geld einbringt als die beiden anderen).

So erhalten Sie höhere Erträge bei geringerem Risiko.

Erstaunlich. Tiefgründig. Und eines Nobelpreises würdig.

Um diese akademische Erkenntnis in die Praxis umzusetzen, müssen Sie lediglich ein Asset in Ihr Portfolio aufnehmen, das riskanter ist als Ihre anderen Assets. Und die riskanteste Anlage, die es derzeit gibt, ist der Bitcoin.

Und das, lieber Leser, ist die Anlagethese für diese neue Anlageklasse: *Wenn Sie Ihrem Portfolio digitale Assets hinzufügen, können Sie höhere Renditen erzielen und gleichzeitig Ihr Anlagerisiko senken.* In einer Umfrage der Plattform Fidelity Digital Assets unter Finanzberatern aus dem Jahr 2021 gaben 69 Prozent der Finanzberater an, dass der Hauptgrund für die Beliebtheit digitaler Anlagen ihre geringe Korrelation zu anderen Anlageklassen ist (siehe Abbildung 14.1).

Die Korrelation von Bitcoin zu anderen Anlageklassen ist sehr gering

1,0 = Korrelation	0,00 = Keine Korrelation
Rentenpapiere	,25
Dividendenpapiere	,12
Gold	,07
Rohstoffe	,00
Alternative Investmentstrategien	,00

Abbildung 14.1

Ihre Argumentation wird durch die vier Kennzahlen verdeutlicht, die Finanzfachleute üblicherweise zur Messung von Risiko und Ertrag verwenden. Schauen wir sie uns an.

Sharpe Ratio

Sie misst die Rendite pro Schwankungseinheit. Mithilfe dieses Tools können Sie herausfinden, ob Ihre Renditen auf kluge Entscheidungen zurückzuführen sind – oder darauf, dass Sie übermäßige Risiken eingegangen sind. (Das widerlegt die Theorie, dass „sich über Erfolg nicht streiten lässt".) Sie wollen eine hohe Sharpe Ratio, denn je höher der Wert, desto besser ist die risikobereinigte Performance Ihres Portfolios. *Portfolios mit Bitcoin haben höhere Sharpe Ratios als Portfolios ohne Bitcoin.*

Sortino Ratio

Dies ist eine Variante der Sharpe Ratio. Sie berücksichtigt, dass nicht jede Volatilität schädlich ist (schließlich beschwert sich niemand über *Aufwärtsschwankungen*!). Die Sortino Ratio misst also nur die abwärtsgerichtete Volatilität eines Portfolios. Auch hier gilt: je höher die Zahl, desto besser. *Portfolios mit Bitcoin haben höhere Sortino Ratios als Portfolios ohne Bitcoin.*

Standardabweichung

Das ideale Portfolio würde immer die gleichen Renditen erwirtschaften; sie würden niemals *abweichen*. Das trifft nur auf Banksparbücher zu – aber deren Rendite ist sehr niedrig. Aktien bieten höhere Renditen – aber ihre Renditen schwanken ständig, manchmal stark. Wenn es normal ist, dass die Renditen eines Assets abweichen, dann wird diese Abweichung zum Standard – daher die Bezeichnung *Standardabweichung*. Die Standardabweichung eines Bankkontos liegt bei null, die des S&P 500 bei etwa 15 Prozent, was bedeutet, dass seine Rendite in einem Jahr in der Regel um 15 Prozent höher oder niedriger ist als seine durchschnittliche Rendite. Je geringer also die Standardabweichung, desto besser. *Die Standardabweichung von Portfolios mit Bitcoin ist praktisch identisch mit einem Portfolio, das aus 60 Prozent Aktien und 40 Prozent Anleihen besteht.*

Maximaler Verlust

Diese Zahl spiegelt den maximalen Verlust (Maximum Drawdown) eines Portfolios wider. Sie ist ein Indikator für das Abwärtsrisiko in einem bestimmten Zeitraum. Es wird nur der größte Verlust gemessen, nicht aber die Häufigkeit der Verluste oder die Zeit, die benötigt wurde, um sich von jedem Verlust zu erholen. Sie beantwortet damit die Frage: „Wie viel Geld kann ich verlieren?" – eine der Hauptsorgen der meisten Anleger. Anlagen, die ähnliche Sharpe Ratios, Sortino Ratios und Standardabweichungen aufweisen, können sehr unterschiedliche maximale Verlustwerte haben. Je niedriger die Zahl ist, desto besser ist es natürlich. *Die Aufnahme des Bitcoin in ein 60/40-Portfolio hat kaum Auswirkungen auf diese Statistik.*

Es ist anzumerken, dass die oben diskutierten Korrelationsdaten die Kursentwicklung des Bitcoin seit seiner Einführung bis Mitte 2021 widerspiegeln. Aber als die Aktien- und Anleihemärkte Ende 2021/Anfang 2022 fielen, fiel auch der Bitcoin. Bedeutet dies, dass sich die Korrelationsgeschichte geändert hat? Es ist noch zu früh, um das zu sagen, aber Anleger sollten diese Situation genau beobachten.

Nachdem wir nun gesehen haben, wie die Aufnahme eines risikoreichen Assets wie dem Bitcoin in ein Portfolio dazu beiträgt, das Gesamtrisiko des Portfolios zu verringern, können wir die nächste Frage in Angriff nehmen: Wie viel Ihres Portfolios sollten Sie in digitale Assets investieren?

Und wie es der Zufall will, ist das der Titel des nächsten Kapitels!

15

Wie viel Ihres Portfolios in digitale Assets investiert werden sollte

Das vorige Kapitel hat gezeigt, dass es die Risiken Ihres Portfolios senken und gleichzeitig Ihre Rendite verbessern kann, wenn Sie es um den Bitcoin und andere digitale Assets ergänzen.

Es ist also an der Zeit, sich mit der nächsten Frage zu befassen: **Wie viel Geld sollten Sie in diese Anlageklasse investieren?**

Beantworten Sie diese Frage bitte nicht in Dollar. Denken Sie stattdessen in Prozentsätzen. Dies deshalb, weil sich der Wert des Dollar ständig ändert, der Prozentsatz jedoch nie: Unabhängig vom Wert Ihrer Konten haben Sie immer 100 Prozent davon.

Wenn Sie die obige fett gedruckte Frage stellen, haben Sie Ihr Geld in der Vergangenheit wahrscheinlich auf vier große Anlageklassen verteilt: Bargeld, Aktien, Anleihen und Immobilien. Jetzt gibt es eine fünfte: digitale Assets. Ja, die Frage ist jetzt etwas komplizierter.

Das ist so, als würde man eine Pizza in fünf Stücke schneiden.* Wie groß sollten die einzelnen Stücke sein?

Ihre Antwort beinhaltet auch gleich die bezüglich der *Vermögensaufteilung* Ihres Anlageportfolios. Erfahrene Finanzberater und

---

* Oh ja, das geht.

Anleger wissen, dass die Größe eines jeden Anteils relevant sein muss; andernfalls gibt es keinen Grund für die Existenz des Anteils.

Zur Veranschaulichung ein einfaches Beispiel mit nur zwei Anlageklassen: Bargeld mit einer Rendite von einem Prozent pro Jahr und Aktien mit einer Rendite von zehn Prozent pro Jahr.

Ein 100-prozentiges Bargeldportfolio würde 1,00 Prozent verdienen. Wenn wir eine 99/1 Cash/Aktien-Allokation erstellen, würde unsere Gesamtrendite 1,09 Prozent betragen. Der Unterschied ist so gering, dass es sinnlos wäre, überhaupt Geld in Aktien zu investieren; wir könnten genauso gut alles in Bargeld anlegen.

Eine 50/50-Aufteilung würde eine Rendite von 5,5 Prozent bringen – fünfmal mehr als Bargeld –, aber das bedeutet auch, dass Sie die Hälfte Ihres Geldes in den Aktienmarkt investieren müssen (was weitaus riskanter ist, als Ihr gesamtes Geld in Bargeld zu halten). Dies ist das klassische Risiko-Rendite-Verhältnis, mit dem alle Anleger konfrontiert sind.

Erfahrene Finanzberater und Anleger werden Ihnen sagen, dass Sie nur dann etwas in Aktien investieren sollten, wenn Sie bereit sind, *eine Menge* zu investieren. Deshalb empfehlen Berater routinemäßig Portfolios, die 60 bis 100 Prozent des Vermögens in Aktien anlegen.

Aber wenn Sie diese Denkweise auf digitale Assets anwenden, werden Sie einen von zwei großen Fehlern machen. Natürlich können Sie einen großen Teil Ihres Portfolios digitalen Assets zuweisen, so wie Sie es mit Aktien, Anleihen und Immobilien tun. Aber digitale Assets sind noch im Entstehen begriffen und bleiben daher sehr riskant; sie können leicht zu einem Totalverlust führen. Wenn Sie also einen großen Teil Ihres Portfolios in digitale Assets investieren, könnte dies Ihre persönlichen Finanzen irreparabel schädigen. Das wäre ein großer Fehler.

Um das zu vermeiden, müssten Sie sich auf einen kleinen Anteil beschränken. Allerdings wissen Sie, dass dies sinnlos ist, weil kleine Allokationen keinen wesentlichen Einfluss auf Ihre Gesamtrendite haben werden. Dies könnte Sie zu dem Schluss bringen, dass

Sie überhaupt nicht in digitale Assets investieren sollten. Auch das ist ein großer Fehler.

Viel zu investieren ist ein Fehler. Aber nichts zu investieren ist auch ein Fehler. Was ist die verbleibende Option?

Ein wenig investieren.

Wenn dies der vorherigen Erklärung zu widersprechen scheint, dass winzige Allokationen in eine bestimmte Anlageklasse sinnlos sind, sollten wir uns einen weiteren wichtigen Punkt ins Gedächtnis rufen, den wir gelernt haben: Digitale Assets sind anders als jede andere Anlageklasse, die jemals erfunden wurde. Daher würden Sie einen Fehler machen, wenn Sie die Standardprinzipien der Portfoliomodellierung auf diese Anlageklasse anwenden. Stattdessen ist ein anderer Ansatz gerechtfertigt. Ich will Ihnen zeigen, welcher das ist.

Ric Edelmans 1-Prozent-Anlagestrategie

Mit dieser Strategie habe ich 2015 Pionierarbeit geleistet. Nur ein Prozent Ihres Portfolios in digitale Anlagen zu investieren, mag zwar nicht Ihrer Intuition entsprechen, aber dieser Betrag reicht tatsächlich aus, um Ihr Portfolio sinnvoll zu beeinflussen, ohne dass Sie sich unannehmbaren Risiken aussetzen.

Damit Sie verstehen, warum dies so ist, möchte ich Ihnen drei Fragen stellen.

1. Welche durchschnittliche jährliche Rendite würden Sie von einem typisch diversifizierten Portfolio über viele Jahre hinweg erwarten?
2. Im Jahr 2017 stieg der Bitcoin um 1.500 Prozent. Im folgenden Jahr stürzte er ab und verlor 84 Prozent seines Wertes. Könnte so etwas wieder passieren?
3. Könnte der Bitcoin wertlos werden?

Ich stelle diese Fragen oft während meiner Webinare und Live-Veranstaltungen und die meisten Leute antworten, dass sie erwarten, dass ein diversifiziertes Portfolio um sieben Prozent pro Jahr wächst, ein weiteres „Wave and Crash" sicherlich auftreten könnte und der Bitcoin tatsächlich wertlos werden könnte. Ich stimme all diesen Antworten zu.

Wenden wir also diese Antworten auf drei Portfolios über einen Zeitraum von zwei Jahren an, wie in Abbildung 15.1 dargestellt. Das erste Portfolio ist eine traditionelle 60/40-Kombination aus Aktien und Anleihen. Die anderen beiden haben eine Allokation von 59/40/1 – was bedeutet, dass wir nur ein Prozent jedes Portfolios in den Bitcoin investieren. Von diesen beiden ist das erste das „Wave and Crash"-Portfolio: Der einprozentige Bitcoin-Anteil wird im ersten Jahr um 1.500 Prozent zulegen, aber im folgenden Jahr 84 Prozent verlieren. Im anderen Portfolio wird der Bitcoin einen „Wipeout" erleiden und sofort wertlos werden.

Abbildung 15.1 zeigt Ihnen die Ergebnisse. Nach dem ersten Jahr liegt das traditionelle Portfolio sieben Prozent im Plus. Die Rendite des „Wave and Crash"-Portfolios ist mit einem Plus von 22 Prozent dreimal so hoch. Und das Totalverlust-Portfolio? Der Gewinn für das Jahr liegt bei sechs Prozent – nicht viel anders als beim 60/40-Portfolio, in dem keine Bitcoin enthalten sind.

Ric Edelmans 1-Prozent-Strategie der Allokation digitaler Assets

		Gesamtrendite	
	Anlagemix	1. Jahr	2. Jahr
typisches Portfolio	60/40	+7 %	−14,5 %
digitale Assets *Wave and Crash*	59/40/1	+22 %	−15,4 %
digitale Assets *Total Loss*	59/40/1	+6 %	+13,4 %

Abbildung 15.1

Der potenzielle Schaden eines 59/40/1-Portfolios ist natürlich gering. Aber das Potenzial für überdurchschnittliche Gewinne ist enorm. Dies ist ein starkes Argument für eine kleine Allokation in digitale Assets.

Doch halt! Wir sind noch nicht fertig, denn das „Wave and Crash"-Portfolio ist noch nicht abgestürzt. Schauen wir uns also die Ergebnisse nach dem zweiten Jahr an.

Nach dem zweiten Jahr beträgt die zweijährige Gesamtrendite des 60/40-Portfolios 14,5 Prozent (dank des Zinseszinseffekts sind es mehr als 14 Prozent). Aber der Bitcoin im „Wave and Crash"-Portfolio ist um 84 Prozent gefallen, sodass das gesamte Portfolio in zwei Jahren einen Gewinn von … 15,4 Prozent erzielt hat. Die Gesamtrendite des Total-Loss-Portfolios beträgt dagegen 13,4 Prozent.

Diese Illustration macht deutlich, dass eine Allokation von nur einem Prozent die Rendite erheblich verbessern kann, ohne Ihre zukünftige finanzielle Sicherheit zu gefährden. Dies ist jedoch nur ein Beispiel. Funktioniert meine 1-Prozent-Anlagestrategie in der Realität?

Schauen wir uns die von Bitwise Asset Management zusammengestellten Daten an. In deren bahnbrechender Studie „The Case for Crypto in an Institutional Portfolio" (auf Deutsch etwa: „Plädoyer für Kryptowährungen in einem institutionellen Portfolio") zeigt Bitwise, dass im Zeitraum vom 1. Januar 2014 bis zum 30. Juni 2021 ein 60/40-Aktien-/Anleihenportfolio mit einer einprozentigen Bitcoin-Allokation durchschnittlich 14 Prozent mehr pro Jahr (8,9 Prozent gegenüber 7,8 Prozent) verdient hätte als ein vergleichbares Portfolio ohne den Bitcoin. Und wie Abbildung 15.2 zeigt, verbesserte eine einprozentige Bitcoin-Allokation die Sharpe Ratio, ohne die Standardabweichung zu beeinträchtigen, und der maximale Verlust blieb praktisch unverändert.

In diesem Zeitraum hätte eine Allokation von einem Prozent in 77 Prozent der 1-Jahres-Zeiträume, 97 Prozent der 2-Jahres-Zeiträume und 100 Prozent der 3-Jahres-Zeiträume zu höheren Renditen und geringeren Risiken geführt. Diese Daten sind überzeugend.

Nicht nur ich bin der Meinung, dass eine Portfolio-Allokation von einem Prozent für diese neue Anlageklasse ausreichend ist. In der Ausgabe des *Economist* vom 25. September 2021 hieß es: „Es ist klug, den Bitcoin im Anlageportfolio zu halten ... [Die] Allokation erscheint sinnvoll als Teil eines stark diversifizierten Portfolios ... Ein optimales Portfolio [liegt] bei einem bis fünf Prozent."

1. Jan 2014 – 30. Juni 2021				
	Jahresrendite	Sharpe Ratio	Standardabweichung	max. Verlust
60/40 Portfolio	7,8 %	+0,61	+10,2 %	−21,1 %
mit 1 % Bitcoin	8,9 %	+0,72	+10,2 %	−21,3 %

Abbildung 15.2

Auch Forscher der Universität Yale veröffentlichten 2018 eine Arbeit, die zu demselben Ergebnis kam. Selbst wenn Sie glauben, dass der Bitcoin andere Anlageklassen um 200 Prozent pro Jahr übertreffen wird, sollten Sie nur 6,1 Prozent Ihres Portfolios in ihn investieren, wie Abbildung 15.3 zeigt.

Vielleicht bin ich zu vorsichtig, wenn ich eine Krypto-Allokation von nur einem Prozent befürworte. In der Studie von Bitwise wird zum Beispiel eine Bitcoin-Allokation von 2,5 Prozent genannt. Aber Sie könnten auch zweifeln, ob Sie *überhaupt* eine Allokation tätigen sollten. Schließlich ist der Bitcoin-Kurs seit seiner Einführung in die Höhe geschnellt. In den siebeneinhalb Jahren, die in Abbildung 15.2 dargestellt sind, hat der Bitcoin beispielsweise mehr als 10.000 Prozent zugelegt. Aber der Bitcoin erlebte in dieser Zeit vier Abstürze von 50 Prozent oder mehr. Wie wäre es Ihnen ergangen, wenn Sie zu einem anderen Zeitpunkt investiert hätten?

Die Bitwise-Studie beantwortet diese Frage, indem sie nicht nur den Zeitraum ab 2014 untersucht, sondern jedes rollierende 3-Jahres-Intervall seither.

Wie Bitwise feststellt, gibt es in diesem Zeitraum von siebeneinhalb Jahren 1.642 3-Jahres-Intervalle, jedes mit einem anderen Startdatum – und der Bitcoin hat zu jedem von ihnen positiv beigetragen.

YALE-STUDIE
2018

Wenn Sie glauben, dass der Markt outperformt um:	Dann sollten Sie so viel Ihres Portfolios investieren:
30 % pro Jahr	1,0 %
50 % pro Jahr	1,6 %
100 % pro Jahr	3,1 %
200 % pro Jahr	6,1 %
halb so viel wie früher	3,1 %

Abbildung 15.3

Das schlechteste Intervall trug fast zwei Prozentpunkte zur Rendite des Portfolios bei, während das beste Intervall 22 Prozentpunkte beitrug. Im Mittel lag die Verbesserung bei 13,3 Prozentpunkten. Abbildung 15.4 zeigt Ihnen die Ergebnisse.

Die richtige Aufteilung für Sie

Als Jean und ich neu in der Kryptowelt waren, folgten wir meiner 1-Prozent-Strategie. Je mehr Wissen und Erfahrung wir sammelten, desto höher wurde unsere Allokation.

Lassen Sie sich von Ihrem Wissensstand (und Ihrer Risikobereitschaft) leiten. Und ärgern Sie sich nicht zu sehr über diese Entscheidung. Denken Sie darüber nach, ob Sie ein Prozent, 2,5 Prozent oder vielleicht sogar 6,1 Prozent investieren sollten. Sie brauchen für diese Überlegung nicht 50 Prozent Ihrer Zeit oder Ihrer Intelligenz zu verwenden – und sie brauchen deshalb nicht nervös Ihre Nägel abzukauen.

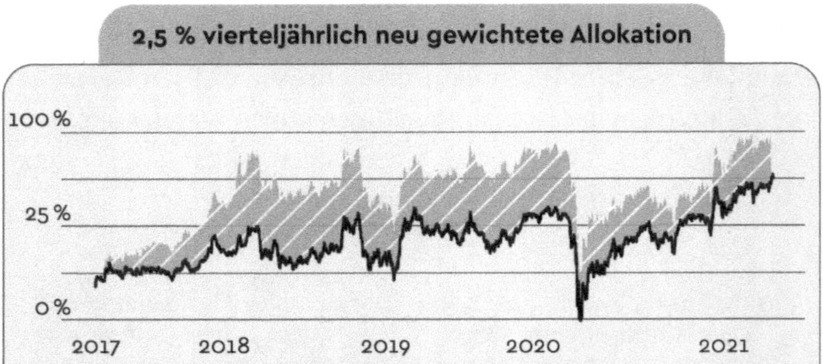

Die schwarze Linie zeigt die Rendite eines 60/40-Portfolios für jedes aufeinanderfolgende 3-Jahres-Intervall. Der gestreifte Bereich oben zeigt die erhöhte Rendite durch die Hinzufügung einer Bitcoin-Allokation von 2,5 %.

Abbildung 15.4

Abbildung 15.5 könnte Ihnen helfen, die für Sie richtige Aufteilung zu finden. Sie zeigt die Performance von rollierenden 3-Jahres-Intervallen (mit einer vierteljährlichen Neugewichtung – Rebalancing –, die wir in Kapitel 17 besprechen werden) von 2014 bis zum 30. Juni 2021 für Portfolios mit Bitcoin-Anteilen von null bis zehn Prozent. Sie sehen, je mehr Sie investieren, desto höher ist Ihre Rendite und desto besser ist die Sharpe Ratio – aber beachten Sie, dass auch die Standardabweichung und der maximale Verlust steigen.

Es gibt einen großen Unterschied zwischen „Prozent" und „Prozentpunkt". Nehmen wir an, ein 60/40-Portfolio erwirtschaftet zehn Prozent. Wenn wir sagen würden, dass das Hinzufügen des Bitcoin die Rendite um 22 Prozent erhöht, würde die Rendite 12,2 Prozent betragen. Wenn wir aber stattdessen sagen, dass das Hinzufügen des Bitcoin die Rendite um 22 Prozentpunkte erhöht, würde die Rendite 32 Prozent betragen.

Ja, es gibt einen großen Unterschied zwischen „Prozent" und „Prozentpunkt" – und deshalb sind die Ergebnisse der Bitwise-Studie von großer Bedeutung.

Rollierende 3-Jahres-Intervalle mit vierteljährlicher Neugewichtung
1. Januar 2014–30. Juni 2021

Portfolio-Allokation	Durch-schnittliche Rendite	Sharpe Ratio	Standard-abweichung	Max. Verlust
60/40	20,1 %	0,64	7,6 %	11,4 %
mit 1 % Bitcoin	25,5 %	0,84	7,7 %	11,3 %
mit 2 % Bitcoin	31,1 %	1,02	7,8 %	11,2 %
mit 3% Bitcoin	36,9 %	1,17	8,1 %	11,1 %
mit 4 % Bitcoin	42,8 %	1,29	8,5 %	11,3 %
mit 5 % Bitcoin	48,9 %	1,38	9,0 %	12,1 %
mit 6 % Bitcoin	55,2 %	1,45	9,5 %	13,1 %
mit 7 % Bitcoin	61,6 %	1,51	10,1 %	14,1 %
mit 8 % Bitcoin	68,3 %	1,56	10,7 %	15,1 %
mit 9 % Bitcoin	75,1 %	1,60	11,4 %	16,1 %
mit 10% Bitcoin	82,1 %	1,63	12,1 %	17,1 %

Abbildung 15.5

Aus Abbildung 15.5 geht hervor, dass eine Allokation von drei Prozent optimal ist – aber bedenken Sie, dass sich die Grafik nur auf den S&P 500, den Barclays Aggregate Bond Index und den Bitcoin bezieht. Andere digitale Assets werden nicht berücksichtigt und Portfolios mit anderen Komponenten hätten eine andere Performance erzielt. Außerdem sind die Ergebnisse der Vergangenheit keine Garantie für zukünftige Ergebnisse.

All dies ist ein etwas langatmiger Weg, Ihnen zu sagen, dass Sie – idealerweise mithilfe Ihres Finanzberaters – die für Sie richtige Aufteilung festlegen müssen.

16

Auswahl der richtigen digitalen Assets für Ihr Portfolio

Ich bin stolz auf Sie! Wir haben bisher eine Menge Stoff behandelt und Sie haben große Fortschritte gemacht. Sie wissen jetzt, was die Blockchain-Technologie ist, wie sie funktioniert und welche Coins und Token es gibt – und wie all dies den globalen Handel in einem noch nie da gewesenen Ausmaß verändern wird.

Sie kennen nun auch die Grundlagen, wie sich der Wert (!) und der Preis von digitalen Assets beurteilen lässt – sowie die Risiken, die mit einer Investition in sie verbunden sind. Trotz dieser Risiken sind Sie immer noch daran interessiert, einen Teil Ihres Geldes in digitale Assets zu investieren. (Willkommen im Klub!)

Dieses Kapitel soll Ihnen zu entscheiden helfen, welche Anlagemöglichkeiten für Sie geeignet sind. Wie Sie sehen werden, sind die Angebote sehr unterschiedlich – nicht nur in Bezug auf Gebühren und Kosten, Risiken, Liquidität, Ertrags- und Wachstumspotenzial, Verfügbarkeit, Emittenten und andere Faktoren, sondern sogar in Bezug auf die Art und Weise, wie Sie Zugang zu ihnen erhalten.

Coins minen

Der einfachste Weg, um an Bitcoin zu kommen, ist das Mining. Das haben wir in Kapitel 5 besprochen.

Wenn die Bitcoin, die Sie mit dem Mining verdienen, mehr wert sind als das, was es Sie kostet, sie zu minen (denken Sie an die Kosten für den Kauf, den Betrieb und die Wartung all dieser Computer), dann werden Sie gern den ganzen Tag lang minen. Auch wenn der Bitcoin-Kurs fallen könnte, werden die Kosten für Ihre Mühen wahrscheinlich nicht geringer werden. Sie könnten also eine Menge Geld gewinnen oder verlieren. Es hängt alles von Ihren Kosten, der Anzahl der Bitcoin, die Sie erhalten, und deren Preis ab.

„Alexa, mine mir ein paar Bitcoin."

In Miner investieren

Mining ist ein aktives Geschäft, keine passive Investition – und das könnte Sie vom Minen abhalten. Dennoch könnte die Idee reizvoll für Sie sein. Anstatt selbst zu minen, könnten Sie also in ein Mining-

Unternehmen investieren. Riot Blockchain zum Beispiel ist der größte börsennotierte Bitcoin-Miner in den Vereinigten Staaten (Nasdaq-Ticker: RIOT). Das Unternehmen gibt an, dass es etwa 15.000 Dollar für das Mining eines einzigen Bitcoin ausgibt. Wenn der Bitcoin-Kurs höher ist, ist Riot profitabel – und je höher der Bitcoin-Kurs ist, desto mehr Gewinn macht Riot.

Am 31. Dezember 2021 besaß Riot mehr als 1.600 Bitcoin und minte fast sechs Bitcoin pro Tag. Riot und ähnliche Miner könnten die einzigen Unternehmen der Welt sein, die keine Produkte und keine Kunden haben. Das Produkt von Riot ist im Wesentlichen der Aktienkurs, der mit dem Preis des Bitcoin selbst steigt und fällt.

Öffentlich gehandelte Bitcoin-Mining-Unternehmen	
Argo Blockchain argoblockchain.com	Argo Blockchain (ARBKF) beschäftigt sich mit dem groß angelegten Krypto-Mining. Die Aktien sind an der Londoner Börse notiert und werden in den Vereinigten Staaten über den OTCQX Best Market gehandelt.
Bitfarms, Ltd. bitfarms.com	Bitfarms, Ltd. (Ticker: BFARF) ist ein Blockchain-Infrastrukturunternehmen, das einen der größten Mining-Betriebe für digitale Assets in Nordamerika betreibt. Der Hauptsitz des Unternehmens befindet sich in Toronto.
EcoChain ecochainmining.com	EcoChain, eine Tochtergesellschaft von Soluna Holdings Inc. (SLNH), ist ein Krypto-Mining-Unternehmen, das mit erneuerbarer Energie betrieben wird.
Hut 8 Mining Corp. hut8mining.com	Hut 8 (HUTMF) ist ein Krypto-Mining-Unternehmen, welches sich auf das Mining des Bitcoin konzentriert.

Fortsetzung nächste Seite

Marathon Digital Holdings, Inc. marathondh.com	Marathon Digital (MARA) mint Kryptowährungen mit Schwerpunkt auf dem Blockchain-Ökosystem und der Generierung von digitalen Assets in den Vereinigten Staaten. Das Unternehmen hat seinen Sitz in Las Vegas.
Riot Blockchain riotblockchain.com	Riot Blockchain (RIOT) ist der größte börsennotierte Bitcoin-Miner in den Vereinigten Staaten mit Mining-Betrieben in New York und Texas.

Eine aktuelle Liste mit Hyperlinks finden Sie in den
Gelben Seiten des DACFP
unter dacfp.com

Kauf von Coins und Token

Wenn Sie nicht minen oder in Miner investieren wollen, aber dennoch Coin oder Token besitzen möchten, müssen Sie diese kaufen. Dazu müssen Sie einen Marktplatz aufsuchen, auf dem Sie verkaufswillige Eigentümer finden. Es gibt zwei Arten von Marktplätzen: Börsen und Verwahrstellen.

Börsen für digitale Assets

Diese funktionieren genau wie eine Börse für Aktien. Sie eröffnen ein Konto und zahlen Geld darauf ein (jedes beliebige Fiatgeld ist geeignet – Dollar, Euro, Yen und so weiter). Dann geben Sie Ihre Bestellung(en) auf, um das/die gewünschten digitalen Asset(s) zu kaufen, und verwenden Ihre Währung, um Ihren Kauf zu bezahlen.

Die Börse wird versuchen, jeden Auftrag auszuführen, indem sie ihn mit passenden Aufträgen zusammenbringt. Wenn Sie eine *Market-Order* erteilen, erhalten Sie den Kurs des Coins in dem Moment, in dem Ihr Auftrag ausgeführt wird. Mit einer *Limit-Order* können Sie den schlechtesten Kurs festlegen, den Sie zu akzeptieren bereit sind, und Ihr Trade wird dann zu diesem Kurs (oder einem besseren) ausgeführt, wenn die Börse eine bereitwillige Gegenpartei findet. Ihre Limit-Order kann am Ende des Tages ablaufen oder sie kann GTC sein – also gültig *bis auf Widerruf (engl. Good Till Cancelled).*

Einige Börsen richten sich ausschließlich an institutionelle Anleger, aber die meisten bedienen auch Privatkunden. Die besten bieten ein hohes Maß an Sicherheit, um das Risiko zu verringern, dass sich Hacker Zugang zu Ihrer Hot Wallet verschaffen, und sie unternehmen große Anstrengungen, um auch Cold Wallets zu schützen. Cold Wallets werden auf einem tragbaren Laufwerk gespeichert, das vom Internet getrennt ist, und an einen unbekannten, abgelegenen Ort gebracht – in einigen Fällen tief in einem Berg –, ohne dass die Mitarbeiter der Börse diesen Ort kennen. Dieser externe Tresor wird dann streng bewacht. Darüber hinaus bieten die Börsen jedem Kunden eine Versicherung an, die im Falle eines Diebstahls oder eines Hackerangriffs die Kosten erstattet.

Die Börsen tun auch mehr, als nur den Handel zu erleichtern. Die Dienstleistungen umfassen:

- Daten und Recherche, die Ihnen bei der Analyse des Marktes helfen.
- Margen, Optionen und Futures, mit denen Sie mehr zu kaufen in der Lage sind, als Sie mit dem Geld auf Ihrem Konto tatsächlich kaufen können. Dies wird als *Hebelwirkung* bezeichnet, mit der Sie beispielsweise Bitcoin im Wert von 200 Dollar mit einer Investition von 100 Dollar kaufen können. Das bedeutet, dass Sie viel mehr Geld verdienen können, wenn der Bitcoin-Kurs steigt – und Sie können viel mehr verlieren, wenn der Kurs fällt. Auch dafür fallen Gebühren und Auslagen an.
- digitale Geldbörsen, die Ihnen helfen, Ihre digitalen Assets sicher zu speichern. Jede Börse bietet Hot Wallets an; viele bieten auch Cold Wallets an. (Weitere Informationen über Wallets finden Sie in Kapitel 5.)

- Sparkonten: Sie zahlen Ihr digitales Vermögen darauf ein und erhalten dafür Zinsen.
- Verzinsliche, vom US-Einlagensicherungsfonds FDIC versicherte Bankkonten für Ihre Bareinlagen.
- Kredite, die durch Ihr digitales Vermögen besichert sind
- Visa- oder Mastercard-Kreditkarten. Statt Meilen oder Cashback für Einkäufe zu erhalten, bekommen Sie Bitcoin.

Bei der Inanspruchnahme einer Börse fallen Kosten an. Dazu gehören:

- **Spreads.** Sie wissen, dass 100 Pennys einem Dollar entsprechen. Nehmen wir an, Sie gehen in eine Bank und geben dem Kassierer einen Dollarschein und der Kassierer gibt Ihnen 99 Pennys. Sie haben soeben die Kosten für einen Spread (auf Deutsch: Spanne) bezahlt. Dieser Penny ist die Gebühr der Bank, die Ihnen den Umtausch Ihres Dollar in Pennys ermöglicht. Und wenn Sie später Ihre Pennys in einen Dollar umtauschen wollen, müssen Sie erneut den Spread zahlen. In Wirklichkeit erhebt keine Bank einen Spread, wenn sie Geld für einen Kunden von Papier- in Münzgeld und zurück wechselt. Aber beim Kauf von Aktien und Anleihen zahlen Sie einen. Sie zahlen ihn, wenn Sie digitale Assets kaufen oder verkaufen oder sie gegeneinander eintauschen.
- **Taker-Gebühren und Maker-Rabatte.** Wenn Ihre Market-Order dem Markt Liquidität entzieht, können die Börsen Ihnen eine Taker-Gebühr berechnen. Limit-Order erhöhen häufig die Liquidität des Marktes, sodass Sie bei der Erteilung einer Limit-Order möglicherweise einen Maker-Rabatt erhalten.
- **Trading-Gebühren.** Sie zahlen diese Gebühr bei jeder Transaktion. Es handelt sich entweder um einen Pauschalbetrag oder um einen Prozentsatz des Trading-Werts. Je größer der Trade und je öfter Sie traden, desto weniger

zahlen Sie. Sie können diese Gebühr senken, indem Sie die Utility Token Ihrer Börse (falls verfügbar) in großen Mengen mit einem Mengenrabatt kaufen; Sie würden sie dann zur Bezahlung Ihrer Geschäfte verwenden.

- **Servicegebühren.** Es fallen ähnliche Kosten an wie bei Banken und Brokerfirmen, zum Beispiel Gebühren für die Kredit- und Debitkarten der Börse, für herkömmliche und telegrafische Überweisungen, für Ein- und Auszahlungen und vieles mehr.
- **Verwahrentgelte.** Wir werden im nächsten Abschnitt ausführlich auf die Verwahrung eingehen.

Auswahl einer Börse

Kaufen Sie ein und vergleichen Sie genau so, wie Sie es auch beim Kauf eines Geschirrspülers tun würden. Hier sind die Merkmale, auf die Sie achten sollten:

1. **Angebotene Coins.** Keine Börse bietet alle digitalen Werte an, also vergewissern Sie sich, dass Ihre Börse die gewünschten Werte anbietet.
2. **Liquidität.** In der Welt der digitalen Assets verändern sich die Kurse extrem schnell. Daher sollten Sie sicher sein können, dass Ihre Aufträge schnell ausgeführt werden, vor allem wenn die Volatilität hoch ist und die Handelsaktivitäten wahrscheinlich weit über dem üblichen Niveau liegen werden. Erkundigen Sie sich nach dem Handelsvolumen der Börse; je höher, desto besser.
3. **Zugang.** Steht die Börse in Ihrem Land oder Landesteil zur Verfügung? Können Sie schnell und einfach auf Ihr Konto und dessen Guthaben zugreifen? Wie sieht die Benutzeroberfläche aus? Wie einfach ist sie zu bedienen? Wie schnell bewegt sich das Geld zwischen der Börse und Ihrem Bankkonto?

4. **Kundenservice.** Viele Börsen haben überhaupt kein menschliches Serviceteam; sie verlassen sich ausschließlich auf Chatbots, die generische Antworten auf Fragen geben. Wenn ein Problem auftritt, wie einfach und schnell können Sie es lösen (lassen)?
5. **Sicherheit.** Bietet die Börse eine Cold Wallet an? Verwendet sie zum Schutz der Daten der Wallet eine erweiterte Verschlüsselung?
6. **Regulierung.** Börsen für Aktien unterliegen zwar den Bundesgesetzen und -verordnungen, nicht aber die Börsen für digitale Assets. Sie können wie Comicläden agieren und ihre Geschäfte so ziemlich nach Belieben führen. Einige Börsen haben sich jedoch dafür entschieden, die regulatorischen Anforderungen zu erfüllen, und haben die Genehmigung einer Bundes- oder Landesbehörde erhalten. (Changpeng Zhao, CEO von Binance, der größten Kryptobörse der Welt – größer als die Börsen in London, New York und Hongkong zusammen –, sagte im Oktober 2021: „Wir betreiben ein sehr regelkonformes Geschäft. Aber wenn man sich die weltweite Verbreitung von Kryptowährungen anschaut, wenden diese wahrscheinlich weniger als zwei Prozent der Bevölkerung an. Um die anderen 98 Prozent anzulocken, müssen wir reguliert werden.“) Nutzen Sie keine Börse, die nicht über ordnungsgemäße Verfahren und Kontrollen verfügt und diese einhält. So sollte die Börse beispielsweise nachweisen können, dass sie über geprüfte SOC-1- und SOC-2-Berichte verfügt. Ersterer bestätigt die Konzeption und Umsetzung der Kontrollen der Finanzoperationen und der Berichterstattung der Börse, während Letzterer die Konzeption und Umsetzung der Kontrollen für Sicherheit, Verfügbarkeit und Vertraulichkeit bestätigt.
7. **Versicherung.** Kann die Börse Sie entschädigen, wenn Ihr Vermögen durch einen Hack oder einen anderen Vorfall verloren geht? Wie steht es um die Zahlungsfähigkeit des

Versicherers? Was deckt die Police ab und wie hoch sind die Höchstbeträge pro Konto und für den Gesamtbetrag?

8. **Maßstab.** Sie sollten sicher sein können, dass Ihre Börse eine finanzstarke Organisation ist, die Ihnen auch in Zukunft effizient dienen kann, wenn sie wächst.

Börsen für digitale Assets	
Binance binance.com	Binance ist die größte Kryptobörse der Welt. Binance.US bietet eine schnelle, sichere und zuverlässige Plattform zum Kauf und Verkauf von Kryptowährungen in den Vereinigten Staaten.
Bitfinex bitfinex.com	Bitfinex ermöglicht den Austausch des Bitcoin, von Ethereum, EOS, Litecoin, Ripple, NEO und vielen anderen digitalen Assets mit minimalen Kursschwankungen.
BitFlyer bitflyer.com	BitFlyer ist die größte Bitcoin-Börse der Welt nach Volumen, mit einem Transaktionsvolumen von 250 Milliarden Dollar seit Jahresbeginn.
BittyLicious bittylicious.com	BittyLicious ist eine britische Kryptobörse mit vollständig eingerichtetem Onlinebanking. Die Zahlung muss direkt vom BittyLicious-Kontoinhaber kommen.
BitOasis bitoasis.net	BitOasis ist ein Pionier im Kryptowährungsökosystem der MENA-Region und zielt darauf ab, eine sichere und regulierte Infrastruktur für den Kryptowährungshandel für private und institutionelle Kunden anzubieten.
Bitpanda bitpanda.com	Bitpanda ist eine benutzerfreundliche Plattform für den Handel mit Aktien, Kryptowährungen und Metallen, die den Handel mit allem ermöglicht.
Bitstamp bitstamp.net	Bitstamp ist eine Kryptobörse mit Sitz in Luxemburg, die den Handel zwischen Fiatgeld, dem Bitcoin und anderen Kryptowährungen ermöglicht. Sie ermöglicht Ein- und Auszahlungen in USD, EUR, GBP, Bitcoin, ALGO, XRP, Ether, Litecoin, Bitcoin Cash, XLM, Link, OMG Network, USD Coin oder PAX.

Börsen für digitale Assets	
Changelly changelly.com	Changelly bietet Kunden eine zentrale Anlaufstelle für den Kauf, Verkauf, Tausch und Handel digitaler Assets.
Coinbase coinbase.com	Coinbase ist ein digitaler Wallet-Service, der es Händlern ermöglicht, den Bitcoin und andere digitale Assets zu kaufen und zu verkaufen. Das Unternehmen wird öffentlich gehandelt (Ticker: COIN).
CoinCorner coincorner.com	CoinCorner ist eine Austauschplattform für den Kauf des Bitcoin im Vereinigten Königreich und Europa mit einer Kredit- oder Debitkarte. Anleger können Bitcoin kaufen und verkaufen und digitale Assets speichern.
Coinfloor coinfloor.org	Coinfloor ist eine etablierte Gruppe von Börsen für digitale Assets für institutionelle und anspruchsvolle Investoren und Händler.
CoinJar coinjar.com	CoinJar ist eine australische Plattform, die den Kauf und Verkauf von Bitcoin ermöglicht und es Händlern erlaubt, Bitcoin-Zahlungen zu akzeptieren.
Coinmama coinmama.com	Coinmama ist eine Börse für digitale Assets, die es Privatpersonen und Unternehmen ermöglicht, den Bitcoin und andere Altcoins schnell zu kaufen und zu verkaufen, und zwar seit 2013 in 188 Ländern.
Coinspot coinspot.com	Coinspot hat eine benutzerfreundliche Oberfläche mit schnell zugänglichen Funktionen und Informationen, die Sie tatsächlich sehen wollen, entwickelt.
eToro etoro.com	eToro ist ein soziales Handels- und Investitionsnetzwerk, das den Nutzern den Handel mit Währungen, Rohstoffen, Indizes, Kryptoanlagen und Aktien ermöglicht.

Börsen für digitale Assets

Gemini gemini.com	Gemini ist eine lizenzierte Börse für digitale Assets und ein Verwahrer, der sowohl für Privatpersonen als auch für Institutionen entwickelt wurde. Die Kryptoprodukte sind einfach, elegant und sicher und ermöglichen es Ihnen, digitale Assets zu kaufen, zu verkaufen und zu speichern (siehe auch Seite 221).
HitBTC hitbtc.com	HitBTC ist eine Blockchain-Plattform für den Kauf und Verkauf von Bitcoin und anderen digitalen Assets.
Kraken kraken.com	Als eine der größten und ältesten Bitcoin-Börsen der Welt wird Kraken immer wieder als einer der besten Orte bezeichnet, um Kryptowährungen online zu kaufen und zu verkaufen. Sie steht seit 2011 an der Spitze der Blockchain-Revolution.
KuCoin kucoin.com	KuCoin ist eine globale Kryptobörse, die mehr als 400 digitale Assets anbietet und mehr als acht Millionen Nutzern Kryptodienste zur Verfügung stellt.
Luno luno.com	Luno ist eine Plattform, die digitale Assets wie den Bitcoin und Ethereum für die Öffentlichkeit leicht zugänglich macht.
Mercatox mercatox.com	Mercatox ist eine Börsenplattform für den Handel mit Kryptowährungen wie dem Bitcoin, Ethereum und Litecoin. Das Unternehmen bietet auch einen Ein- und Auszahlungsservice an.
OKEx okex.com	OKEx ist eine Börse für digitale Assets, die Händlern auf der ganzen Welt mithilfe der Blockchain-Technologie fortschrittliche Finanzdienstleistungen anbietet.
Paxful paxful.com	Paxful ist ein von Menschen betriebener Marktplatz für Geldtransfers mit jedermann, überall und zu jeder Zeit.
Plus500 plus500.com	Plus500 ist ein globales Finanzunternehmen, das Online-CFD-Handelsdienstleistungen anbietet.

Börsen für digitale Assets	
Poloniex poloniex.com	Poloniex ist eine Kryptobörse mit fortschrittlichen Handelsfunktionen.
Revolut revolut.com	Revolut ist ein Finanzdienstleistungsunternehmen, das sich auf Mobile Banking, Kartenzahlungen, Geldüberweisungen und Devisengeschäfte spezialisiert hat.
Robinhood robinhood.com	Robinhood ist ein Börsenmakler, der seinen Kunden den provisionsfreien Kauf und Verkauf von Aktien, Optionen, ETFs und Kryptowährungen ermöglicht.
ShapeShift shapeshift.com	ShapeShift ist eine Kryptoplattform, die es Kunden ermöglicht, ihre digitalen Assets zu kaufen, zu verkaufen, zu handeln, zu verfolgen, zu senden, zu empfangen und mit ihnen zu interagieren.

Eine aktuelle Liste mit Hyperlinks finden Sie in den
Gelben Seiten des DACFP
unter dacfp.com

Verwahrer

Nachdem Sie ein digitales Asset gekauft haben, müssen Sie entscheiden, wo es untergebracht werden soll. Das nennt man Verwahrung. Sie haben zwei Möglichkeiten: Sie können die Verwahrung selbst übernehmen, indem Sie Ihre digitalen Assets einfach in der Wallet Ihres Telefons oder auf einem Flash-Laufwerk speichern, oder Sie können einen anderen Beteiligten beauftragen, die Verwahrung Ihrer Assets für Sie zu übernehmen.

Jede natürliche oder juristische Person kann Verwahrungsdienstleistungen für digitale Assets anbieten. Stellen Sie also sicher, dass Sie (oder Ihr Finanzberater in Ihrem Namen) mit einem *qualifizierten Verwahrer* zusammenarbeiten. Dieser Begriff ist juristisch definiert. Die Verwahrungsregel soll die Anleger davor schützen, dass ihre Geldanlagen gestohlen oder veruntreut werden.

Qualifizierte Verwahrer können Banken, eingetragene Makler, Terminkommissionshändler und bestimmte ausländische Einrichtungen sein. Sie führen Ihr Vermögen entweder auf einem separaten Konto unter Ihrem Namen oder auf einem Sammelkonto unter dem Namen Ihres Finanzberaters, der als Vertreter oder Treuhänder für alle seine Kunden fungiert. Durch die Zusammenarbeit mit einem qualifizierten Verwahrer gewinnen Sie nochmals mehr Vertrauen, dass das Unternehmen *treuhänderisch* handelt (also Ihrem besten Interesse dient) und die Vorschriften einhält. Obwohl dies auch nicht qualifizierte Verwahrer tun können, kann man sich dessen nicht sicher sein.

Nur die SEC kann eine Organisation als „qualifizierten Verwahrer" anerkennen. Aber auch die US-Bundesstaaten versuchen, dies zu tun; der erste war Wyoming, der im Jahr 2020 erklärte, dass Two Ocean Trust (ein lustiger Name für eine Firma in Wyoming) als qualifizierter Verwahrer fungieren kann. Die SEC gab umgehend eine Erklärung ab, in der es hieß, dass die Entscheidung von Wyoming „nicht so ausgelegt werden sollte, dass sie die Ansichten der SEC oder einer anderen Regulierungsbehörde wiedergibt". Da haben wir's.

Nur weil eine Einrichtung ein qualifizierter Verwahrer ist, heißt das nicht, dass sie auch digitale Assets verwaltet. Sie brauchen also einen qualifizierten Verwalter, der das tut.

IRA-Verwahrer

Sie können digitale Assets kaufen und verkaufen oder sie sogar mit Ihrem IRA (US-Altersvorsorgekonto) minen. Bundesgesetze und -verordnungen verlangen lediglich, dass Sie für Ihre individuellen Altersvorsorgekonten einen Verwahrer beauftragen.

Verwahrer für digitale Assets	
Anchorage Digital anchorage.com	Anchorage Digital ist die erste auf Bundesebene zugelassene Bank für digitale Assets der Geschichte und ein qualifizierter Verwahrer. Anchorage verwendet ihre eigene Hardware, um digitale Assets sicher und effizient zu schützen. 90 Prozent der Transaktionen werden in weniger als 15 Minuten verarbeitet. Anchorage bietet außerdem eine individuelle Anpassung an die Bedürfnisse der Kunden und branchenführende Versicherungsprodukte zum Schutz digitaler Assets.
Bakkt bakkt.com	Das Bakkt Warehouse unterstützt die physische Lieferung von Bitcoin-Futures und steht auch für institutionelle Verwahrungsdienste für die Lagerung von Bitcoin außerhalb der Futures-Märkte zur Verfügung. Um die Kunden zu schützen, gleicht Bakkt zwischen Hot und Cold Wallets aus, die durch eine 125-Millionen-Dollar-Versicherung eines führenden globalen Anbieters abgedeckt sind.
BitGo bitgo.com	BitGo ist eine regulierte Treuhandgesellschaft, die der Abteilung für Bankwesen in South Dakota untersteht. Cold-Storage-Assets werden in getrennten Konten gehalten, sind versichert und durch BitGos von Experten geprüfte Multi-Signatur-Systeme gesichert.
Brown Brothers Harriman bbh.com	Brown Brothers Harriman bietet institutionellen Kunden die professionelle Verwahrung digitaler Assets an.
Copper copper.co	Copper bietet Verwahrung durch Online- und Offline-Technologie und ermöglicht den Zugang zu mehr als 150 digitalen Assets. Durch die Spezialisierung auf Mehrparteienberechnungen kann Copper Transaktionen aus der Ferne mitunterzeichnen, ohne dass das Risiko besteht, dass der private Schlüssel offengelegt wird.
Fidelity Digital Assets fidelitydigital assets.com	Fidelity Digital Assets ist einer der größten diversifizierten Finanzdienstleister der Welt. Der Verwahrungsdienst nutzt Cold Storage und zusätzliche mehrstufige Sicherheitsvorkehrungen. Das Unternehmen integriert eine erstklassige Handelsausführung in seine Verwahrungsplattform.

Verwahrer digitaler Assets	
Fireblocks fireblocks.com	Die Plattform von Fireblocks ermöglicht es jedem Unternehmen, digitale Assets einfach und sicher zu unterstützen.
Gemini gemini.com	Gemini ist ein Treuhänder und qualifizierter Verwahrer, der vom New York State Department of Financial Services für die Verwahrung digitaler Assets zugelassen ist (siehe auch Seite 217).
Hex Trust hextrust.com	Hex Safe von Hex Trust ist eine bankfähige Verwahrungslösung für digitale Assets, die in Zusammenarbeit mit IBM einen hochmodernen Sicherheitsrahmen sowie eine nahtlose Integration in Kernbankensysteme und einen umfassenden Versicherungsschutz bietet.
Paxos paxos.com	Paxos bietet Anlegern die besten Sicherheitsmaßnahmen, einschließlich der Unterzeichnung von Mehrparteienberechnungen für Hot und Cold Wallets und der Sicherung durch mehrere Signaturen für Cold Wallets.
Prime Trust primetrust.com	Prime Trust ist ein qualifizierter Verwahrer, der Verwahrung und Unterverwahrung für verschiedene Arten von Konten anbietet. Der Schwerpunkt liegt auf der Sicherung digitaler Assets durch die Verwendung spezieller APIs, die sich auf die Infrastruktur für sicheren Aufbau und Skalierung konzentrieren.
Tetra Trust Company tetratrust.com	Tetra ist Kanadas erste lizenzierte Verwahrstelle für digitale Assets. Die Plattform bietet institutionellen Anlegern eine unternehmensgerechte Verwahrung von digitalen Assets. Das Unternehmen wird von Coinsquare, Coinbase Ventures, Mogo und Führungskräften aus der Finanzdienstleistungsbranche unterstützt.

Eine aktuelle Liste mit Hyperlinks finden Sie in den
Gelben Seiten des DACFP
unter dacfp.com

Yield Farming

Sie erhalten keine Zinsen oder Dividenden, wenn Sie digitale Coins und Token kaufen. Die einzige Möglichkeit, Gewinne zu erzielen, besteht also darin, das Gekaufte zu einem höheren Preis zu verkaufen, als Sie beim Kauf bezahlt haben.

Zumindest war das so, als der Bitcoin erfunden wurde. Heute *können* Sie jedoch Zinsen auf Ihre Coins und Token erhalten. Wie? Indem Sie sie an andere verleihen. Das nennt man *Yield Farming* (auf Deutsch: Ertragswirtschaft) – die Praxis, seine Coins gegen Zinsen zu verleihen oder einzusetzen. Dutzende von Plattformen erleichtern diesen Prozess und zahlen jährliche Renditen von zwölf Prozent und mehr.

Die Plattformen werden oft als „Savings Wallets", also „Spar-Wallets", oder „Zinskonten" beworben. Sie bewerben sich selbst als sicher. Vielleicht sind sie das auch. Aber es gibt nur wenig regulatorische Aufsicht (und keinen FDIC-Schutz).

Bei einer großen Börse haben 100.000 Kontoinhaber zwei Milliarden Dollar in Bitcoin und anderen digitalen Assets verliehen und verdienen daran derzeit 7,5 Prozent. Die Darlehen, so heißt es auf der Website der Börse, gehen an „Dritte".

Lassen Sie uns das in die richtige Perspektive rücken. Wenn Sie eine Ramschanleihe kaufen – die von der SEC als „spekulative" Anlage definiert wird –, leihen Sie einem Unternehmen mit nicht gerade erstklassiger Finanzkraft Geld; es besteht ein erhebliches Risiko, dass das Unternehmen nicht in der Lage ist, die geschuldeten Zinsen zu zahlen oder Ihnen bei Fälligkeit Ihr Geld zurückzugeben. Da Sie aber wissen, wer hinter dem Unternehmen steht, können Sie das Risiko einschätzen, indem Sie die Gründe bewerten, weswegen es einen Kredit aufnehmen möchte. Sie können auch die Jahresabschlüsse des Unternehmens prüfen, um die Wahrscheinlichkeit einzuschätzen, ob es in der Lage sein wird, die Zinsen zu zahlen und das Kapital wie versprochen zurückzuzahlen. Das geht, weil Sie wissen, wem Sie das Geld leihen. Aber wenn Sie mit Kryptowährungen Erträge erwirtschaften, haben Sie keine Ahnung, wer sich Ihre Coins und Token ausleiht – oder warum.

Qualifizierte IRA-Verwahrer, die digitale Assets halten	
Alto altoira.com	Alto ist eine selbstverwaltete IRA-Plattform, die Einzelpersonen, Beratern und Institutionen den Zugang zu und die Investition in alternative Anlagen ermöglicht. Mit CryptoIRA können Sie durch die Integration mit CoinBase Pro mehr als 100 Kryptowährungen in Echtzeit kaufen, verkaufen und handeln. Mit AltoIRA können Sie über alternative Anlageklassen diversifizieren, einschließlich professionell verwalteter digitaler Anlagestrategien.
Bitcoin IRA bitcoinira.com	Bitcoin IRA ist eine Krypto-IRA-Plattform, die es Kunden ermöglicht, den Bitcoin und andere Kryptowährungen für Altersvorsorgekonten zu erwerben.
BitIRA bitira.com	BitIRA hat sich mit der Equity Trust Company und der Preferred Trust Company, zwei führenden Verwahrern von selbstverwalteten IRAs, zusammengeschlossen, um Konten zu verwalten und die Unterlagen für die Verwaltung eines Kontos vorzubereiten.
BitTrust IRA bittrustira.com	BitTrust IRA ist eine Plattform, um mit einer kostengünstigen Investition in den Handel mit Kryptowährungen einzusteigen.
BlockMint blockmint.com	BlockMint verwendet Cold-Storage-Wallets, um sicherzustellen, dass Ihre Investitionen nicht durch Hacking, Diebstahl oder elektronische Fehler gefährdet sind.
Choice choiceapp.io	Choice, die erste Plattform, die selbstverwaltete Altersvorsorgekonten mit Bitcoin und Ether ermöglicht, ist ein unabhängiger qualifizierter Verwahrer, der von der South Dakota Division of Banking reguliert wird. Choice arbeitet anhand strenger Richtlinien, Verfahren, Kontrollen und Offenlegungen, um die höchsten Verwahrungsstandards für Kunden zu erfüllen. Choice kooperiert mit Fidelity Digital Assets für Cold-Storage-Lösungen und hat eine Partnerschaft mit Kraken und CoinShares für den Handel mit digitalen Assets geschlossen.

Qualifizierte IRA-Verwahrer, die digitale Assets halten	
Coin IRA coinira.com	Coin IRA war eines der ersten Unternehmen in den Vereinigten Staaten, das Anlegern die Möglichkeit bot, digitale Assets in die Altersvorsorge aufzunehmen.
ITrustCapital itrustcapital.com	iTrustCapital ist eine IRA-Handelsplattform für digitale Assets, die es Kunden ermöglicht, Kryptowährungen direkt und in Echtzeit über Rentenkonten zu kaufen und zu handeln. iTrustCapital ist eine Partnerschaft mit Coinbase Custody eingegangen, um Verwahr- und Lagerungsdienste anzubieten.
Madison Trust madisontrust.com	Die Madison Trust Company ist eine Vermögensverwaltungsgesellschaft, die Dienstleistungen in den Bereichen Buchhaltung, Wirtschaftsprüfung, IRA-Repräsentanz sowie Finanz- und Risikomanagement anbietet.
MyDigitalMoney mydigitalmoney.com	MyDigitalMoney ist eine Krypto-Investmentplattform für den Eigenhandel mit beispielloser militärischer Sicherheit und einem in den USA ansässigen Kundenservice.

Eine aktuelle Liste mit Hyperlinks finden Sie in den
Gelben Seiten des DACFP
unter dacfp.com

Und warum? Das ist eine wichtige Frage. Wenn Sie 7,5 Prozent verdienen, zahlen die Kreditnehmer eindeutig so viel – und mehr, da sie für die Aufnahme des Kredits Gebühren entrichten müssen. Was werden sie mit Ihren Bitcoin tun, um einen Gewinn zu erzielen, der höher ist als ihre Kosten für das Darlehen?

Ich weiß es ehrlich gesagt nicht, weil ich nicht weiß, wer die Kreditnehmer sind. Vielleicht verkaufen sie Ihre Bitcoin in dem Glauben, dass der Preis um mehr als 7,5 Prozent fallen wird. Wenn dieser Fall eingetreten ist, kaufen sie sie zurück und geben Ihnen die Coins zurück, wobei sie den Gewinn für sich behalten. Vielleicht werden sie Kursunterschiede ausnutzen; verschiedene Börsen auf der ganzen Welt haben oft unterschiedliche Kurse für digitale Assets zur gleichen Zeit; indem man an einer Börse niedrig kauft und gleichzeitig an einer anderen hoch verkauft, kann man große Gewinne erzielen (eine Praxis, die als *Arbitrage* bekannt ist) – *wenn* diese Anomalien existieren und *wenn* man sie nutzen kann. Möglicherweise leihen sie sich Ihre Coins aus, zahlen Ihnen 7,5 Prozent und verleihen sie an jemand anderen, der ihnen acht Prozent oder mehr zahlt. Und es gibt noch ganz andere Schachzüge, die gespielt werden, da bin ich mir sicher.

Bevor Sie ins Yield Farming einsteigen, sollten Sie die Risiken bedenken. Und fragen Sie sich, warum Sie Ihre Bitcoin überhaupt gekauft haben. Wenn Sie glauben, dass der Kurs um 100 Prozent steigen wird, warum versuchen Sie dann, Zinsen zu verdienen? Sie gehen ein hohes Risiko ein, um diese 100 Prozent zu erreichen. Wie viel zusätzliches Risiko gehen Sie ein, um zusätzliche Rendite zu erzielen – und ist dieses zusätzliche Risiko die erhoffte Rendite wert?

Als ich einem Investor diese Fragen stellte, antwortete er mit Nachdruck: *„Ja!“* Seine Argumentation: Er erwartet, dass sich der Kurs des Bitcoin in zehn Jahren verdoppeln wird. Er rechnet damit, durch das Verleihen seiner Bitcoin 7,5 Prozent pro Jahr zu verdienen. Das wäre ein Gewinn von 106 Prozent über den Zeitraum von zehn Jahren (dank der Zinseszinsen). Wenn alles nach Plan läuft, wäre seine Investition von 100.000 Dollar in zehn Jahren 306.103 Dollar wert statt 200.000 Dollar, wenn er sich nicht an der Kreditvergabe beteiligen würde.

Sie können Ihre Rendite durch Yield Farming erheblich steigern. Das birgt jedoch ein Risiko. Entscheiden Sie selbst.

ERHALTEN SIE IHREN BONUSINHALT!

Exklusiv für die Leser von *Der Krypto-Guide*

Erfahren Sie mehr über das Generieren von Erträgen mit digitalen Assets. Diese Original-Bonusinhalte und mehr finden Sie kostenlos unter https://www.thetayf.com/TACbonuscontent

Plattformen für das Verleihen und Ausleihen von digitalen Assets	
Aave aave.com	Aave ist ein quelloffenes und nicht verwahrtes (non custodial) Protokoll, mit dem Sie Zinsen auf Einlagen erhalten und Guthaben ausleihen können.
BlockFi blockfi.com	BlockFi bietet Kreditdienstleistungen für Märkte mit eingeschränktem Zugang zu einfachen Finanzprodukten an und verbindet marktführende Zinssätze mit Leistungen von institutioneller Qualität. Die Gemini Trust Company ist der Hauptverwahrer.
Celsius Network celsius.network	Celsius Network ist eine Blockchain-basierte Plattform, die kuratierte Finanzdienstleistungen anbietet, die über traditionelle Finanzinstitute nicht erhältlich sind. Celsius ist auf Verbraucherkredite, Fintech und Finanzdienstleistungen spezialisiert. Der Hauptsitz des Unternehmens befindet sich in London.
Colendi colendi.com	Colendi hilft Endkunden, Händlern und Finanzinstituten mit seiner bankenunabhängigen Plattform für Kreditwürdigkeitsprüfung, Mikrokredite und Finanzdienstleistungen.
Compound compound.finance	Compound ist ein algorithmisches, autonomes Zinsprotokoll, das für Entwickler geschaffen wurde, um ein Universum von offenen Finanzanwendungen zu erschließen.
Everex everex.io	Everex entwickelt eine Blockchain-gestützte Kreditkarte für Endkunden und Zahlungsabwicklungslösungen für Onlinehändler.
Kava www.kava.io	Kava Labs hat sich zum Ziel gesetzt, Finanzdienstleistungen für jedermann und überall auf der Welt offen zugänglich zu machen. Es bietet Kreditvergabe, Minting (Gewinnung von Kryptowährungen im Proof-of-Stake-Verfahren) und Tauschgeschäfte an.
Nexo nexo.io	Nexo ist ein Krypto-Zinskonto und eine Kreditplattform. Das Unternehmen bezeichnet sich selbst als das weltweit größte und vertrauenswürdigste Kreditinstitut in der digitalen Finanzbranche.

Plattformen für das Verleihen und Ausleihen von digitalen Assets	
SALT Lending saltlending.com	SALT Lending bietet kryptogestützte Kredite an, die es Endkunden, Unternehmen, Banken und Regierungen ermöglichen, digitale Assets für einen Kredit in US-Dollar oder Stablecoin abzusichern.
Silvergate Bank silvergate.com	Die Silvergate Bank bietet einen sicheren institutionellen Zugang zu Kapital durch US-Dollar-Kredite, die durch den Bitcoin abgesichert sind.
Zerion zerion.io	Zerion ist ein DeFi-Vermögensverwaltungstool, mit dem Nutzer über ihre digitalen Geldbörsen Yield Farming betreiben und Zugang zu Liquiditätspools haben.

Eine aktuelle Liste mit Hyperlinks finden Sie in den
Gelben Seiten des DACFP
unter dacfp.com

Kauf von Aktien von Unternehmen, die Coins und Token besitzen

Große Unternehmen verfügen über Barreserven in Milliardenhöhe. Jedes von ihnen steht vor der Entscheidung, was es mit all dem Geld machen soll. Sie könnten andere Unternehmen aufkaufen, in Forschung und Entwicklung investieren, eigene Aktien zurückkaufen (was das Angebot verringert und damit theoretisch den Aktienkurs steigen lässt) oder das Geld als Dividende an die Aktionäre ausschütten. Die meisten Unternehmen entscheiden sich für eine Kombination aus all diesen Möglichkeiten.

Eine wachsende Zahl kauft jetzt auch den Bitcoin. MassMutual, die sechstgrößte Lebensversicherungsgesellschaft der USA, investierte 2021 100 Millionen Dollar in den Bitcoin. Tesla besitzt 42.000

Bitcoin. Der größte Käufer ist Microstrategy, ein 32 Jahre altes Unternehmen, das der größte börsennotierte Anbieter von Business-Intelligence-Software in den USA ist. Das Unternehmen besitzt mehr als 100.000 Bitcoin – eine Investition, die so groß ist, dass sich der Aktienkurs des Unternehmens inzwischen stärker am Bitcoin-Kurs orientiert als an der eigentlichen Geschäftstätigkeit des Unternehmens.

Börsennotierte Unternehmen, die digitale Assets besitzen

Unternehmen	Ticker
Microstrategy	MSTR
Tesla	TSLA

Öffentlich gehandelte Börsen für digitale Assets

Coinbase coinbase.com	Coinbase (NASDAQ: COIN) ist die größte und bekannteste Börse für digitale Assets in den Vereinigten Staaten. Zu den Nutzern gehören private, akkreditierte und institutionelle Anleger.
Voyager Digital investvoyager.com	Voyager Digital (OTC: VYGVF, TSX: VOYG) ist ein Broker von Krypto-Assets, der den Bitcoin, Top-DeFi-Coins, Stablecoins und eine Vielzahl von Altcoins unterstützt.

Eine aktuelle Liste mit Hyperlinks finden Sie in den
Gelben Seiten des DACFP
unter dacfp.com

Die „Picks & Shovels"-Route einschlagen

Sie kennen die Geschichte von Levi Strauss: Wie Tausende andere zog er während des kalifornischen Goldrausches Mitte des 19. Jahrhunderts nach San Francisco, um sein Glück zu versuchen. Und er wurde tatsächlich reich – aber nicht durch die Suche nach Gold. Stattdessen verkaufte er Kleidung an die Goldgräber. Strauss' Genialität wurde als *„Picks & Shovels"*-Strategie (auf Deutsch etwa: „Spitzhacken und Schaufeln"-Strategie) bekannt – anstatt sich direkt an einem Unternehmen zu beteiligen, stellen Sie den Abenteurern die Werkzeuge und die Infrastruktur zur Verfügung, die sie benötigen. Sie werden Geld verdienen, auch wenn die Abenteurer es nie tun.

Das geht auch im Bereich der digitalen Assets. Anstatt Coins und Token zu minen oder zu kaufen, investieren Sie in die Unternehmen, die die Infrastruktur aufbauen, die all diese Aktivitäten möglich macht. Ohne Computer können die Miner nicht minen – investieren Sie also in die Chiphersteller. Die Anleger müssen den Markt verfolgen, also investieren Sie in die Unternehmen, die die Daten sammeln und verkaufen. Die Käufer brauchen eine Plattform für ihre Aktivitäten, also investieren Sie in die Börsen und Verwahrer, die sie bedienen. Und viele Fortune-500-Unternehmen entwickeln oder setzen die Blockchain-Technologie ein, um ihr Geschäft auszubauen.

Ihre Investitionen können in folgender Form erfolgen:

- **Aktien:** Damit werden Sie zum Eigentümer eines Unternehmens; Sie kaufen, wenn Sie glauben, dass der Aktienkurs steigen wird.
- **Anleihen:** Damit werden Sie zum Kreditgeber für ein Unternehmen; Sie erhalten Zinsen für das Geld, das Sie verleihen.
- **Wandelanleihen:** Diese sind mit Zinsen ausgestattet – in der Regel mit geringeren Zinssätzen als Anleihen, aber Sie können Ihre Investition in Aktien umwandeln, was Sie tun sollten, wenn der Aktienkurs steigt.

- **SAFEs:** Diese *einfachen Vereinbarungen über künftiges Eigenkapital* (Simple Agreements for Future Equity) ähneln den SAFTs, die wir in Kapitel 9 behandelt haben.

Wetten via Derivate abschließen

Wie der Name schon sagt, handelt es sich bei einem *Derivat* nicht um ein Asset. Es basiert jedoch auf einem Asset – und stellt eine Möglichkeit dar, eine Wette darüber abzuschließen, wie viel Geld ein Asset gewinnen oder wie viel Geld es verlieren könnte. Bei Derivaten handelt es sich um Verträge, bei denen Sie und Ihre Gegenpartei entgegengesetzte Positionen einnehmen. Einer von Ihnen glaubt, dass der Preis eines Assets innerhalb eines bestimmten Zeitraums um einen bestimmten Betrag steigen wird, und der andere glaubt, dass dies nicht der Fall sein wird. Einer von Ihnen wird recht haben – und der Gewinner verdient Geld, während der Verlierer, nun ja, Geld verliert.

Es gibt viele Arten von Derivatverträgen. Die gebräuchlichsten sind Optionen, Futures, Termingeschäfte und Swaps. Es gibt sie schon seit Jahrhunderten und sie erfüllen einen wichtigen, legitimen Zweck im Handel.

Hier ist ein Beispiel: Ein Landwirt, der Mais anbaut, muss seine Ernte für zehn Dollar pro Scheffel verkaufen. Obwohl dies der aktuelle Preis ist, wird der Landwirt die Ernte erst in vier Monaten einfahren – bis dahin könnte der Preis fallen. Der Landwirt verkauft also einen Optionsvertrag an ein Unternehmen, das Frühstückscerealien herstellt, die Ernte für die Herstellung seines Produkts benötigt und weiß, dass es einen Gewinn erzielen kann, wenn es zehn Dollar pro Scheffel zahlt. Obwohl beide Parteien wissen, dass der künftige Preis höher oder niedriger sein kann, sind beide froh, den aktuellen Preis festzuschreiben. So helfen Derivate dem Handel, indem sie das Risiko von wetterbedingten Preisschwankungen und anderen Ereignissen verringern.

Im Laufe der Jahre wurden Banker und Investoren, die den Getreideunternehmen das nötige Geld für ihre Geschäfte mit den Landwirten zur Verfügung stellen, auf diese Aktivitäten aufmerksam. Die Finanziers hatten zwar kein besonderes Interesse an Mais (sie bauten keinen an und stellten keine Frühstücksflocken daraus her), aber sie erkannten, dass sie viel Geld verdienen könnten, wenn sie die künftigen Preise genau vorhersagen und diese Vorhersagen nutzen könnten, um selbst Derivatverträge zu kaufen oder zu verkaufen.

Denn wenn Sie einen Vertrag unterschreiben, um die Ernte des Landwirts für zehn Dollar pro Scheffel zu kaufen, und der Preis bei der Ernte zwölf Dollar pro Scheffel beträgt, zahlen Sie dem Landwirt trotzdem nur zehn Dollar. Dann verkaufen Sie sie für zwölf Dollar weiter. Das ist ein Zuwachs von 20 Prozent in nur wenigen Monaten! Schön!

Wie Sie sich vorstellen können, dauerte es nicht lange, bis die Spekulanten in das Geschehen eingriffen. Warum sollte General Mills der Einzige sein, der über die künftigen Erntepreise spekulieren darf? Jeder kann heute mit Optionen und Termingeschäften handeln und auf den zukünftigen Preis von so gut wie allem spekulieren – von Pflanzen aller Art bis hin zu Öl, Gold, Aktien und vielem mehr. Und: von digitalen Assets. Sowohl die Chicago Mercantile Exchange als auch Bakkt bieten vollständig regulierte End-to-End-Derivatverträge für digitale Assets an.

Diese komplexen Produkte sind doppelt riskant – weil das Asset an sich schon riskant ist –, und zwar aus vier Gründen:

1. **Hebelwirkung.** Um eine Wette in Höhe von 10.000 Dollar darauf abzuschließen, dass der Wert des Bitcoin in sechs Monaten höher sein wird, investiert man nicht 10.000 Dollar in einen Bitcoin-Futures-Vertrag. Stattdessen zahlen Sie nur 500 Dollar. Anders ausgedrückt: Mit 10.000 Dollar können Sie einen Vertrag kaufen oder verkaufen, der 200.000 Dollar an Bitcoin kontrolliert. Dadurch werden die Ergebnisse übertrieben – ein riesiges Gewinnpotenzial,

aber gleichzeitig das Risiko, große Geldbeträge zu verlieren, weit mehr als Sie investiert haben (oder sich vielleicht leisten können).

2. **Zeit.** Wenn Sie digitale Assets – oder jede andere Anlage – kaufen, können Sie sie für immer halten. Aber alle Derivate haben ein Verfallsdatum, das zwischen einem Tag und einem Jahr liegt. Das bedeutet, dass Sie nicht nur richtig einschätzen müssen, wie hoch der zukünftige Preis sein wird, sondern auch, *wann* dieser Preis erreicht wird. Andernfalls könnte Ihre Investition am Ende wertlos sein. Es ist schon schwierig genug, recht zu haben, aber noch viel schwieriger ist es, zur richtigen Zeit recht zu haben. Die Wahrscheinlichkeit, sich bei dem einen oder dem anderen (Preis oder Zeit) zu irren, ist hoch.
3. **Preisabweichung.** Wie bei außerbörslich gehandelten Wertpapieren (siehe weiter hinten in diesem Kapitel) werden Terminkontrakte häufig zu Preisen gehandelt, die sich von denen des Basiswerts unterscheiden. Das liegt daran, dass der Vertrag selbst ein Wertpapier ist – und das ist es, was Sie kaufen, nicht das Asset, auf dem der Vertrag basiert. Im Oktober 2021 lag der Kurs für Bitcoin-Futures an der US-Optionsbörse CME beispielsweise 15 Prozent über dem Kurs für den Bitcoin selbst, was auf eine höhere Nachfrage nach dem Futures-Kontrakt als nach dem Bitcoin zurückzuführen war. Und manchmal spielen die Preise der Verträge selbst im Verhältnis zueinander verrückt. Es gibt sogar Bezeichnungen für solche Geschehnisse (*Contango* und *Backwardation*), auf die wir hier nicht näher eingehen wollen.
4. **Gebühren und Steuern.** Unabhängig davon, ob Sie richtig- oder falschliegen, zahlen Sie Provisionen für den Kauf Ihres Vertrags und zusätzliche Provisionen für die Kündigung des Vertrags vor Ablauf. Und wenn es Ihnen gelingt, mit Ihren Geschäften Gewinne zu erzielen, werden Sie eine

> Menge Steuern zahlen müssen. Das liegt daran, dass all diese Geschäfte *kurzfristig* sind, das heißt laut Definition der Bundessteuerbehörde IRS innerhalb eines Jahres oder weniger. Das bedeutet, dass Ihre Gewinne nicht in den Genuss langfristiger Kapitalertragsteuern kommen. Stattdessen zahlen Sie Steuern zu Ihrem höchsten Grenzsteuersatz auf gewöhnliches Einkommen. Für viele Anleger bedeutet das einen kombinierten Steuersatz von 40 Prozent oder mehr.

Bei Derivaten ist also Vorsicht geboten.

Bitcoin-Futures-ETFs

Bitcoin-Futures-ETFs (ETF = Exchange-Traded Fund; börsengehandelter Indexfonds) halten den Bitcoin nicht direkt. Stattdessen halten sie Bitcoin-Terminkontrakte – die Derivate, die wir uns gerade angeschaut haben.

Wenn Sie einen Futures-Kontrakt kaufen, verpflichten Sie sich, eine bestimmte Menge eines Assets zu einem bestimmten Zeitpunkt und zu einem bestimmten Preis zu kaufen. Die Preise für Futures-Kontrakte bilden ihre Basiswerte nicht perfekt ab, aber sie kommen ihnen in der Regel recht nahe.

Wir haben uns mit den Fallstricken von Derivaten befasst, daher hier die Vorzüge eines Bitcoin-Futures-ETFs:

1. Als börsengehandelte Fonds unterliegen diese Produkte in den USA dem Securities Act von 1940 – dem strengsten Gesetz der Investmentwelt. Sie sind strenger und bieten einen besseren Verbraucherschutz als außerbörsliche Wertpapiere.
2. Die Anleger (und ihre Berater) sind mit diesem Instrument sehr vertraut und vielleicht besitzen Sie sogar bereits mehrere ETFs. Sie sind kostengünstig, transparent und einfach zu erwerben und können zusammen mit dem Rest Ihres Portfolios verwaltet werden.

3. Bitcoin-Futures weisen wahrscheinlich eine höhere Korrelation zum Bitcoin auf als andere Ersatzwerte wie beispielsweise börsennotierte Unternehmen, die den Bitcoin kaufen (wie Microstrategy oder Tesla).
4. Bitcoin-Futures-ETFs arbeiten nicht mit Hebelwirkung und verwalten Verfallsdaten. Somit kommen diese ETFs sowohl für kurzfristige Händler als auch für langfristige Anleger infrage.

US-Bitcoin-Futures-ETFs	
Global X ETFs globalxetfs.com	Der „Global X Blockchain & Bitcoin Strategy"-ETF (Ticker: BITS) ist ein aktiv verwalteter Fonds, der darauf abzielt, das langfristige Wachstumspotenzial der Themen Blockchain und digitale Assets zu nutzen. Der Fonds geht Long-Positionen in in den USA notierten Bitcoin-Terminkontrakten und Unternehmen ein, die von der zunehmenden Verbreitung der Blockchain-Technologie profitieren werden.
ProShares proshares.com	Der „ProShares Bitcoin Strategy"-ETF (BITO) ist der erste US-amerikanische Bitcoin-ETF, der Anlegern die Möglichkeit bietet, auf bequeme, liquide und transparente Weise an Bitcoin-Renditen zu partizipieren. Der Fonds strebt einen Kapitalzuwachs hauptsächlich durch ein verwaltetes Engagement in Bitcoin-Futures-Kontrakten an.
Valkyrie valkyrie-funds.com	Der „Valkyrie Bitcoin Strategy"-ETF (BTF) ist ein aktiv verwalteter ETF, der hauptsächlich in Bitcoin-Futures-Kontrakte investiert.
VanEck vaneck.com	Der „VanEck Bitcoin Strategy"-ETF (XBTF) ist ein aktiv verwalteter börsengehandelter Fonds, der durch Investitionen in Bitcoin-Futures-Kontrakte einen Kapitalzuwachs anstrebt.

Hinweis: Einige dieser ETFs investieren nicht ausschließlich in Bitcoin-Futures. Der Bitcoin-Futures-ETF von Global X beispielsweise investiert auch in Unternehmen oder Fonds, die digitale Assets direkt besitzen oder in das Ökosystem der Blockchain-Technologie eingebunden sind. Solche börsengehandelten Fonds sind daher stärker diversifiziert als solche, die ausschließlich in Bitcoin-Futures-Kontrakte investieren.

Eine aktuelle Liste mit Hyperlinks finden Sie in den
Gelben Seiten des DACFP
unter dacfp.com

Indirekter Kauf von Coins, Token, Picks & Shovels, Unternehmen und Derivaten

Alles, was wir uns bisher angesehen haben, wird als *Direktinvestition* bezeichnet. Das liegt daran, dass Sie die tatsächlichen Investments kaufen.

Aber das ist mühsam. Sie müssen nach Investitionsmöglichkeiten suchen, jede einzelne analysieren und bewerten und dann kaufen. Dies erfordert häufig die Eröffnung eines Kontos bei einer Börse oder einem Verwahrer für digitale Assets – und das bedeutet, dass Sie sich auch dort informieren müssen! Nachdem Sie sich für ein Konto entschieden haben, müssen Sie dieses eröffnen, Geld darauf transferieren, die gewünschten Anlagen auswählen, für deren Verwahrung sorgen und sich um die Buchführung und die Steuererklärungen kümmern.

Pfui Teufel.

Aber Augenblick mal. Sie haben ja bereits ein Portfolio. Und in diesem Portfolio sind schon Aktien enthalten. Haben Sie sich den ganzen Stress mit Ihren Aktien angetan? Wahrscheinlich nicht. Stattdessen haben Sie Ihr Geld wahrscheinlich in einige Aktienfonds investiert. Das ist so viel einfacher!

Warum also nicht das Gleiche mit Ihren digitalen Assets tun? Das können Sie, und zwar in zunehmendem Maße. Wenn Sie Fonds mit digitalen Assets kaufen, ersparen Sie sich den Stress mit Börsen, Wallets und Verwahrung.

Schauen wir uns die verschiedenen Arten von Fonds an, die zur Verfügung stehen. Dabei sollten Sie bedenken, dass alle Fonds Gebühren erheben, die oft höher sind als die Gebühren von Börsen und Verwahrern. Außerdem sind Sie immer noch mit allen Risiken konfrontiert, die mit Investitionen in diesem Bereich verbunden sind.

ETFs, die ausschließlich in Unternehmen investieren, die im Bereich Blockchain und digitale Assets tätig sind

Amplify ETFs amplifyetfs.com	Der „Amplify Transformational Data Sharing"-ETF (BLOK) investiert in Aktien von Unternehmen, die aktiv Blockchain-Technologien entwickeln oder nutzen.
ARK Invest ark-funds.com	Der „ARK Innovation"-ETF (ARKK) ermöglicht Anlegern den Zugang zu „disruptiver Innovation" – technologiegestützte Produkte und Dienstleistungen, die die Welt verändern können. Der ARKK wird aktiv verwaltet.
Bitwise Investment Management bitqetf.com	Der „Bitwise Crypto Industry Innovators"-ETF (BITQ) bildet einen Index ab, der mit dem Branchen-Know-how von Bitwise geschaffen wurde, um die Pionierunternehmen zu identifizieren, die den Großteil ihrer Einnahmen aus Krypto-Geschäftsaktivitäten generieren.
Capital Link ETFs cli-etfs.com	Der „Capital Link Global Fintech Leaders"-ETF (KOIN) bildet den ATFI Global NextGen Fintech Index ab.
First Trust ftportfolios.com	Der „First Trust Indxx Innovative Transaction & Process"-ETF (LEGR) strebt Anlageergebnisse an, die im Allgemeinen dem Kurs und der Rendite des Indxx Blockchain Index entsprechen.
Global X ETFs globalxetfs.com	Der „Global X Blockchain"-ETF (BKCH) bietet den Einstieg in Unternehmen, die am Wachstum der Blockchain-Technologie beteiligt sind.
Hashdex-ETFs hashdex.com	Der „Hashdex Nasdaq Crypto Index"-ETF (HDEX BH) bildet die Wertentwicklung des Nasdaq Crypto Index ab.

Invesco ETFs
invesco.com

Der „Invesco CoinShares Global Blockchain UCITS"-ETF (BCHN) bildet die Wertentwicklung des CoinShares Blockchain Global Equity Index ab.

iShares by BlockRock
ishares.com

Der „iShares Exponential Technologies"-ETF (Ticker: XT) bildet einen Morningstar-Index für globale Unternehmen ab, die ältere Technologien verdrängen und neue Märkte schaffen. Der Index enthält globale Aktien von Technologieherstellern und -anwendern aus neun Technologiebereichen. Er setzt sich aus 200 Aktien zusammen, die gleich gewichtet sind und jährlich neu zusammengestellt werden.

Simplify ETFs
simplify.us

Der „Simplify US Equity PLUS GBTC"-ETF (SPBC) investiert 100 Prozent des Vermögens in den S&P 500 Stock Index, hebelt dann zehn Prozent und investiert diese zusätzlichen Mittel in den Grayscale Bitcoin Trust (GBTC).

Siren ETFs
sirenetfs.com

Der „Siren Nasdaq NexGen Economy"-ETF (BLCN) bildet den Reality Shares Nasdaq Blockchain Economy Index mit großen („Large Cap") Unternehmen ab, die Blockchain-Technologie entwickeln, erforschen, unterstützen, innovieren und nutzen. Der Index-Auswahlausschuss bevorzugt reine Blockchain-Aktien.

VanEck ETFs
vaneck.com

Der „VanEck Digital Transformation"-ETF (DAPP) bildet die Wertentwicklung des MVIS Global Digital Assets Equity Index ab.

Volt Funds
voltfunds.com

Der „Volt Bitcoin Revolution"-ETF (BTCR) fokussiert sich auf Unternehmen, die im Bereich Bitcoin und der damit verbundenen Infrastruktur tätig sind. BTCR ist ein aktiv verwalteter Fonds, der das Stock-to-Flow-Modell verwendet, um Konzentrierungen in seinen Bitcoin-bezogenen Anlagen zu ermitteln.

Eine aktuelle Liste mit Hyperlinks finden Sie in den
Gelben Seiten des DACFP
unter dacfp.com

Sie könnten digitale Assets besitzen, ohne es zu wissen. Fidelity, Vanguard und BlackRock sind die größten Anteilseigner von Marathon Digital, einem der größten Bitcoin-Mining-Unternehmen in Nordamerika. ARK Investment Management und Morgan Stanley sind die größten Eigentümer des Grayscale Bitcoin Trust. American Funds, eine Fondsgesellschaft mit einem Volumen von 2,2 Billionen Dollar, hält zwölf Prozent an Microstrategy; BlackRock besitzt sogar noch mehr Anteile.

Sie sind nicht die einzigen, die den Anlegern ein Engagement in digitale Assets ermöglichen. Kinetics, FOMO, Emerald, Appleseed und andere Fondsgesellschaften investieren in den Grayscale Bitcoin Trust – wenn Sie also einen dieser Fonds besitzen, investieren Sie indirekt in digitale Assets. Sie könnten ein Investor in den Bitcoin sein, ohne es zu wissen.

Börsengehandelte Schuldverschreibungen

ETNs, also Exchange-Traded Notes oder börsengehandelte Schuldverschreibungen, sind außerhalb der Vereinigten Staaten weiter verbreitet und unterscheiden sich grundlegend von ETFs.

Sie wissen, dass ein ETF ein tatsächliches Asset oder einen Korb davon kauft. Stellen Sie sich Folgendes vor: Ein Finanzinstitut (zum Beispiel eine Bank) begibt eine unbesicherte Schuldverschreibung. Der ETN kauft dieses Angebot und die Bank verwendet das Geld, um das Asset zu kaufen. Die Bank besitzt also das Asset und der ETN die von der Bank begebene Schuldverschreibung, wobei die Zahlungsbedingungen der Schuldverschreibung an die Wertentwicklung des Assets gekoppelt sind.

ETNs sind daher risikoreicher als ETFs. ETNs besitzen nicht das zugrunde liegende Asset, sondern sind nur so sicher wie die Bonität des Emittenten. Die SEC hat eine Warnung vor börsengehandelten Schuldverschreibungen veröffentlicht, die folgendermaßen lautet: „Sie sollten wissen, dass ETNs komplex sind und für interessierte Anleger viele Risiken bergen, die zum Verlust der gesamten Anlage führen können."

Ich bin kein Fan von ETNs. Ich kaufe sie nicht, besitze sie nicht und habe sie noch nie jemandem empfohlen. Aber ich möchte, dass Sie wissen, dass es sie gibt, damit Sie verstehen, dass sich eine börsengehandelte Schuldverschreibung wesentlich von einem börsengehandelten Fonds unterscheidet, wenn Ihnen ein Finanzberater eine solche vorschlägt.

Börsengehandelte Produkte, die ausschließlich in Unternehmen investieren, die im Bereich Blockchain und digitale Assets tätig sind

Single Asset

Sponsor	Produktname	Ticker
21Shares	Algorand ETP	ALGO
	Avalanche ETP	AVAX
	Binance ETP	ABNB
	Bitcoin ETP	ABTC
	Bitcoin Cash ETP	ABCH
	Cardano ETP	AADA
	Ethereum ETP	AETH
	Polkadot ETP	ADOT
	Polygon ETP	POLY
	Ripple ETP	AXRP
	Short Bitcoin ETP	SBTC
	Solana ETP	ASOL
	Stellar ETP	AXLM
	Tezos	AXTZ

Indexbasiert und Multiple Asset

Sponsor	Produktname	Ticker
21Shares	**„Bitwise Select 10"-ETP** bildet den „Bitwise Select 10 Large Cap Crypto"-Index ab	KEYS
	„Crypto Basket Index"-ETP bildet einen Index der fünf wichtigsten digitalen Assets ab, geordnet nach der für 2050 prognostizierten Marktkapitalisierung	HODL
	„Crypto Basket 10"-ETP bildet einen Index der zehn größten digitalen Assets ab	HODLX
	„Crypto Basket Equal Weight"-ETP bildet einen gleichgewichteten Index der fünf größten digitalen Assets ab, basierend auf der Marktkapitalisierung	HODLV
	„Bitcoin Suisse Index"-ETP bildet einen Index ab, der sich aus Bitcoin und Ether zusammensetzt	ABBA
	„Sygnum Plattform Winners Index"-ETP bildet einen Index der größten nativen Token von Originalprotokollen ab	MOON

Eine aktuelle Liste mit Hyperlinks finden Sie in den
Gelben Seiten des DACFP
unter dacfp.com

OTC Trusts

Krypto-Community zu SEC: „Dürfen wir einen Bitcoin-ETF an die Anlegeröffentlichkeit verkaufen?"

SEC zu Krypto-Community: „Nein."

Krypto-Community zu SEC: „Ach, ja? *Na, dann passen Sie mal auf.*"

Zum Zeitpunkt der Erstellung dieses Buches sagt die SEC immer noch, dass es für die breite Öffentlichkeit zu riskant sei, in einen börsengehandelten Fonds zu investieren, der ausschließlich den Bitcoin kauft, aber die Kommission hat kein Problem damit, dass anspruchsvolle, erfahrene und wohlhabende Investoren dies tun.*

Okay, gut. Der Bitcoin-ETF ist ein No-Go. Doch damit ist die Geschichte noch nicht zu Ende.

Die Krypto-Community lässt sich nicht entmutigen und hat stattdessen *Bitcoin-Trusts* ins Leben gerufen – mit Genehmigung der SEC. Stellen Sie sich das mal vor.

Verwechseln Sie diese Trusts nicht mit der Art von Trusts, die mit der Nachlassplanung verbunden sind.** Betrachten Sie diese Trusts stattdessen als eine Art Investmentfonds.

Diese Trusts beginnen als *Privatplatzierungen*, das heißt als Investmentfonds, die nur *akkreditierten Anlegern* zur Verfügung stehen. Aus diesem Grund ist die SEC mit ihnen einverstanden: Es wird davon ausgegangen, dass zugelassene Anleger über ein ausreichendes Nettovermögen und ausreichende Anlageerfahrung verfügen, um die mit der Anlage verbundenen Risiken zu rechtfertigen. Sie sind dann ein zugelassener Investor, wenn Sie

in den letzten beiden Jahren jeweils mindestens 200.000 Dollar (300.000 Dollar bei Verheirateten) verdient haben und dies auch in diesem Jahr erwarten oder

ein Nettovermögen von einer Million Dollar oder mehr haben (ohne Ihren Hauptwohnsitz) oder

eine Zertifizierung der Serie 7, 65 oder 82 für den US-Wertpapierhandel besitzen.

So läuft das ab: Eine Fondsgesellschaft legt einen Bitcoin-Fonds für zugelassene Anleger auf. Die Anleger kaufen Anteile des Fonds auf die gleiche Art und Weise, wie Sie Investmentfonds oder ETFs kaufen würden. Diese privaten Fonds sind jedoch nicht liquide; sie haben in

---

* Die SEC hat auch kein Problem damit, den Kauf von dreifach inversen börsengehandelten Fonds zuzulassen – Anlagen, die man einen Tag lang halten soll und die dreimal so hohe Gewinne oder Verluste wie die täglichen Bewegungen des Aktienmarktes erzielen. Das ist okay, aber ein Bitcoin-ETF ist es nicht?

** Warum nennt man sie dann Trusts und nicht Fonds? Ich weiß es nicht. Das spielt keine Rolle. Weiter geht's.

der Regel eine Laufzeit von zehn Jahren. (Dies ist einer der Gründe, warum die SEC sie als ungeeignet für Kleinanleger ansieht, die möglicherweise schon früher Liquidität benötigen.)

Aber auch reiche Menschen wollen manchmal ihre Investitionen verkaufen. Diese Fonds bieten daher eine raffinierte Besonderheit: Nach einer *Sperrfrist* (sechs Monate oder ein Jahr) können Sie Ihre Anteile auf Ihr Depotkonto übertragen. Über dieses Konto können Sie Ihre Anteile auf dem offenen Markt verkaufen. Und auf dem offenen Markt kann *jeder* – ob akkreditiert oder nicht – die von Ihnen verkauften Aktien kaufen.

Auf dem offenen Markt verwandelt sich der private Fonds in einen sogenannten OTC-gehandelten Trust, wobei die Bezeichnung „Over The Counter" (auf Deutsch: „direkt", „freiverkäuflich") Wertpapiere referenziert, die *außerbörslich* gehandelt werden, normalerweise über den OTCQX Best Market (OTCmarkets.com). Das bedeutet lediglich, dass Ihr Brokerunternehmen eine Gegenpartei für Ihren Handel sucht, indem es sich direkt mit einem anderen Brokerunternehmen verbindet, anstatt den Weg über die New Yorker Börse oder den Nasdaq zu nehmen.

Jetzt kommt ein Rätsel. Ein reicher Mann kauft für 100 Dollar akkreditierte Anteile an einem privaten Fonds. Ohne Berücksichtigung der Kosten kauft er mit den 100 Dollar Bitcoin im Wert von 100 Dollar. Später überträgt der reiche Mann seine Aktien auf sein Depotkonto und bietet dann an, die Aktien über den OTC-Markt zu verkaufen. Sie bieten an, die Aktien für 100 Dollar zu kaufen. Angenommen, der Bitcoin-Kurs hat sich nicht verändert, und wiederum ohne Berücksichtigung der Ausgaben, wie viele Bitcoin besitzen Sie?

Die Antwort: Sie können Bitcoin im Wert von 500 Dollar oder von 50 Dollar besitzen. Wie konnte das passieren? Fangen wir ganz am Anfang an, was, dank Julie Andrews, ein sehr guter Startpunkt ist.

Bei Investmentfonds, ETFs und privaten Fonds wird der Anteilspreis als *Nettoinventarwert* (NIW) bezeichnet; er beschreibt schlicht den Gesamtwert des Fondsvermögens geteilt durch die Anzahl der von der Öffentlichkeit gehaltenen Anteile. Wenn der Fonds beispielsweise Bitcoin im Wert von 100 Dollar besitzt und 20 Anteile im Umlauf sind, beträgt der NIW jedes Anteils fünf Dollar.

Sie möchten Ihre Anteile an einem Investmentfonds einlösen? Die „verkaufen" Sie nicht wirklich, sondern „tauschen" sie ein – das heißt, Sie geben sie der Fondsgesellschaft zurück, die sie im Wesentlichen aus ihren Büchern löscht und Ihnen den Wert zahlt, den die Anteile zu diesem Zeitpunkt haben.

Wenn ein Anleger in unserem obigen Beispiel drei Aktien zurückgibt, sind nur noch 17 der ursprünglich 20 Anteile vorhanden und das Gesamtvermögen des Fonds beträgt 85 Dollar. Somit werden alle im Umlauf befindlichen Aktien weiterhin fünf Dollar pro Stück betragen.

Wenn ein zugelassener Anleger seine Aktien jedoch außerbörslich verkauft, entspricht der Preis der Aktien *nicht* dem Nettoinventarwert. Der Preis ist vielmehr das, *worauf sich Verkäufer und Käufer einigen.* Die Treuhandgesellschaft ist an der Transaktion nicht beteiligt; daher kommen keine Anteile hinzu oder werden gelöscht – nichts wird zurückgenommen. Die Aktien werden einfach von einer Partei zur anderen übertragen. Und diese Parteien könnten sich auf einen Preis einigen, der vom NIW abweicht.

Wenn nämlich die Anleger mehr Anteile kaufen als verkaufen, kann der Kurs über den NIW steigen. Dies wird als *Aufschlag auf den Nettoinventarwert* oder kurz gesagt als *Prämie* bezeichnet. Wenn mehr Aktien verkauft als gekauft werden, kann der Aktienkurs unter den NIW fallen. Dies wird als *Abschlag auf den Nettoinventarwert* oder kurz gesagt als *Diskont* bezeichnet.

Faszinierend ist, dass sich der Kurs der Aktien oft unabhängig vom Kurs des Bitcoin bewegt. Manchmal steigen die OTC-Aktien, während der Bitcoin fällt und umgekehrt.

Wenn Ihnen das bekannt vorkommt, liegt das daran, dass Sie *geschlossene Investmentfonds* kennen, die in ähnlicher Weise funktionieren. Doch während diese Wertpapiere in der Regel nahe am Nettoinventarwert gehandelt werden (Abschläge von weniger als fünf

Prozent sind üblich), schwanken die Aktien von außerbörslichen Bitcoin-Treuhandgesellschaften bekanntermaßen zwischen 500 Prozent Aufschlag und 20 Prozent Abschlag.

Ja, Investoren waren bereit, 600 Dollar zu zahlen, um Bitcoin im Wert von 100 Dollar zu kaufen (wie bitte?), während andere nur 80 Dollar zahlten, um Bitcoin im Wert von 100 Dollar zu kaufen (cool!).

Ein Schachzug

Diese Prämien-/Diskontfunktion bietet eine faszinierende Gelegenheit für kluge (soll heißen aggressive) zugelassene Investoren. Wenn das auf Sie zutrifft, sollten Sie diese Strategie in Betracht ziehen: Sie kaufen über die Privatplatzierung Anteile des Trusts zum NIW. Nach Ablauf der Sperrfrist übertragen Sie die Aktien dann auf ein Depotkonto. Wenn die Aktien mit einem Aufschlag gehandelt werden, verkaufen Sie sie außerbörslich mit Gewinn – ein Gewinn, der unabhängig vom Bitcoin-Kurs ist!

Angenommen, der Bitcoin wird für 100 Dollar gehandelt und Sie kaufen akkreditierte Aktien zum NIW. Sagen wir, dass ein Jahr später der Bitcoin um 50 Prozent höher gehandelt wird. Gewöhnliche Bitcoin-Anleger haben einen Gewinn von 50 Prozent. Wenn der Aktienkurs des Trusts jedoch mit einem Aufschlag von 75 Prozent gehandelt wird, würde Ihr Gewinn 162,5 Prozent betragen.

Es gibt sogar eine Möglichkeit für nicht zugelassene Investoren, sich an diesem Spiel zu beteiligen. Wenn die Aktien mit einem Abschlag gehandelt werden, kaufen Sie sie auf dem OTC-Markt – im Grunde kaufen Sie Bitcoin im Wert eines Dollar für weniger als einen Dollar. Wenn der Abschlag schrumpft oder zu einem Aufschlag wird, profitieren Sie von einem Gewinn, der unabhängig von der Kursentwicklung des Bitcoin selbst ist.

Natürlich birgt der Schachzug Risiken. Zugelassene Anleger, die im Rahmen der Privatplatzierung Aktien zum Nettoinventarwert kaufen, müssen das Ende der Sperrfrist abwarten; während dieser Zeit könnte der OTC-Handelspreis zu einem Abschlag werden. Und dieser Abschlag könnte wachsen, statt zu schrumpfen, was zu Verlusten statt zu Gewinnen führt. Dies ist schon einmal vorgekommen und stellt ein Risiko dar, das es unbedingt zu berücksichtigen gilt.

Warum sollte jemand wissentlich ein Produkt kaufen, dessen Preis erheblich vom NIW abweichen könnte? Dafür gibt es viele Gründe, unter anderem:

1. Da es keinen Bitcoin-ETF gibt, sind diese Trusts die bequemste und transparenteste Möglichkeit, den Bitcoin über ein Depotkonto zu kaufen. Die Wertpapiere können nahtlos in ein diversifiziertes Portfolio aufgenommen werden. Das wiederum erleichtert die Anwendung des Durchschnittskosteneffekts, die Neugewichtung (Rebalancing), die Dokumentation und Steuererklärungen.
2. Wenn Sie mit einem Finanzberater zusammenarbeiten, kann Ihr Berater Sie bezüglich dieser Trusts bei allen oben genannten Punkten unterstützen. Wie auch bei der übrigen Gestaltung Ihres Portfolios kann Ihr Berater Ihnen helfen, kostspielige Fehler zu vermeiden.
3. Die Prämien-/Diskontfunktion bietet die Möglichkeit, das Gewinnpotenzial zu erhöhen.
4. Wenn es zu Abschlägen gekommen ist, wurden große Mengen Trust-Anteile gekauft, die theoretisch den Abschlag verringern sollten.
5. Viele Sponsoren von OTC-Trusts sagen, dass sie die Trusts in ETFs umwandeln werden, sobald die SEC ihnen dies erlaubt. Sollte dies der Fall sein, ist zu erwarten, dass die mit einem Abschlag gehandelten Aktien auf den NIW steigen. (Auch das Gegenteil trifft zu: Aktien, die mit einem Aufschlag gehandelt werden, würden auf den Nettoinventarwert fallen.)

Öffentlich gehandelte OTC-Trusts, die in Blockchain und digitale Assets investieren

(auch zum NIW für zugelassene Anleger direkt von der Fondsgesellschaft erhältlich)

Single Asset

Sponsor	Produktname	Ticker
Grayscale	Bitcoin Trust	GBTC
	Bitcoin Cash Trust	BCHG
	Ethereum Trust	ETHE
	Ethereum Classic Trust	ETCG
	Horizen Trust	HZEN
	Litecoin Trust	LTCN
	Stellar Lumens Trust	GXLM
	Zcash Trust	ZCSH
Osprey	Osprey Bitcoin Trust	OBTC

Indexbasiert und Multiple Asset

Sponsor	Produktname	Ticker
Bitwise	**Bitwise 10 Crypto Index Fund** hält die zehn größten digitalen Assets (nach Marktkapitalisierung)	BITW
Grayscale	**Digital Large Cap Fund** hält digitale „Large Cap"-Assets, die 70 % des Markts für digitale Assets ausmachen	GDLC

Eine aktuelle Liste mit Hyperlinks finden Sie in den
Gelben Seiten des DACFP
unter dacfp.com

Blockchain- und Digital-Asset-Fonds für zugelassene Anleger

Single Asset

Sponsor	Produktname
Bitwise bitwiseinvestments.com	Aave Fund Bitcoin Fund Compound Fund Ethereum Fund Polygon Fund Uniswap Fund
BlockFi blockfitrust.com	Bitcoin Trust Ethereum Trust Litecoin Trust
First Trust SkyBridge skybridgebitcoin.com	Bitcoin Fund Ethereum Fund
FS NYDIG fsnydig.com	Select Bitcoin Fund
Galaxy galaxyfundmanagement.com	Bitcoin Fund Ethereum Fund
Grayscale grayscale.com	Basic Attention Trust Chainlink Trust Decentraland Trust Filecoin Trust Livepeer Trust
IDX idxdigitalassets.com	Bitcoin Trust (risikoorientiert) Ethereum Trust (risikoorientiert)
Osprey ospreyfunds.io	Algorand Trust Solana Trust Polkadot Trust Polygon Trust
Pantera panteracapital.com	Bitcoin Fund

Blockchain- und Digital-Asset-Fonds für zugelassene Anleger

Indexbasiert und Multi Asset

Sponsor	Produktname
Bitwise bitwiseinvestments.com	**DeFi Crypto Index Fonds** hält die größten digitalen DeFi-Assets, basierend auf dem Bitwise Decentralized Finance Crypto Index **10 ex Bitcoin Crypto Index Fonds** hält die zehn größten Krypto-Assets, ohne Bitcoin **10 Crypto Index Fonds** hält die Top 10 der digitalen Assets, basierend auf dem Bitwise 10 Large Cap Crypto Index **10 Index Offshore Fonds** ähnlich wie der 10 Crypto Index Fund, ist dieser Fonds auch für Nicht-US-Anleger zu erwerben
Galaxy galaxyfundmanagement.com	**Crypto Index Fonds** verfolgt einen Index der größten digitalen Assets **DeFi Index Fonds** verfolgt einen Index der größten digitalen DeFi-Assets
Grayscale grayscale.com	**DeFi Fonds** hält die digitalen Assets, die den CoinDesk DeFi Index bilden
Invictus Capital invictuscapital.com	**Bitcoin Alpha** investiert in Bitcoin und bietet Rendite über Optionen und Kredite **Crypto20** bildet einen Index der 20 wichtigsten digitalen Assets ab und erzielt durch Staking zusätzliche Renditen **Crypto10 Hedged** aktive Umschichtungen zwischen den zehn wichtigsten digitalen Assets und Bargeld je nach Marktaktivität **Margin Lending** zielt darauf ab, Zinserträge ohne Verlustrisiko zu erwirtschaften **DeFi Index** 70 % des Vermögens folgen einem semi-passiven Index; 30 % werden aktiv verwaltet

Blockchain- und Digital-Asset-Fonds für zugelassene Anleger

Indexbasiert und Multi Asset

Sponsor	Produktname
Morgan Creek morgancreekcap.com	**Risikoorientierter Bitcoin-Fonds** versucht, die Volatilität durch quantitative Risikomanagement-Techniken zu reduzieren **Digital** investiert in Blockchain-Technologien, künstliche Intelligenz und digitale Assets
Pantera panteracapital.com	**Blockchain-Fonds** investiert in Risikokapital, Frühphasen- und liquide Token **Early-Stage Token Fonds** investiert in Teams, die neue Protokolle entwickeln, und folgt dabei einem Frühphasen- und Risikomodell **Liquid Token Fonds** investiert in 15–20 Token und nutzt eine quantitative Strategie zum stündlichen Handel
SarsonFunds sarsonfunds.com	**Krypto- und Einkommensstrategie** generiert monatliche Einnahmen durch Optionshandel und Staking **Kryptowährung ESG-Strategie** investiert in digitale Unternehmen, die Umwelt-, Sozial- und Governance-Standards erfüllen **Large-Coin-Strategie** investiert in die zehn größten digitalen Assets **Small-Coin-Strategie** investiert in 20–40 digitale Assets mit geringer Marktkapitalisierung, einschließlich ICOs **Smart Crypto 15 Equal Weight Index** investiert gleichermaßen in die 15 größten digitalen Assets **Stablecoin Index** investiert in einen Korb von Stablecoins, die den US-Dollar nachbilden

Diese außerbörslich gehandelten Wertpapiere enthalten digitale Assets in Höhe von mehreren Milliarden Dollar. Sie gehören zu den beliebtesten Möglichkeiten für Anleger, sich an dieser neuen Anlageklasse zu beteiligen. Wenn Sie diese Wertpapiere in Erwägung ziehen, sei es über den offenen Markt oder über eine Privatplatzierung, sollten Sie sich über die Prämien-/Diskontfunktion informieren.

Die Sponsoren von OTC-Trusts bieten mehr als nur den Bitcoin an. Die meisten ihrer Trusts stehen nach wie vor nur zugelassenen Anlegern zur Verfügung, aber einige werden außerbörslich gehandelt und sind für jedermann zugänglich.

Getrennt verwaltete Konten

Diese sind bei vielen Finanzberatern beliebt, und zwar aus Gründen, die wir gleich noch erläutern werden.

Wenn Sie einen börsengehandelten Fonds kaufen, besitzen Sie und alle anderen Beteiligten gemeinsam einen proportionalen Anteil am Vermögen des Fonds. Bei einem *separat verwalteten Konto (SMA; englisch: separately managed account)* hingegen sind alle Assets des Kontos direkt im Besitz des Anlegers. SMAs sind also eine Mischform zwischen dem direkten Besitz von Anlagen und dem indirekten Besitz über einen Fonds. Stellen Sie sich ein SMA wie einen ETF vor, bei dem Sie der einzige Anleger sind, der ihn besitzt.

Da das SMA nur Ihnen gehört, kann Ihr Portfolio speziell auf Sie zugeschnitten werden. So können Sie unerwünschte Assets ausschließen (was bei einem ETF nicht möglich ist) und Strategien zur Steueroptimierung anwenden. Aus diesem Grund verwenden viele Berater SMAs. Sie können ihren Kunden ein spezifischeres Portfoliomanagement bieten, als es durch den Kauf von ETFs und Investmentfonds möglich ist.

Klassischerweise werden SMAs für den Aufbau von Aktienportfolios verwendet. Aber einige SMA-Anbieter beschäftigen sich inzwischen auch mit digitalen Assets, weshalb wir hier über sie sprechen.

SMAs erheben Gebühren, genau wie alle Fonds.

SMA-Anbieter für digitale Assets

Arbor Digital arbordigital.io	Arbor Digital bietet das erste SMA seiner Art an, das speziell für digitale Assets entwickelt wurde und registrierten Investmentberatern (RIAs) und ihren Kunden Zugang zu qualifizierten Verwahrern verschafft, um Compliance und Sicherheit zu gewährleisten.
BITRIA bitria.io	Das BITRIA-SMA-Netzwerk bietet Beratern, die eine einfache Möglichkeit suchen, in digitale Assets zu investieren, einen unkomplizierten Einstieg. Die SMA-Partner verfügen über Fachwissen im Bereich digitaler Assets und verwalten alle Schritte, die der Kunde durchläuft, vom Vertrautmachen des Kunden mit dem Asset (= Onboarding) bis zur Portfolioverwaltung.
DAiM daim.io	DAiM verwaltet institutionelle Anlagen in separat verwalteten Konten nach einem individuellen Plan gegen eine feste Gebühr.
Eaglebrook Advisors eaglebrookadvisors.com	Eaglebrook ist ein technologieorientierter Investmentmanager, der sich auf digitale Assets spezialisiert hat. Die SMA-Plattform bietet ein nahtloses Onboarding, Steueroptimierung und Anlagestrategien, die speziell auf Berater zugeschnitten sind. Das Vermögen wird in einem Offline-Depot in institutioneller Qualität bei der Gemini Trust Company verwahrt.
Honeycomb Digital honeycombdigital.io	Honeycomb Digital bietet eine SMA-Plattform für professionelle Vermögensverwalter.
Kingsly Capital Management kingslycapital.com	Kingsly Capital verwaltet und berät als dritte Partei in puncto digitale Vermögensportfolios Privatpersonen, Institutionen, Family Offices und RIAs. Das Unternehmen ist einer der ersten SEC-registrierten Anlageberater, der sich ausschließlich auf digitale Assets, DeFi, NFTs und andere Blockchain-Anlagen spezialisiert hat.

SMA-Anbieter für digitale Assets	
Leavenworth Capital leavenworthcapital.com	Leavenworth ist ein quantitatives Investmentunternehmen, das Krypto-Vermögensstrategien für Privatpersonen, Institutionen, RIAs und Finanzberater verwaltet. Das Unternehmen verwendet eigene Analyse- und Handelsmodelle, um Alpha zu generieren.
PM Squared Financial pmsquaredfinancial.com	Die Investitionen von PM Squared umfassen das gesamte Spektrum der Blockchain-Möglichkeiten. Sie nutzen die Blockchain-Technologie, kombiniert mit Erfahrungen aus der traditionellen Wertpapierwelt.
Rubicon Crypto rubicon.finance	Rubicon schließt die Lücke zwischen der digitalen und der traditionellen Investmentwelt. Es bietet vertraute, vernünftige Anlagelösungen, die Vermögensallokation und diszipliniertes, professionelles Management mit dem aufstrebenden Bereich der digitalen Vermögensanlage zusammenbringen.
Willow Crypto willowcrypto.com	Willow Crypto ist auf die Verwaltung digitaler Assets spezialisiert. Es erstellt professionell verwaltete Portfolios mit einem Kernengagement in den vielversprechendsten digitalen Assets und taktischen Allokationen in aufkommende und sich entwickelnde Trends.

Eine aktuelle Liste mit Hyperlinks finden Sie in den
Gelben Seiten des DACFP
unter dacfp.com

Turnkey-Vermögensverwaltungsprogramme

„Schlüsselfertige", also sofort einsetzbare Vermögensverwaltungsprogramme (*Turnkey asset management programs, TAMPs*) sind All-in-One-Backoffice-Systeme, die Finanzberatern bei der Verwaltung von Kundenvermögen helfen, indem sie Investmentrecherche, Vermögensallokation, Kontoverwaltung, Rechnungsstellung und Reporting anbieten.

In meinem früheren Leben als Finanzberater haben meine Kollegen und ich EMAP aufgebaut – das Edelman Managed Asset Program. Damals war es eines der größten TAMPs in der Branche, das nur für Kunden unserer Firma zugänglich war. Man kann also mit Sicherheit sagen, dass ich ein Fan dieser Investmentlösungen bin.

Übrigens sind SMAs, über die wir gerade gesprochen haben, eine TAMP-Gattung.

Risikokapital, Hedgefonds und Dachfonds

Wenn es ein Problem mit ETFs, SMAs und TAMPs gibt, dann das, dass sie klassischerweise nur in Aktien von börsennotierten Unternehmen investieren. Vor 50 Jahren war dies noch kein Problem. Damals gingen junge Unternehmen häufig an die Börse und boten Kleinanlegern die Möglichkeit, frühzeitig Aktien zu kaufen. Das ist heute im Allgemeinen nicht mehr der Fall; Unternehmen bleiben in der Regel viel länger privat und gehen erst an die Börse, wenn sie sehr erfolgreich sind.

Als Microsoft 1986 an die Börse ging, nahm es beispielsweise nur 61 Millionen Dollar ein. Aber als Facebook 2012 an die Börse ging, war es bereits 102 Milliarden Dollar wert.

Was das bedeutet? Ganz einfach: Wenn Sie Ihre Investitionen auf börsennotierte Unternehmen beschränken – und diese direkt oder über Investmentfonds, ETFs, SMAs und TAMPs kaufen –, können Sie nicht mehr die Microsofts von morgen kaufen. Stattdessen müssen Sie sich mit den Facebooks von heute begnügen und verpassen das massive Wachstum, dessen sie sich vor dem Börsengang erfreuen.

In der Tat sind einige der größten neuen Technologieunternehmen immer noch privat, wie Abbildung 16.1 zeigt.

Das sind *Einhörner* – Technologieunternehmen, die weniger als zehn Jahre alt und jeweils mehr als eine Milliarde Dollar wert sind. Das Unternehmen CB Insights listet mehr als 800 von ihnen aus der ganzen Welt auf.

TAMP-Anbieter für digitale Assets	
BITRIA bitria.io	Die „schlüsselfertige" digitale Vermögensverwaltungsplattform von BITRIA bietet professionelle Portfoliomanagement-Funktionen für digitale Vermögensanlagen und ermöglicht Beratern und Vermögensverwaltern den dezentralen Zugriff und die Kontrolle über Firmenkonten, Kundenkonten und Modellstrategien. Sie kann Kundenfonds einbinden, vorgefertigte oder benutzerdefinierte Portfolio-Allokationen übernehmen, Positionen neu ausrichten und vieles mehr.
BlockFi blockfi.com	BlockFi überbrückt die Lücke zwischen den Märkten für digitale Assets und den traditionellen Finanzinstituten und deren Bedarf an Abwärtskompatibilität mit der Welt der traditionellen Wertpapiere: Ausführung, Margining, Leerverkauf und Berichterstattung.
Fidelity Digital Assets fidelitydigitalassets.com	Fidelity Digital Assets bietet Finanzvermittlern eine Plattform zur sicheren Teilnahme am Markt für digitale Assets. Fidelity Digital Assets bietet professionelle Verwahrungsdienstleistungen und Ausführungslösungen an.
Flourish flourish.com	Mit Flourish können Berater einen einfachen, sicheren und gesetzeskonformen Zugang zu dieser neuen Anlageklasse anbieten. Es bietet eine sehr regulierte, qualifizierte Depotbank, eine benutzerfreundliche Bedienung und alle Werkzeuge, die Berater für den Einstieg benötigen.
SFOX sfox.com	SFOX ist der führende unabhängige Krypto-Primärhändler, der globale Liquidität und Best-Price-Ausführung über ein einziges Konto vereint.

Eine aktuelle Liste mit Hyperlinks finden Sie in den
Gelben Seiten des DACFP
unter dacfp.com

Unternehmen	Wert 2021
Stripe	95 Milliarden $
SpaceX	74 Milliarden $
Instacart	39 Milliarden $
Databricks	28 Milliarden $
Epic Games	17 Milliarden $
Chime	15 Milliarden $

Abbildung 16.1

Wenn Sie Kleinanleger sind, können Sie an dieser Situation nichts ändern. Wenn Sie jedoch ein zugelassener Anleger sind, haben Sie eine Chance. Sie können in *Risikokapitalfonds* investieren. Wie der Name schon sagt, wird das von den Anlegern zur Verfügung gestellte Kapital zum Kauf von Beteiligungen an jungen Unternehmen verwendet. Wagniskapitalfonds (Venture-Capital- oder VC-Fonds) werden sowohl von kleinen VC-Firmen als auch von den größten Brokerhäusern der USA wie Goldman Sachs und JPMorgan für wohlhabende Kunden, Pensionsfonds, Stiftungen, Staatsfonds (Gelder, die einer Regierung gehören) und institutionelle Kunden (wie Versicherungsgesellschaften) aufgelegt. Nach Angaben der National Venture Capital Association sind bisher mehr als eine halbe Billion Dollar in VC-Fonds geflossen.

Obwohl sich viele Investmentfonds und börsengehandelte Fonds ähneln – die S&P-500-Stock-Index-Fonds sind bis auf die Gebühren so ziemlich gleich – ist jeder VC-Fonds einzigartig. Das liegt daran, dass jeder in eine andere Gruppe von Unternehmen in der Frühphase investiert. Während es also nicht so wichtig ist, welchen S&P-500-Fonds Sie kaufen, ist es sehr wichtig, welchen VC-Fonds Sie wählen.

Denn in der VC-Welt dreht sich alles um den *Dealflow*. Der Manager des VC-Fonds muss diese jungen Unternehmen kennen und ihre Gründer davon überzeugen, den Fonds in sie investieren zu lassen. Verbindungen sind der Schlüssel – und das erklärt, warum viele VC-Fonds in Regionen angesiedelt sind, in denen Start-ups florieren, wie Silicon Valley, Boston und New York. Je mehr Unternehmen Sie auswerten können, desto größer sind Ihre Chancen, das nächste Facebook zu finden.

Jede VC-Gesellschaft legt mehrere VC-Fonds auf – einen nach dem anderen. Sie beschaffen sich einen bestimmten Kapitalbetrag von Anlegern, finden Unternehmen, in die sie investieren, legen dann einen neuen Fonds auf und wiederholen den Vorgang. Jeder VC-Fonds ist also nur für eine begrenzte Zeit und für eine kleine Anzahl an Investoren verfügbar. Und keine zwei VC-Fonds sind identisch. Wie beim Wein gibt es auch bei VCs verschiedene Jahrgänge – die Fonds von 1999, die vor dem Crash Dotcom-Aktien kauften, schnitten schlecht ab, während die Fonds von 2009, die nach der Kreditkrise investierten, gut abschnitten.

Die Risiken einer Investition in VC sind extrem:

- keine Liquidität für fünf bis zehn Jahre
- keine Dividenden- oder Zinszahlungen während dieses Zeitraums
- hohe Mindestanlagesummen – von 50.000 bis zehn Millionen Dollar
- komplexes Steuerreporting. VC-Fonds stellen nicht das gleiche Steuerformular (in den USA zum Beispiel das IRS-Formular 1099) wie Investmentfonds und ETFs aus, sondern ein anderes (IRS K-1). Dieses komplizierte Dokument kann Dutzende von Seiten umfassen und erfordert, dass Sie einen professionellen Steuerberater mit der Erstellung Ihrer Steuererklärung beauftragen. Das Honorar Ihres Steuerberaters wird steigen und Sie müssen höchstwahrscheinlich eine Fristverlängerung beantragen, da die K-1-Formulare nur selten bis zum 15. April an die Anleger versandt werden. Planen Sie, Ihre Steuererklärung jedes Jahr im Oktober abzugeben.

- hohe Gebühren. Der Durchschnittsanleger zahlt laut dem Finanzanalyse-Unternehmen Morningstar 0,45 Prozent pro Jahr. VC-Fonds haben jedoch in der Regel einen „zwei und zwanzig"-Gebührenplan: Sie erheben zwei Prozent pro Jahr *plus* eine Anreiz- oder auch Incentive-Gebühr in Höhe von 20 Prozent der Gewinne während der Laufzeit des Fonds.

Trotz der negativen Aspekte haben VCs laut „Marktdatensammler" PitchBook in den letzten zehn Jahren die besten Renditen erwirtschaftet, wie Abbildung 16.2 zeigt.

Anlageklasse	10-Jahres-Durchschnitt der jährlichen Rendite
Risikokapital (VC)	13,9 %
S&P 500	13,9 %
Private Equity	13,2 %
Immobilien	12,3 %
Privates Kapital	12,0 %
MSCI World Index	9,7 %
Fremdfinanzierungsinstrumente	8,3 %
Globale hochverzinsliche Unternehmensanleihen	6,4 %
Sachwerte	5,3 %

Abbildung 16.2

Natürlich sind die Ergebnisse der Vergangenheit keine Garantie für zukünftige Ergebnisse. Und die VCs selbst wissen zwar, aber sagen es Ihnen vielleicht nicht, dass sie bei den meisten ihrer Investitionen mit Verlusten rechnen. Von zehn Unternehmen, in die sie investieren, besteht bei zwei oder drei die Chance, ein ausgeglichenes Ergebnis zu erzielen, und bei einem einen Volltreffer zu landen, der genug einbringt, um die Verluste bei den anderen sechs bis acht Unternehmen zu decken, während sie immer noch zweistellige Jahresrenditen nach Abzug der Gebühren erzielen.

Hedgefonds ähneln VC-Fonds. Darüber hinaus sind sie bestrebt, ihr Risiko durch Strategien *abzusichern* oder zu verringern, die mehr als nur den Kauf von Beteiligungen an einer Vielzahl von Unternehmen umfassen. Sie investieren auch in Derivate, tätigen *Leerverkäufe* (eine Wette darauf, dass der Wert eines Unternehmens fallen und nicht steigen wird) und arbeiten mit *Hebelwirkung* (die Aufnahme von Krediten, um mehr Kapital zu investieren als von den Anlegern zur Verfügung gestellt wird, was die Renditen, aber auch die Verluste erhöhen kann).

Im Gegensatz zu VC-Fonds, die Geld annehmen, wenn sie aufgelegt werden, und dann geschlossen bleiben, bis sie sich in fünf bis zehn Jahren selbst auflösen, sind Hedgefonds *offene Fonds*, genau wie Investmentfonds. Mit anderen Worten: Die Anleger können fast immer Anteile erwerben oder zurückgeben. Ich sage „fast", weil Hedgefonds diese Fenster manchmal schließen – entweder weigern sie sich, neue Gelder anzunehmen, oder sie schränken die Möglichkeiten der derzeitigen Anleger, zu verkaufen, ein. Wie Sie sich vorstellen können, öffnen und schließen sich diese „Tore" in der Regel, wenn die Märkte besonders gut (sie nehmen kein neues Geld an) oder schlecht (Sie können nicht verkaufen) laufen.

Da der Dealflow für VC- und Hedgefonds so wichtig ist, besteht die Herausforderung für Investoren darin, den richtigen Fonds auszuwählen. Aus diesem Grund hat sich eine neue Art von Fonds herausgebildet: *Dachfonds**.

Anstatt in einen einzigen VC- oder Hedgefonds zu investieren, könnten Sie in mehrere investieren. Aber jeder hat seine eigenen

---

* Das ist kein Tippfehler, auch wenn die Rechtschreibprüfung von Word mir immer wieder sagt, dass es einer ist.

Mindestanlagebedingungen, oft 500.000 Dollar oder mehr. Für eine Investition in zehn davon müssten Sie also fünf Millionen Dollar aufbringen. Stattdessen könnten Sie Ihre 500.000 Dollar in einen einzigen Dachfonds investieren. Er investiert für Sie in diese zehn Fonds und sorgt so für eine breitere Streuung, ohne dass Sie zehnmal mehr Geld investieren müssen.

Der größte Nachteil ist, dass Sie zwei Arten von Gebühren zahlen müssen: die Gebühren des zugrunde liegenden VC- oder Hedgefonds und die Gebühren des Dachfonds selbst.

VC-Fonds, die in Blockchain und digitale Assets investieren

10T 10tfund.com	10T ist ein Wachstumsfonds, der in der mittleren bis späten Phase in private Unternehmen investiert, die im Ökosystem der digitalen Assets tätig sind.
a16z von Andreessen Horowitz a16z.com	a16z von Andreessen Horowitz verfügt über ein beträchtliches AUM (Assets Under Management, auf Deutsch: verwaltetes Vermögen) in mehreren Fonds, darunter a16z crypto und Crypto Fund III. Die Investitionen erstrecken sich auf nicht spekulative Unternehmen und Protokolle in verschiedenen Stadien und erfolgen in Form von Eigenkapital, Wandelanleihen, Coins und Security Token.
Abstract Ventures abstractvc.com	Abstract Ventures ist ein branchenunabhängiger Risikokapitalgeber für Pre-Seed-, Seed- und Series-A-Start-up-Unternehmen.
AlphaBlock alphablock.com	AlphaBlock Investments ist eine Risikokapitalgesellschaft, die in innovative Blockchain-Technologieunternehmen investiert.

Arrington XRP Capital
arringtonxrpcapital.com

Arrington XRP Capital konzentriert sich auf Blockchain-basierte Kapitalmärkte. Das 2017 in Seattle gegründete Unternehmen ist in der Frühphasenfinanzierung tätig, d. h. Early-Stage-Ventures, Seed, Series A, Initial Coin Offerings (ICOs, Erstausgabe von Coins) und Corporate Rounds (ein Unternehmen investiert in ein anderes).

Atomic Fund
atomic.fund

Die Plattform von Atomic bietet eine Reihe von Produkten mit Fokus auf Trading-Werkzeuge, ein Dashboard zur Überwachung, Marktdaten und Cold-Storage-Wallets an und ermöglicht es den Nutzern, ohne Probleme in Kryptowährungen zu investieren.

AU21 Capital
au21.capital

AU21 Capital wurde 2017 gegründet und ist ein Risikokapitalunternehmen mit Sitz in San Francisco. Die Firma versucht, in Unternehmen zu investieren, die in den Bereichen Blockchain und künstliche Intelligenz tätig sind.

Binance-Labore
labs.binance.com

Binance Labs identifiziert, investiert und fördert existenzfähige Blockchain-Unternehmer, Start-ups und Gemeinschaften und stellt Finanzmittel für Industrieprojekte bereit, die zum Wachstum des größeren Blockchain-Ökosystems beitragen.

BitFury Capital
bitfury.com

BitFury Capital investiert in Unternehmer, die die nächste Generation von Blockchain- und Kryptolösungen entwickeln. Sie stellt Start- und Spätphasenfinanzierung für Unternehmen bereit, die das Potenzial für langfristigen Erfolg in den Bereichen Blockchain-Technologie, digitale Assets, künstliche Intelligenz und erneuerbare Energien aufweisen.

Bloccelerate
bloccelerate.vc

Bloccelerate investiert in Projekte, die die anspruchsvolle Implementierung der Blockchain-Technologie durch Unternehmen und Firmen fördern.

Blockchain Capital blockchain.capital	Blockchain Capital ist eine auf Blockchain ausgerichtete VC-Fondsgruppe, die bisher mehrere Einhörner finanziert hat, darunter Anchorage, Coinbase, Ripple und Kraken. Er war der allererste tokenisierte Fonds, der Anteile über den weltweit ersten Security Token ausgab. Die Diversifizierung erfolgt risikoadjustiert über Wachstumsstadien und geografische Regionen. Der Fonds bietet operative Unterstützung, einschließlich Verwaltung und Gestaltung des Einsatzprotokolls.
Blockchange Ventures blockchange.vc	Blockchange Ventures investiert in Blockchain-Unternehmen, -Protokolle und -Anwendungen im Frühstadium.
BlockTower Kapital blocktower.com	BlockTower wendet Handel, Investitionen und Portfoliomanagement auf die digitale Anlageklasse an.
Block Ventures blockventures.com	Block Ventures beschreibt sich selbst als „permanente Risikokapitalgesellschaft". Bei Investitionen und der Skalierung von Deep-Tech-Unternehmen denkt sie anders, indem sie die nächste Generation von Technologieunternehmen in der Frühphase in ganz Europa unterstützt und aufbaut.
BlockWealth Capital blockwealthcapital.com	BlockWealth Capital konzentriert sich ausschließlich auf Unternehmen, Token und Projekte im Zusammenhang mit Blockchain-Technologie, digitaler Währung und Krypto-Assets.
Castle Island Ventures castleisland.vc	Castle Island Ventures ist eine auf die Frühphase spezialisierte Risikokapitalgesellschaft, die sich ausschließlich auf öffentliche Blockchains konzentriert.
CMT Digital Ventures cmt.digital	CMT Digital ist eine Risikokapitalgesellschaft, die sich in der Branche für digitale Assets und Blockchain-Technologie engagiert.
Coinbase Ventures coinbase.com	Coinbase Ventures ist ein Investitionszweig von Coinbase, der in Kryptowährungs- und Blockchain-Start-ups im Frühstadium investiert.

CoinFund coinfund.io	CoinFund investiert in Risiko- und Liquiditätsmöglichkeiten innerhalb des Blockchain-Sektors mit dem Schwerpunkt auf digitale Assets, Dezentralisierungstechnologien und wichtiger Infrastruktur.
Collaborative Fund collaborativefund.com	Der Collaborative Fund konzentriert sich darauf, eine gemeinsame Zukunft zu unterstützen und in sie zu investieren. Die Fonds sind auf zwei Makrothemen ausgerichtet: das Wachstum der kreativen Kategorien und das Konzept der kollaborativen Wirtschaft.
Defiance Capital defiance.capital	Defiance Capital ist ein auf DeFi fokussierter Krypto-Asset-Fonds, der fundamentale Recherche mit einem aktivistischen Investmentansatz verbindet.
Delphi Labs delphidigital.io	Delphi Labs ist ein ausgelagertes Investmentteam, das durch maßgeschneiderte Recherchelösungen Erkenntnisse für viele der führenden Fonds gewinnt.
Delphi Ventures delphiventures.com	Delphi Ventures ist ein globales Team von Analysten, die sich auf bestimmte Sektoren in der Branche der digitalen Assets spezialisiert haben.
Digital Currency Group dcg.co	Die Digital Currency Group ist eine New Yorker Risikokapitalgesellschaft, die sich auf den Markt für digitale Assets konzentriert.
Distributed Global distributedglobal.com	Distributed Global ist eine Investmentfirma, die sich auf das Ökosystem von Blockchain und digitalen Assets konzentriert.
Divergence Ventures div.vc	Divergence Ventures ist ein Risikokapitalunternehmen mit Sitz in San Francisco. Das Unternehmen strebt Investitionen in den Sektor der digitalen Assets an.
Dragonfly Capital dcp.capital	Dragonfly Capital Partners bringt führende Teilnehmer der dezentralen Wirtschaft zusammen, um in die vielversprechendsten Möglichkeiten der Krypto-Asset-Klasse zu investieren und diese zu unterstützen.

Draper Goren Holm drapergorenholm.com	Draper Goren Holm ist ein Fintech-Venture-Studio, das Blockchain-Start-ups im Frühstadium Starthilfe gibt und deren Entwicklung beschleunigt.
Electric Capital electriccapital.com	Electric Capital ist eine auf die Frühphase spezialisierte Venture-Firma, die sich auf Krypto-, Blockchain- und Fintech-Marktplätze konzentriert.
Eos-Fonds eosventurepartners.com	Eos konzentriert sich ausschließlich auf InsurTech (Versicherungstechnologie). Eos wurde 2016 gegründet, um die „digitale Kluft" zwischen InsurTech-Start-ups und traditionellen Versicherungsunternehmen zu überbrücken.
Fabric Ventures fabric.vc	Fabric Ventures ist eine Risikokapitalgesellschaft, die in skalierbare dezentrale Netzwerke investiert.
FinShi Capital finshi.capital	FinShi Capital ist ein auf Blockchain-Technologie basierender Risikofonds, der in Zusammenarbeit mit Capinvest 21 und Asia LP gegründet wurde.
Framework Ventures framework.ventures	Framework Ventures ist ein Risikokapitalunternehmen, das in Gründer investiert, die Blockchain-Technologien einsetzen.
Future Perfect Ventures futureperfectventures.com	Future Perfect Ventures ist ein Frühphasen-VC-Unternehmen, das sich auf dezentralisierte Technologien wie Blockchain, Krypto, IoT und KI konzentriert.
Galaxy Interactive Fund galaxyinteractive.io	Galaxy Interactive ist ein führendes sektororientiertes VC-Unternehmen, das in interaktive Unterhaltung an der Schnittstelle von Inhalt, Gesellschaft, Finanzen und Technologie investiert.
#hashed hashed.com	Hashed ist ein globaler Frühphasen-Venture-Fonds, der sich auf die Unterstützung von Gründern konzentriert, die Pionierarbeit für die Zukunft von Blockchain und digitalen Assets leisten.

HyperChain Capital hyperchain.capital	HyperChain ist ein Unternehmen, das digitale Assets verwaltet und sich auf Blockchain-basierte Projekte und dezentrale Protokolle konzentriert.
Hyperion VC hyperionvc.com	Hyperion ist ein Frühphasen-Blockchain-VC, das Start-ups dabei hilft, etablierten Unternehmen auf der ganzen Welt den Platz ein wenig streitig zu machen.
IDG Capital LPs idgcapital.com	IDG Capital finanziert Unternehmen in der Früh- und Wachstumsphase im Technologiesektor.
Kenetic Capital kenetic.capital	Kenetic konzentriert sich auf digitale Assets und Blockchain-bezogene Unternehmen.
KR1 Fund kr1.io	KR1 ist eine börsennotierte Investmentgesellschaft, die sich auf das Blockchain-Ökosystem konzentriert und in Projekte in der Frühphase sowie in Blockchain-basierte digitale Assets investiert.
Medici Ventures mediciventures.com	Medici Ventures verwaltet die Investitionen von Overstock.com in Unternehmen, die Lösungen entwickeln und Blockchain-Technologien nutzen und betreuen.
Moonrock Capital moonrockcapital.io	Moonrock Capital ist eine Blockchain-Beratungs- und Investmentgesellschaft mit Sitz in London und Hamburg.
NGC Ventures ngc.fund	NGC Ventures ist ein Investor für Blockchain- und Distributed-Ledger-Technologien.
North Island Ventures northisland.ventures	North Island Ventures ist ein Risikokapitalfonds mit Schwerpunkt auf digitalen Assets.
Pantera Capital panteracapital.com	Über seine Risikofonds bietet Pantera Investoren aktiv verwaltete, mehrstufige Engagements in Unternehmen, die Blockchain-Produkte und -Dienstleistungen entwickeln. Pantera legte 2013 den weltweit ersten Blockchain-exklusiven Risikofonds auf, seitdem folgten zwei weitere.

Paradigm pdvpl.com	Paradigm Ventures wurde gegründet, um traditionelle Ansätze für die Analyse, Investition und Entwicklung von technologieorientierten Unternehmen infrage zu stellen.
PayPal Ventures pypl.com	PayPal Ventures ist ein Corporate-VC-Unternehmen, das in Finanzdienstleistungen, Förderung des Handels sowie Daten- und Infrastrukturunternehmen investiert.
PNYX Ventures pnyx.ventures	PNYX Ventures ist ein auf Blockchain-Kapitalmärkte spezialisiertes Unternehmen zur Verwaltung digitaler Assets.
Polychain Capital polychain.capital	Polychain Capital ist ein Hedgefonds für digitale Assets und ein Risikokapitalunternehmen mit Sitz in San Francisco. Das Unternehmen tätigt Frühphaseninvestitionen in Blockchain-Unternehmen, investiert in ICOs und handelt mit digitalen Assets.
PostModern Partners postmodernpartners.co	PostModern Partners ist ein führender Investmentmanager, der nur akkreditierten Anlegern offensteht. Er überwacht einen aggressiven, marktübergreifenden Investmentfonds, der sich auf risikoreiche und renditestarke Blockchain-Anlagemöglichkeiten konzentriert.
Rarestone Capital rarestone.capital	Rarestone Capital wurde 2020 gegründet und ist ein Risikokapitalunternehmen mit Sitz in London. Es investiert in Blockchains und digitale Assets.
Spark Digital Capital sparkdigitalcapital.com	Spark investiert in die Zukunft von Blockchain und Technologie.
SPiCE VC spicevc.com	SPiCE bietet Anlegern eine breite Beteiligung am massiven Wachstum des Blockchain- und Tokenisierungs-Ökosystems.
Union Square Ventures usv.com	Union Square finanziert Start-ups in der Internet- und Mobilfunkbranche und war und ist ein wichtiger Investor in Blockchain-Start-ups.

Valar Ventures valar.com	Valar Ventures investiert in margenstarke, schnell wachsende Technologieunternehmen, die große Marktchancen verfolgen.
Volt Capital volt.capital	Volt Capital ist ein forschungs- und gemeinschaftsgetriebener Kryptofonds.
Woodstock Fund woodstockfund.com	Woodstock ist ein aufstrebender Technologie-Investmentfonds, der in Blockchain-Start-ups und -Unternehmen in der Früh- und Wachstumsphase investiert.

Hedgefonds, die in Blockchain und digitale Assets investieren

BlockTower blocktower.com	BlockTower ist eine Krypto- und Blockchain-Investmentfirma, die professionellen Handel, Investitionen und Portfoliomanagement auf die digitale Anlageklasse anwendet.
Ikigai Asset Management ikigai.fund	Ikigai ist ein multistrategischer Long/Short-Hedgefonds, der in digitale Assets investiert. Das Unternehmen ist bestrebt, durch Pre-ICO-Investitionen im Risikostadium und liquide Hedgefonds-Strategien überdurchschnittliche risikobereinigte Renditen zu erzielen.
Multicoin Capital multicoin.capital	Multicoin ist ein Investmentunternehmen mit thesenbasiertem Ansatz, das in digitale Assets und Blockchain-Unternehmen investiert, die Billionen-Dollar-Märkte umgestalten. Es verwaltet einen Hedgefonds und einen Risikofonds und investiert sowohl in öffentliche als auch in private Märkte.
Pythagoras **Pythagoras Investments** pythagoras.investitionen	Pythagoras verwaltet einen Krypto-Arbitrage-Handelsfonds und einen Krypto-Trendfolgefonds. Pythagoras verfügt über 100 Millionen Dollar an AUM, eine siebenjährige Pythagoras-Bilanz und zehn in Vollzeit beschäftigte quantitative Händler (Quant-Trader) und Programmierer, die in Harvard und an der Columbia University ausgebildet wurden.

Eine aktuelle Liste mit Hyperlinks finden Sie in den
Gelben Seiten des DACFP
unter dacfp.com

Dachfonds, die in Blockchain und digitale Assets investieren

Accolade Partners accoladepartners.com	Accolade hat sich auf ein konzentriertes Portfolio von schwer zugänglichen Fonds in den Bereichen Risikokapital und Wachstumskapital spezialisiert.
Blockchain Coinvestors blockchaincoinvestors.com	Blockchain Coinvestors ist ein offener, liquider Fonds. Er verwaltet ein Bündel von Blockchain-Fonds sowie Aktienanlagen. Er war der erste Blockchain-Dachfonds.
Galaxy Vision Hill galaxyfund-management.com	Galaxy Vision Hill Venture FOF II investiert in langfristige disruptive Trends, die von der Blockchain-Technologie ausgehen, darunter DeFi, Web 3.0, NFTs/Digital Goods und andere neuartige kryptobezogene Dienstleistungen und Infrastrukturen.
Hutt Capital huttcapital.com	Hutt arbeitet mit Risikofirmen zusammen, um durch Sekundär- und Direktinvestitionen ein diversifiziertes Engagement in vielversprechende Blockchain- und Digital-Asset-Start-ups weltweit zu ermöglichen. Es ist bestrebt, ein langfristiges globales Engagement in Blockchain-Innovationen mit reduziertem Risiko und geringer Volatilität zu bieten.
Protocol Ventures protocolventures.com	Protocol unterhält enge Beziehungen zu führenden Hedgefonds-Managern in den Bereichen hochliquide digitale Assets, SAFTs und Blockchain-/Krypto-Aktien. Der Fonds arbeitet mit Fondsmanagern zusammen, die über ein tiefes technisches Verständnis der Blockchain-Technologie, asymmetrische Information und eine Vision der Branche, ein Netzwerk von angesehenen Führungskräften weltweit, einen wertschöpfenden Ansatz für das Ökosystem und einen klaren und differenzierten Anlageansatz verfügen.

Eine aktuelle Liste mit Hyperlinks finden Sie in den
Gelben Seiten des DACFP
unter dacfp.com

17 Wie Sie die digitalen Assets Ihres Portfolios verwalten

Buy-and-Hold vs. Market Timing

Herzlichen Glückwunsch! Sie machen große Fortschritte. Sie wissen nun, welche Anlagen (oder welche Arten von Anlagen) Sie besitzen möchten und wie Sie sie kaufen können. Sie wissen aber auch, wie viel Ihres Portfolios Sie in digitale Assets investieren wollen.

Hier ist die nächste Frage, die Sie sich stellen sollten: Sollten Sie beim Kauf von digitalen Assets diese über Jahre hinweg halten oder nur über sehr viel kürzere Zeiträume, indem Sie sie nur dann besitzen, wenn die Preise steigen, und sie verkaufen, bevor sie fallen?

Dieses Konzept des Kaufens und Verkaufens wird als *Market Timing* bezeichnet. Bei anderen Anlageklassen hat uns die Geschichte gezeigt, dass das Market Timing nicht funktioniert.* Aber gilt das auch für digitale Assets?

Wir wissen zum Beispiel, dass Sie große Teile Ihres Geldes in andere Anlageklassen investieren müssen, um Ihre Rendite sinnvoll zu

---

* Wenn Sie mehr darüber erfahren möchten, lesen Sie eines meiner Bücher – es ist ein Dauerthema.

beeinflussen, aber wir wissen jetzt auch, dass dies bei Investitionen in digitale Assets nicht notwendig ist. Könnte es also sein, dass wir mit dem Market Timing bei digitalen Assets auch anders umgehen müssen?

Beantworten wir diese Frage, indem wir uns den Kursverlauf des Bitcoin vom 17. Juli 2010 (der als das erste Datum gilt, an dem ein Kurs für den Bitcoin festgelegt wurde) bis zum 31. Dezember 2020 ansehen, wie in Abbildung 17.1 dargestellt.

Die Daten in diesem Diagramm deuten darauf hin, dass Sie umso mehr Gewinn gemacht hätten, je länger Sie Bitcoin gehalten hätten. Betrachten wir jedoch nun einen aktuelleren Zeitraum, 2015 bis 2020, wie in Abbildung 17.2 dargestellt.

Bitcoin-Kursverlauf
17.07.10–31.12.20

	Anfang	Ende	Anfangspreis	Endpreis	Gewinn
1 Jahr	31.10.20	31.10.21	13.737 $	61.319 $	347 %
5 Jahre	31.10.16	31.10.21	727 $	61.319 $	8.335 %
10 Jahre	31.10.11	31.10.21	3,11 $	61.319 $	1.971.572 %
Auflegung	17.07.10	31.10.21	0,07 $	61.319 $	87.598.471 %

Abbildung 17.1

Jährliche Bitcoin-Renditen
2015–2020

	Gewinn	10 beste Tage
2015	34 %	96 %
2016	124 %	80 %
2017	1.369 %	163 %
2018	–73 %	108 %
2019	92 %	123 %
2020	303 %	108 %

Abbildung 17.2

Wie in Abbildung 17.2 zu sehen ist, weist der Bitcoin eine hohe Volatilität auf – Gewinne von bis zu 1.369 Prozent (2017) und Verluste von bis zu 73 Prozent (2018). Wenn man jedoch die zehn besten Tage eines jeden Jahres genauer betrachtet, sieht man etwas anderes. Im Jahr 2015 stieg der Bitcoin beispielsweise um 34 Prozent, aber an den zehn besten Tagen des Jahres legte er um 96 Prozent zu.

Und im Jahr 2016 verzeichnete der Bitcoin einen jährlichen Anstieg von 124 Prozent – mit einem Anstieg von 80 Prozent in nur zehn Tagen. Abbildung 17.2 zeigt Ihnen, dass jedes Jahr eine ähnliche Entwicklung aufweist.

Lassen Sie es mich für Sie zusammenfassen:

- Wenn Sie seit der Einführung des Bitcoin den einen Tag verpasst hätten, an dem er am stärksten gestiegen ist, hätten Sie 35 Prozent aller Gewinne verpasst, die der Bitcoin jemals erzielt hat.
- Wenn Sie die beste Woche verpasst hätten, hätten Sie 50 Prozent der Gewinne in der gesamten Geschichte des Bitcoin verpasst.
- Wenn Sie den besten Monat verpasst hätten, hätten Sie 72 Prozent der Gewinne verpasst.
- Und wenn Sie die besten zwei Monate verpasst hätten, hätten Sie 92 Prozent der gesamten Gewinne verpasst.

Wenn Sie das dazu motiviert, sich mit Market Timing zu beschäftigen, fragen Sie sich Folgendes: Was würde passieren, wenn Sie statt der zehn besten Tage versehentlich die zehn schlechtesten Tage erwischen würden?

Hier ist die Antwort:

- Im Jahr 2015 hätten Sie Ihr gesamtes Geld verloren, obwohl der Bitcoin um 34 Prozent gestiegen ist.
- Im Jahr 2016 stieg der Bitcoin um 124 Prozent, aber Sie hätten 81 Prozent verloren.

- Im Jahr 2017 stieg der Bitcoin um fast 1.400 Prozent, aber Sie hätten Ihre gesamte Investition verloren.
- Im Jahr 2018 hätten Sie wieder Ihr ganzes Geld verloren.
- Dito 2019, auch wenn sich der Bitcoin fast verdoppelt hat.
- Und auch 2020 hätten Sie einen Totalverlust erlitten, in einem Jahr, in dem sich der Bitcoin verdreifacht hat.

Mit anderen Worten: Market Timing bei digitalen Assets unterscheidet sich nicht von Market Timing am Aktienmarkt. Alle Warnungen von Finanzberatern vor dem Market Timing gelten auch für diese Anlageklasse.

Bevor Sie mir widersprechen und behaupten, die ungewöhnliche und übermäßige Volatilität des Bitcoin mache ihn ideal für das Market Timing, bedenken Sie Folgendes: Im Jahr 2020 waren 30 Prozent der Aktien im S&P 500 volatiler als der Bitcoin. Betreiben Sie Market Timing mit Aktien? Wenn nicht, dann tun Sie es auch nicht mit dem Bitcoin.

Risikominderung durch den Durchschnittskosteneffekt

Macht Ihnen die Volatilität Angst? Wenn ja, finden Sie hier eine Strategie, mit der Sie die Volatilität zu Ihrem Vorteil nutzen können.

Man nennt das Durchschnittskosteneffekt (engl.: Dollar Cost Averaging; DCA). Anstatt Ihr Geld auf einmal zu investieren, legen Sie es langsam über einen längeren Zeitraum an. Und so geht's:

Entscheiden Sie zunächst, wie viel Geld Sie in digitale Assets investieren wollen. Legen Sie dann den Zeitrahmen für die Durchführung dieser Investitionen fest. Angenommen, Sie beschließen, 10.000 Dollar über ein Jahr zu investieren. Sie würden also 833 Dollar pro Monat investieren. (Das Intervall spielt keine Rolle, auch nicht der Betrag. Wichtig ist nur, dass Sie bei Ihrem Einsatz konsequent sind.)

Damit Sie die Vorteile des Durchschnittskosteneffekts besser verstehen, möchte ich Ihnen folgendes Rätsel aufgeben: Sie haben 100

Dollar und kaufen eine Investition im Wert von zehn Dollar. Sie erhalten also zehn Anteile. Im nächsten Monat investieren Sie weitere 100 Dollar, aber die Investition ist jetzt nur noch fünf Dollar wert. Sie erhalten also 20 Anteile. Wie hoch ist der Durchschnittspreis aller Ihrer Aktien?

Lautet Ihre Antwort: 7,50 Dollar? Wenn ja, dann haben Sie es so abgeleitet:

(10 $ + 5 $) / 2 = 7,50 $

Aber diese Antwort ist falsch.

Die richtige Antwort lautet: 6,67 Dollar. Sie haben insgesamt 200 Dollar investiert und besitzen insgesamt 30 Aktien. Hier ist die Formel, die Sie hätten verwenden sollen:

200 $ / 30 = 6,67 $

Verwirrt? Das liegt daran, dass Sie das *arithmetische Mittel* verwendet haben, das Sie in der dritten Klasse gelernt haben. Ich habe das *harmonische Mittel* verwendet, das wir in der vierten Klasse kennengelernt haben.

Beide Durchschnittswerte sind legitim. Sie liefern uns einfach andere Informationen. Das harmonische Mittel zeigt die *durchschnittlichen Kosten*, während das arithmetische Mittel den *durchschnittlichen Preis* angibt. Da das harmonische Mittel immer niedriger ist als das arithmetische Mittel, sind die Durchschnittskosten immer niedriger als der Durchschnittspreis! Der Durchschnittskosteneffekt bringt also immer einen Gewinn!*

Cool, oder? Sie wissen, dass man am besten kauft, wenn die Preise niedrig sind, und der Durchschnittskosteneffekt macht das automatisch für uns möglich. Sie erhalten mehr Anteile, wenn die Kurse niedriger sind, und weniger Anteile, wenn die Kurse höher sind. Auf diese Weise können Sie auf kosteneffiziente Weise Anteile erwerben.

Am besten funktioniert der Durchschnittskosteneffekt bei Assets, die im Wert schwanken. Auf Ihre Spareinlagen erhalten Sie für län-

* Es sei denn, das Asset wird wertlos;
in diesem Fall ist nichts mehr zu retten.

gere Zeit gleichbleibend niedrige Zinsen, sodass der Durchschnittskosteneffekt keinen besonderen Vorteil bietet. Der Aktienmarkt ist jedoch volatil und deshalb ist der Durchschnittskosteneffekt eine gängige Strategie für Aktienanlagen. Und Sie können ihn genauso gut auf digitale Assets anwenden.

Um die Auswirkungen des Durchschnittskosteneffekts zu veranschaulichen, kehren wir zum 31. Dezember 2017 zurück, als der Bitcoin-Kurs bei 13.379 Dollar lag. Nehmen wir an, Sie haben 10.000 Dollar in einer Pauschalsumme investiert und 0,75 Bitcoin gekauft. 14 Monate später, am 31. Januar 2019, war der Bitcoin-Kurs um 74 Prozent gefallen. Ihre Investition von 10.000 Dollar war nur noch 2.592 Dollar wert.

Doch dann begann der Bitcoin-Kurs wieder zu steigen; am 31. Oktober 2020 erreichte er 13.737 Dollar, und Sie hatten Ihre Verluste wieder ausgeglichen. Das ist nicht sonderlich aufregend, denn nach drei Jahren hat man lediglich ein ausgeglichenes Ergebnis erzielt.

Die Geschichte wäre ganz anders verlaufen, wenn Sie den Durchschnittskosteneffekt eingesetzt hätten. Hätten Sie die 10.000 Dollar über einen Zeitraum von zwölf Monaten (833 Dollar pro Monat) statt in einem Pauschalbetrag investiert, wäre Folgendes passiert:

- Anstatt beim Tiefststand im Januar 2019 einen Verlust von 74 Prozent zu erleiden, wäre Ihr Verlust um ein Drittel geringer gewesen als der Verlust des Pauschalanlegers.
- Anstatt bis zum 31. Oktober 2020 warten zu müssen, um die Gewinnschwelle zu erreichen, hätten Sie Ihren Verlust sechs Monate früher wieder ausgeglichen.
- Am wichtigsten ist, dass Sie fast doppelt so viele Bitcoin angesammelt hätten wie der Pauschalinvestor. Durch den Besitz von so vielen Coins hätte sich der Wert Ihrer Anlage bis Dezember 2020 auf fast 40.000 Dollar vervierfacht, während das Konto des Pauschalanlegers nur etwa 21.000 Dollar wert gewesen wäre.

	Verlust beim Tiefstand im Januar 2019	Verlust ausgeglichen im	Wert im Dez. 2020
10.000 $ Pauschalanlage im Dez. 2017	74 %	Dez. 2020	21.000 $
833 $ / Monat Dez. 2017–Jan. 2019	46 %	Mai 2019	40.000 $

Abbildung 17.3

Natürlich verringert der Durchschnittskosteneffekt auch Ihre Gewinne, wenn der Kurs des Assets stetig ansteigt. Aber digitale Assets sind in der Vergangenheit extrem volatil gewesen und das spricht für eine Investition mithilfe des Durchschnittskosteneffekts, wenn Sie Ihr Risiko reduzieren wollen.

Risikominderung durch Rebalancing

Alle Daten und Diagramme, die wir gesehen haben, gehen davon aus, dass Sie Ihrem Portfolio eine kleine Menge an Bitcoin (hier stellvertretend für das breitere Ökosystem der digitalen Assets) hinzufügen. Und wir sind davon ausgegangen, dass Sie einen Ansatz gewählt haben, bei dem Sie anlegen und dann „die Sache vergessen“.

Das ist nicht ideal. Eine weitaus bessere Möglichkeit, Ihr Geld zu verwalten, besteht darin, Ihr *Portfolio regelmäßig neu zu gewichten*. Dies ist von entscheidender Bedeutung, denn wenn Sie es sich selbst überlassen, wird das von Ihnen geschaffene Portfolio von einer wohlüberlegten zu einer waghalsigen Zusammensetzung abdriften.

Der Grund dafür ist, dass sich jede Anlage, die Sie besitzen, unabhängig von den anderen entwickelt. Einige Anlagen werden steigen, während andere fallen, und schließlich wird Ihr Portfolio nicht mehr dem von Ihnen erstellten Vermögensallokationsmodell entsprechen.

Zur einfachen Veranschaulichung können Sie Ihr Geld zu gleichen Teilen in Bargeld und Aktien anlegen, als 50/50-Portfolio. Es ist sehr wahrscheinlich, dass der Aktienanteil im Laufe der Zeit schneller wächst als Ihr Bargeld. Ein unbeaufsichtigtes Portfolio würde von 50/50 zu 60/40, 70/30, 80/20 und schließlich zu 90/10 wandern.

Um das Problem solcher Abweichungen zu lösen, müssen Sie in regelmäßigen Abständen eine Neugewichtung (Rebalancing) vornehmen. Dazu verkaufen Sie so viele Aktien, dass die Quote wieder bei 50 Prozent liegt, und fügen dieses Geld den Barmitteln hinzu, um die Quote wieder auf 50 Prozent zu erhöhen. Dadurch erhält Ihr Portfolio wieder seine ursprünglichen Proportionen.

Dies mag kontraintuitiv erscheinen, denn eine Neugewichtung erfordert, dass Sie die Anlagen verkaufen, die am meisten Geld eingebracht haben, und die Anlagen kaufen, die am wenigsten Geld eingebracht (oder vielleicht sogar Geld verloren) haben. Aber die Idee ist eigentlich genial, denn beim Rebalancing verkauft man immer Assets zu relativ höheren Preisen und kauft andere, die relativ niedrigere Preise haben.

Hoch verkaufen und niedrig kaufen. Oder, wie es häufiger heißt: *Buy low, sell high.*

Betrachten wir den Zeitraum vom 16. Dezember 2017 bis zum 3. März 2020, als der Bitcoin um 67 Prozent fiel. Ein 59/40/1-Portfolio, das neu gewichtet wurde, hatte höhere Erträge und geringere Risiken als ein 60/40-Portfolio, das nicht neu gewichtet wurde. *Selbst wenn der Preis fällt, sind Sie mit dem Bitcoin besser dran als ohne.*

In der Tat zeigt die Geschichte, dass das Hinzufügen des Bitcoin zu einem Portfolio die Sharpe Ratio in 69 Prozent der Fälle verbessert, und wenn man den Bitcoin hinzufügt *und* das Portfolio neu gewichtet, verbessert man die Sharpe Ratio sogar in 100 Prozent der Fälle.

Sie können monatlich, vierteljährlich, jährlich oder auf der Grundlage von prozentualen Veränderungen innerhalb des Portfolios ein Rebalancing vornehmen. Was ist am besten? Man könnte genauso gut fragen, wer der beste Maler der Renaissance war – das ist subjektiv. Ich kann Ihnen nur sagen, dass die Daten zeigen, dass jede Rebalancing-Strategie die Volatilität senkt.

TEIL VIER

REGULIERUNG UND COMPLIANCE

18
Wie digitale Assets reguliert werden

Patentierte Medikamente wurden im 18. und 19. Jahrhundert populär. In Wahrheit handelte es sich nicht um richtige Medikamente und nichts wurde wirklich patentiert – der Name selbst war Teil des Betrugs.

Und was für ein Betrug das war. Geschickte Verkäufer priesen sie als Heilmittel für Dutzende von Krankheiten an, darunter Nierenprobleme, Kahlheit, Geschlechtskrankheiten, Tuberkulose, Krebs, Cholera, Epilepsie, Scharlach, Lähmungen, „Frauenbeschwerden" und vieles mehr. Die Produkte waren gefälscht, bestenfalls Placebos, aber oft gefährlich (übliche Bestandteile waren Heroin und Kokain).

Zum Schutz der Öffentlichkeit verabschiedete der Kongress Dutzende von Gesetzen, angefangen mit einem Verbraucherschutzgesetz von 1906 namens Pure Food and Drug Act, und errichtete zahlreiche Bundesbehörden, darunter die FDA, die National Institutes of Health (NIH), das Landwirtschaftsministerium und die Centers for Disease Control and Prevention. Obwohl es nach wie vor Betrügereien gibt – man sieht regelmäßig Anzeigen für „Nahrungsergänzungsmittel", die behaupten, die Energie zu steigern, die sexuelle Potenz zu erhöhen, Kahlheit zu heilen und dergleichen mehr –, kann man sicher sagen, dass wir alle besser dran sind mit dem heutigen System als mit dem von 1850.

Dasselbe gilt für Automobile. Nachdem das erste Auto das Werk verlassen hatte, dauerte es nicht lange, bis sich der erste Unfall ereignete. Die Regierungen auf Bundes- und Landesebene erkannten bald die Notwendigkeit von Gesetzen und Vorschriften für den Bau und den Betrieb von Autos und es kam zu erstaunlichen Verbesserungen: 1913 starben laut National Safety Council, dem Nationalen Sicherheitsrat, 33 Menschen pro 10.000 Fahrzeuge auf der Straße; 2019 waren es weniger als zwei Todesfälle pro 10.000 Fahrzeuge, eine Verbesserung um 96 Prozent.

Aus regulatorischer Sicht ist es mit den digitalen Assets wie mit den Medikamenten und Autos im 19. und Anfang des 20. Jahrhunderts. Digitale Assets sind so neu, dass Gesetzgeber und Aufsichtsbehörden noch nicht in der Lage waren, den Rückstand aufzuholen, aber sie arbeiten hart daran, dies zu tun.

Die politischen Entscheidungsträger müssen vier wichtige Fragen klären:

- **Gerichtsbarkeit:** Digitale Assets existieren nicht an einem festen Ort, was es schwierig macht, zu wissen, wer für Produkte und Transaktionen zuständig ist.
- **Terminologie:** Es ist schwierig, Gesetze und Verordnungen für digitale Assets zu erlassen, wenn wir uns nicht einmal auf die zu verwendenden Begriffe einigen können.
- **Anonymität:** Es ist oft schwierig festzustellen, wer hinter digitalen Transaktionen steht oder an ihnen beteiligt ist, da die meisten Blockchains oder ihre Transaktionen anonym sind. Andere sind pseudonym, das heißt, die Transaktionen sind mit einem rückverfolgbaren Konto verbunden, aber nicht mit dem Kontoinhaber. Wie können Sie Transaktionen regulieren, wenn Sie die beteiligten Parteien nicht identifizieren können?
- **Schlichtung**: Streitigkeiten sind unvermeidlich. Selbst wenn Sie wissen, wer die Parteien sind (vielleicht durch Selbstidentifizierung), wie können Sie ein Urteil voll-

strecken, wenn sich die Parteien in verschiedenen Gerichtsbarkeiten befinden?

Die politischen Entscheidungsträger haben drei Möglichkeiten: Sie können ermutigend, tolerant oder streng sein. *Ermutigende Länder* lassen die Blockchain und damit verbundene Unternehmen sich entfalten. Sie haben Gesetze und Verordnungen erlassen, um Klarheit darüber zu schaffen, wie Transaktionen behandelt werden und welche Regeln befolgt werden müssen. Zu diesen Ländern gehören die Bermudainseln, Hongkong, Japan, Malta, Singapur und die Schweiz.

Tolerante Länder mischen sich nicht in den Handel und die Transaktionen mit digitalen Assets ein, aber es gibt auch noch keine klaren Regeln. Im Grunde genommen genehmigen diese Regierungen den Betrieb, während sie dabei sind, klare Verhältnisse zu schaffen. Die meisten Länder gehören zu dieser Kategorie.

Strenge Länder haben entweder bestimmte Transaktionen oder den Austausch von digitalen Assets verboten oder gehen feindselig mit Bürgern um, die digitale Assets nutzen. Zu diesen Ländern gehören Algerien, Bolivien, Marokko, Pakistan und China.

Die Vereinigten Staaten gehören zu den toleranten Ländern. Als weltweit führendes kapitalistisches Land wissen sie sowohl um die Bedeutung von Innovationen als auch, dass ein Verbot der Branche lediglich dazu führen würde, dass Innovationen ins Ausland verlagert werden, was anderen Ländern zugutekäme.

Aber die Ausarbeitung von Gesetzen und Vorschriften ist in den Vereinigten Staaten aufgrund des Regierungssystems eine Herausforderung. Allein in der Exekutive verfügt das Finanzministerium über eine Vielzahl von Behörden, die ihre Zuständigkeit geltend machen: das Office of the Comptroller of the Currency, das Office of Foreign Assets Control, den IRS (die Bundessteuerbehörde, der Internal Revenue Service) und das FinCEN (das Financial Crimes Enforcement Network). Darin sind die unabhängigen Agenturen noch gar nicht enthalten: das Federal Reserve Board, die Securities and Exchange Commission und die Commodity Futures Trading Commission. Und vergessen wir nicht den Kongress, der darüber entscheidet, welche Behörde zuständig ist (und welche Mittel sie erhält). Und da sicher irgendjemand gegen die getroffenen Entscheidungen klagen wird, werden sich schließlich auch die Gerichte einschalten.

Und das sind nur die USA. Die Welt ist groß, es gibt 197 von den Vereinten Nationen anerkannte Länder. Die Arbeit wird von der Financial Action Task Force (FATF), einem politischen Gremium für die globale Finanzregulierung, geleistet. Alle Mitgliedstaaten (zu denen auch die Vereinigten Staaten gehören) verpflichten sich normalerweise, die Regeln der FATF einzuhalten.* Im Oktober 2021 veröffentlichte sie Leitlinien für die Regulierung digitaler Assets, einschließlich einer Vorschrift, die Börsen für digitale Assets verpflichtet, mehr Maßnahmen zur Bekämpfung von Geldwäsche zu ergreifen. Dies baut auf der „Travel Rule" (auf Deutsch: Reiseregel) der FATF auf (die seit 1995 in Kraft ist), die von den Instituten verlangt, Informationen über alle grenzüberschreitenden Transaktionen von 1.000 Dollar oder mehr zu sammeln. Die Vorschrift gilt nun auch für Börsen für digitale Assets und verpflichtet diese Börsen, Ihren Namen, Ihre Kontonummer, Ihre Adresse, die Identität Ihres Finanzinstituts, den Betrag der Transaktion und das Datum ihrer Ausführung sowie die Identität des Finanzinstituts des Empfängers zu erfassen.

Wir haben noch nicht einmal die 50 US-Bundesstaaten erwähnt, von denen jeder eine ähnliche Struktur wie die amerikanische Bundesregierung hat. Also multiplizieren Sie alles mit 51.

New York zum Beispiel verlangt von Unternehmen, die Produkte und Dienstleistungen für digitale Assets anbieten wollen, eine BitLicense, die von der Krypto-Community als lästig angesehen wird (was einige dazu veranlasst hat, zu erklären, dass sie in allen US-Bundesstaaten außer New York tätig sein werden). Wyoming, Texas

* Die Global Blockchain Convergence, eine Gruppe von rund 200 Experten aus der ganzen Welt, unterstützt Regierungen weltweit bei diesen Fragen. Ich gehöre seit 2019 zu dieser Gruppe.

und Miami (anders als der Rest von Florida) haben einen anderen Ansatz gewählt. Sie alle haben die kryptofreundlichsten Gesetze des Landes verabschiedet. Ihre Gesetze bieten große Klarheit darüber, was erlaubt ist und was nicht, sodass es für Unternehmen einfach ist, auf konforme Art und Weise zu arbeiten.

Wyoming hat auch eine *FinTech-Sandbox,* eine Art „Spielplatz“ für Unternehmen im Bereich digitaler Assets, eingerichtet. Die Regulierungsbehörden wissen, dass die Community innovativ und daher nicht immer sicher ist, was sie tut oder was funktionieren wird. Anstatt sie vorgeschriebene Regeln befolgen zu lassen, verlangt Wyoming von den Unternehmen lediglich, dass sie die Regierung über ihre Aktivitäten auf dem Laufenden halten – so kann die Regierung parallel zu den Unternehmern arbeiten und Vorschriften entwickeln, während diese ihre Produkte entwickeln. Dieses freundliche Miteinander hat Wyoming zu einem Zentrum für die Community im Bereich digitaler Assets gemacht, so bedeutend, wie das Silicon Valley vor 30 Jahren für die Computerbranche war.

Texas sorgt auch für regulatorische und rechtliche Klarheit; der Staat gehört nun zu den wenigen Lieblingen von Bitcoin-Minern. Und Miami hat nichts Geringeres zum Ziel, als „die Krypto-Hauptstadt der Welt“ zu werden, so Bürgermeister Francis Suarez. Unternehmer brachten sogar das digitale Token MiamiCoin auf den Markt und spendeten einen Teil des Erlöses an die Stadt. Die Kryptobörse FTX sicherte sich die Namensrechte für die NBA-Arena der Stadt, während die Aktienhandelsplattform eToro und die FTX-Krypto-Wallet Blockchain.com Büros in Miami eröffneten.

Miami ist gut aufgestellt, um erfolgreich zu sein. Die Stadt ist ein wichtiges internationales Finanzzentrum, in dem viele Einwanderer aus Lateinamerika, Mittelamerika und der Karibik leben. Sie haben Hyperinflation oder die Enteignung Ihres Vermögens erlebt und tendieren dazu, den Bitcoin zu verwenden, um Geld an Freunde und Familie in ihrem Heimatland zu schicken. Miami ist auch eine der Städte mit den wenigsten Bankkunden in den Vereinigten Staaten: 20

Prozent der Haushalte haben kein Bankkonto. (Allein in South Miami gibt es rund 400 Bitcoin-Automaten.)

Aber Miami ist nicht der einzige Ort, an dem die Community von Kryptowährungen umworben wird. Der Bürgermeister von New York City, Eric Adams, konkurriert offen mit Miami in einem, wie er es nennt, „freundschaftlichen Wettbewerb“. Er möchte, dass New York City seinen eigenen digitalen Coin hat, und erklärte: „Wir werden das Zentrum des Bitcoin werden.“ Zum Beweis nahm er seine ersten drei Gehaltsschecks in Bitcoin entgegen – und übertraf damit Miamis Bürgermeister Francis Suarez, der nur einen Gehaltsscheck in Bitcoin erhielt.

Adams und Suarez sollten aber mal einen weiteren Blick riskieren, denn El Salvador baut gerade eine „Bitcoin-Stadt“, die durch milliardenschwere, mit dem Bitcoin besicherte Staatsanleihen finanziert wird. Die gesamte Stadt soll mit geothermischer Energie versorgt werden, die von einem nahe gelegenen Vulkan erzeugt wird. Die Einwohner zahlen keine Grund-, Vermögen- oder Einkommensteuer, sondern nur eine in Europa übliche Mehrwertsteuer.

Der Wettlauf um die Akzeptanz der Kryptowährungen hat begonnen.

All dies geschieht, weil die meisten Regierungen zu dem Schluss gekommen sind, dass sich digitale Assets nicht aufhalten lassen. Alles, was sie tun können, ist, zu versuchen, sie zu regulieren und zu steuern und, wenn sie klug sind, daraus Kapital zu schlagen.

Regierungsbeamte bemühen sich um ein Gleichgewicht zwischen Sicherheit und Datenschutz. Die Regierung hat kein Recht, zu wissen, was Sie mit Ihrem Geld machen, es sei denn, Sie wollen es dazu verwenden, anderen oder dem eigenen Land zu schaden. Die Bemühungen, einen Mittelweg für digitale Assets zu finden, betreffen vier Regulierungsbereiche: Geld und Bankwesen (die Bewegung von digitalen Assets zwischen Konten oder Personen), Wertpapiere, nicht an der Börse gehandelte Investments und Steuern. Schauen wir uns die ersten drei Regulierungsbereiche an.

Wie Krypto weltweit reguliert wird

Werfen wir einen kurzen Blick darauf, wie digitale Assets von den Regierungen in den Regionen rund um den Globus betrachtet werden.

Asien

Südkorea hat klare Regeln aufgestellt und verfügt damit über einen der größten Kryptomärkte der Welt. Das Gleiche gilt für Japan, wo Unternehmen und Transaktionen mit digitalen Assets florieren. Aber beide Länder haben große Betrügereien und Misserfolge erlebt, sodass sie die Vorschriften und die Aufsicht zum Schutz ihrer Bürger ausweiten. Auch Singapur unterstützt die Ansiedlung von Unternehmen, die sich mit digitalen Assets beschäftigen, in hohem Maße. Ihre Vorschriften beziehen sich hauptsächlich auf Geldwäsche und die Einhaltung der FATF-Vorschriften.

In Indien ist das anders. Die dortige Regierung hat versucht, digitale Assets zu verbieten – der indische Gesetzgeber wollte eine zehnjährige Gefängnisstrafe für die Beteiligung an bestimmten Transaktionen mit digitalen Assets einführen. Diese und andere Bemühungen wurden vom Obersten Gerichtshof Indiens gekippt. Zum jetzigen Zeitpunkt ist die Situation noch ungewiss.

Und dann ist da noch China. China ist seit Langem führend bei digitalen Assets (die meisten Bitcoin wurden dort gemint) und die chinesische Regierung steht an der Spitze der Entwicklung von CBDC. Aber China ist ein kommunistisches Regime und die Regierung verachtet alles, was ihre Kontrolle bedroht. Dennoch ist die Wirtschaft des Landes stark kapitalistisch geprägt, was zu einem großen philosophischen Streit innerhalb der Landesgrenzen geführt hat.

China weiß nicht, ob es die Bedrohung fürchten soll, die digitale Assets für seine Kontrolle darstellen, oder ob es die wirtschaftlichen Vorteile gutheißen soll, die diese neue Anlageklasse mit sich bringt. Die politische Seite der Regierung gewinnt in dieser Debatte immer mehr die Oberhand. Im Jahr 2009, nur sechs Monate nach der Erfindung des Bitcoin, wurde er in China verboten. Im Jahr 2013 verbot China den Banken die Abwicklung von Bitcoin-Transaktionen. Im Jahr 2017 verbot sie ICOs. Im Jahr 2019 drohte das Land damit, das Bitcoin-Mining zu verbieten – und tat es schließlich 2021. Im selben Jahr verbot China dann sämtliche Bitcoin-Aktivitäten.

Der Verlust Chinas ist ein Gewinn für die USA. Als die chinesische Regierung das Bitcoin-Mining verbot, verlagerten viele chinesische Miner ihren Betrieb nach New York und Texas. Heute sind die Vereinigten Staaten weltweit führend im Bitcoin-Mining, meist auf Kosten Chinas.

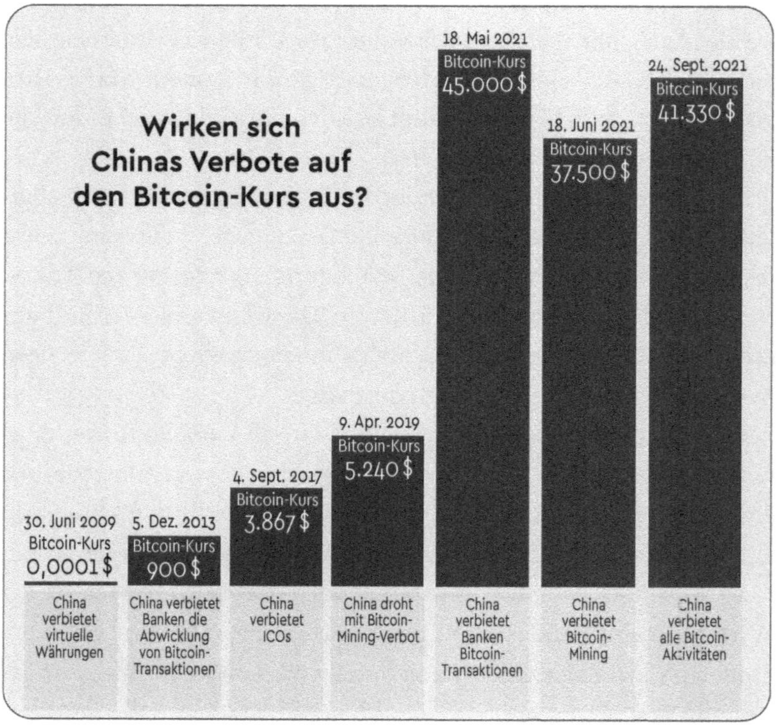

Abbildung 18.1

Und wie Abbildung 18.1 zeigt, hatten Chinas Verbote keine langfristigen Auswirkungen auf den Bitcoin-Kurs.

Naher Osten

Die saudi-arabische Regierung bemüht sich nach Kräften, die Ansiedlung von Unternehmen im Bereich digitaler Assets zu fördern. Ein kanadischer Bitcoin-ETF erhielt die Erlaubnis, 2021 an der Nasdaq Dubai zu handeln, was die Haltung dieses Landes zu diesem Thema verdeutlicht, während die israelische Zentralbank eine Studie veröffentlichte, die besagt, dass ein CBDC die Wirtschaft verbessern könnte – und Ethereum für einen Versuch auswählte. Die Vereinigten Arabischen Emirate gelten ebenfalls als kryptofreundlich, ebenso wie der Iran und der Libanon, zwei Länder, die unter einer erdrückenden Inflation leiden. (Fünf Prozent des gesamten Bitcoin-Minings werden im Iran durchgeführt.)

Auch in der Türkei herrscht Inflation, aber die türkische Regierung verbietet die Verwendung von digitalen Assets als Zahlungsmittel. Trotzdem hat sich die Nutzung von Kryptowährungen dort im Jahr 2021 verelffacht und 18 Prozent der Türken besitzen laut der ING Bank inzwischen digitale Assets.

Die Zentralbank von Bahrain genehmigte Rain, eine Handelsplattform für digitale Assets, die sowohl Einheimische als auch Kunden in Saudi-Arabien, den Vereinigten Arabischen Emiraten, Kuwait und Oman bedient. Die saudische Zentralbank und die Zentralbank der Vereinigten Arabischen Emirate arbeiten gemeinsam an einem Blockchain-Projekt namens Aber, einer doppelt ausgegebenen Zentralbankgeldmenge für grenzüberschreitende Zahlungen. Auch Israel, Libanon und die Türkei haben Pläne für eigene CBDCs angekündigt.

Die Regulierungsbehörde von Katar nimmt jedoch eine abwartende Haltung ein, was zeigt, dass verschiedene Länder unterschiedliche Ansichten über diese aufstrebende Anlageklasse haben.

Europa

Die Europäische Union hat im Jahr 2020 einen Vorstoß zur Regulierung digitaler Assets veröffentlicht, der Teil eines umfassenden Pakets zu den Themen digitale Finanzen, Strategie, Massenzahlungsverkehr und digitale Resilienz ist. Im Falle seiner Annahme würde die EU eine kohärente, konsistente Strategie für digitale Assets auf dem gesamten westlichen Kontinent bekommen.

Das Vereinigte Königreich kommt langsamer voran. Die Briten verhalten sich bisher zwar recht ermutigend, aber eher wie die Amerikaner: Sie haben sich noch nicht vollständig auf digitale Assets eingestellt, aber es wird erwartet, dass sie dies letztendlich tun werden.

Die Ukraine ist konkreter. Zurzeit plant sie, den Bitcoin zu einer legalen Währung des Landes zu erklären.

Und der russische Präsident Wladimir Putin sagte im Jahr 2021, dass digitale Assets „ein Recht auf Existenz haben und als Zahlungsmittel verwendet werden können". Der stellvertretende Finanzminister Alexej Moiseev sagte, die Regierung habe keine Pläne, diese Anlageklasse zu verbieten.

Afrika

Südafrika hat sich offiziell zu digitalen Assets bekannt und die Regulierungsbehörden sagen eine Zunahme der Aktivitäten voraus. Damit unterscheidet sich Südafrika von den meisten anderen afrikanischen Ländern, deren Zentralbanken die Verwendung digitaler Assets verbieten. Millionen von Bürgern in Simbabwe, Kenia und Ghana handeln trotz des Verbots in diesen Ländern mit digitalen Assets.

Nigeria verfolgte jedoch den gegenteiligen Ansatz und schuf ermutigende Richtlinien für Unternehmen im Bereich der digitalen Assets.

Nordamerika

Kanada ist eine der fortschrittlichsten Nationen der Welt und hat unter anderem mehrere Bitcoin-ETFs zugelassen. Auch Mexiko ist positiv eingestellt und fördert die Verwendung digitaler Assets. Die kubanische Zentralbank erkennt jetzt den Bitcoin an – ein wichtiger Schritt, damit die Bürger des Landes Geld von Verwandten in anderen

Ländern erhalten können. (Western Union schloss dort 2020 seine über 400 Standorte.)

Mittelamerika

Im Jahr 2021 war El Salvador das erste Land, das den Bitcoin als gesetzliches Zahlungsmittel einführte und 550 Bitcoin zur Unterstützung seiner Bemühungen kaufte. Die anfängliche Nachfrage nach der digitalen Wallet der Regierung – 70 Prozent der Bürger haben kein Bankkonto – war so groß, dass die Regierung kurzzeitig die Eröffnung neuer Konten einstellen musste. Offiziell heißt es, dass Salvadorianer, die den Bitcoin verwenden, jährlich 400 Millionen Dollar an Provisionen für Überweisungen sparen werden.

Der Inflationsschutz ist ein wichtiger Grund für die Beliebtheit des Bitcoin. El Salvador hat eine der höchsten Inflationsraten der Welt und die Bezahlung in Bitcoin schützt Käufer und Verkäufer vor deren Auswirkungen.

Zurzeit plant Panama, dem Beispiel El Salvadors zu folgen und den Bitcoin als offizielle Währung einzuführen.

Kanadische ETFs, die in Blockchain und digitale Assets investieren

Single Asset

Sponsor	Produktname	Ticker
3iQ Digital Asset Management 3iq.ca	Bitcoin Fund	BTCQ für kanadische Investoren BTCQ.U für US-Investoren
	Ether Fund	ETHQ für kanadische Investoren ETHQ.U für US-Investoren
CI Galaxy cifinancial.com	Bitcoin ETF	BTCX.U für US-Investoren
	Ethereum ETF	ETHX.U für US-Investoren

Purpose Investments purposeinvest-ments.com	Bitcoin ETF Carbon Offset Non-FX Hgd FX Hedged Non-FX Hedged für US-Investoren	 BTCC.J BTCC BTCC.B BTCC.U
	Ether ETF Carbon Offset Non-FX Hgd FX Hedged Non-FX Hedged für US-Investoren	 ETHH.J ETHH ETHH.N ETHH.U
Evolve ETFs evolveetfs.com	Bitcoin ETF	EBIT EBIT.U für US-Investoren
	Cryptocurrencies ETF	ETC ETC.U für US-Investoren
	Ether ETF	ETHR ETHR.U für US-Investoren

Multi Asset

Sponsor	Produktname	Ticker
Evolve ETFs evolveetfs.com	Cryptocurrencies ETF Investieren Sie in beides, Bitcoin und Ethereum	ETC ETC.U für US-Investoren
Fidelity ETFs fidelity.ca	Advantage Bitcoin ETF	FBTC FBTC.U für US-Investoren

Eine aktuelle Liste mit Hyperlinks finden Sie in den
Gelben Seiten des DACFP
unter dacfp.com

Südamerika

Venezuela kämpft ebenfalls mit Inflation (2021 lag die Inflationsrate bei über 1.600 Prozent); seine Bürger haben deshalb gewaltige Geldsummen in den Bitcoin investiert. Angesichts dieses Wettbewerbs hat Venezuela strenge Beschränkungen erlassen, die aber von vielen ignoriert werden.

Bolivien hat digitale Assets und Börsen ebenfalls verboten, während Ecuador nur sein eigenes digitales Asset, das SDE-Token, zulässt. Argentinien, Brasilien und Chile lassen digitale Assets in der Regel zu und erkennen damit an, dass sie bereits in großem Umfang genutzt werden. Und derzeit bereitet sich Paraguay darauf vor, genau wie El Salvador auch den Bitcoin als offizielles Zahlungsmittel einzuführen, was zeigt, wie unterschiedlich die Meinungen zu diesem Thema sind.

19

Sind digitale Assets Wertpapiere?

Zeit für ein weiteres Rätsel! Diese Frage ist eine Multiple-Choice-Frage. Nach Ansicht der US-Regulierungsbehörden ist der Bitcoin:

1. eine Währung
2. ein Wertpapier
3. ein Gebrauchsgegenstand
4. Eigentum

Ja, das ist eine weitere Fangfrage. Die Antwort lautet: Alle Antworten sind richtig.

So viel zur Klarheit der Regularien.

Es gibt viele Antworten, weil es viele staatliche Regulierungsbehörden gibt, die diese Frage beantworten. Dies ist von Bedeutung, da die Art und Weise, wie eine Behörde die Frage beantwortet, darüber entscheidet, ob sie zuständig ist, und wenn ja, welche ihrer Vorschriften gelten.

Beginnen wir mit der SEC. Die SEC sagt, dass der Bitcoin kein Wertpapier ist. Dessen ist sich die SEC sicher. Warum? Weil der Bitcoin den *Howey-Test* nicht besteht.

Bevor ich erkläre, worum es sich dabei handelt, sollten Sie verstehen, warum der Howey-Test ins Leben gerufen wurde. Die Geschichte beginnt mit dem Börsenkrach von 1929 und der darauffolgenden Großen Depression. Um zu verhindern, dass so etwas noch einmal passiert, verabschiedete der Kongress eine Reihe von Gesetzen, darunter den Securities Act von 1933 und den Securities Exchange Act von 1934. Diese Gesetze verlangen von denjenigen, die Wertpapiere schaffen und verkaufen, die Einhaltung strenger Regeln – Regeln, die es in den 1920er-Jahren noch nicht gab.

Ein Wertpapier schaffen und verkaufen? Gut, aber was ist ein Wertpapier? Ein Wertpapier ist nach diesen neuen Gesetzen ein *Investitionsvertrag*. Gut, aber was ist ein Investitionsvertrag?

Darüber gab es erhebliche Meinungsverschiedenheiten und der Streit ging bis zum Obersten Gerichtshof. Im Jahr 1946 entschied das Gericht in der bahnbrechenden Rechtssache *SEC vs. Howey*, dass eine Transaktion ein Anlagevertrag (und damit ein Wertpapier) ist, wenn:

1. es eine Investition von Geld darstellt.
2. sich eine Gewinnerwartung aus der Investition ergibt.
3. das Geld in ein gewöhnliches Unternehmen investiert wird.
4. jegliche Gewinne aus den Bemühungen eines Projektförderers oder einer dritten Partei stammen.

Das Ganze wurde unter dem Namen Howey-Test bekannt. Wenn die vier Kriterien das beschreiben, was Sie tun, dann haben Sie es mit einem Wertpapier zu tun.

Die SEC wandte den Howey-Test auf den Bitcoin an und kam zu dem Schluss, dass der Bitcoin kein Wertpapier ist. Das Gleiche gilt für Ethereum. Aber andere digitale Assets sind oder können Wertpapiere sein, sagt die SEC. Und wenn Sie einen Fonds kaufen, der ein Wertpapier ist, und das Wertpapier kauft Bitcoin, dann haben Sie es mit einem Wertpapier zu tun, auch wenn der Basiswert kein Wertpapier ist.

Abbildung 19.1

Erinnern Sie sich an das Remake des Filmes *Die Fliege*? Jeff Goldblum spielte Seth Brundle, den Wissenschaftler, der versucht, das Äquivalent zum Transporter von *Star Trek* zu bauen. Er testete es an sich selbst, ohne zu bemerken, dass eine Fliege mit ihm in der Kammer war. Als er herauszufinden versuchte, was schiefgelaufen war, fragte Brundle seinen Computer, was bei dem Test herausgekommen war. Die Antwort des Computers war: „Nicht Brundle."

Nicht sehr hilfreich.

Und die SEC ist es auch nicht. Fragen Sie die Behörde: „Was ist der Bitcoin?" Und sie wird antworten: „Der Bitcoin ist kein Wertpapier." Okay, was ist er dann?

Die Federal Reserve hat sich zu Wort gemeldet und erklärt, dass der Bitcoin keine Währung ist. Das ist wichtig, und zwar aus steuerlichen Gründen. Aber das sagt uns immer noch nicht, was er ist.

Die Commodity Futures Trading Commission sagt, dass der Bitcoin keine Ware ist, andere digitale Assets jedoch schon. Das hängt von den Tests ab, die die Agentur anwendet, zum Beispiel, wie die Verträge geliefert werden. Es gibt noch keine vollständige Klarheit, und die CFTC hat die Digital Asset Task Force ins Leben gerufen, um dies zu klären.

Wir wissen also immer noch nicht, was der Bitcoin ist. Wir wissen nur, was er nicht ist.

Die CFTC, die SEC und das Finanzministerium arbeiten gemeinsam an der Entwicklung von Vorschriften für digitale Assets. Aber eine Behörde innerhalb des US-Finanzministeriums spielt nicht gut mit den anderen zusammen. Sie entwickelt ihre eigene Strategie ohne Rücksicht darauf, was die anderen tun – die Bundessteuerbehörde (IRS).

20
Betrieb und Compliance

> **Einblick in das Leben**
> ## Ihres Finanzberaters
>
> Dieses Kapitel richtet sich an professionelle Finanzberater. Gehören Sie nicht dazu? Dann sollten Sie es vielleicht trotzdem lesen, denn es wird Ihnen bei der Auswahl eines guten Beraters helfen – und Ihnen zeigen, ob der, den Sie derzeit haben, so gut ist, wie Sie glauben. Außerdem erhalten Sie einen Einblick in die Probleme, mit denen Beratungsunternehmen bei ihren täglichen Bemühungen um ihre Kunden konfrontiert sind.

Wenn Sie als Finanzberater oder Führungskraft in der Finanzdienstleistungsbranche tätig sind, müssen Sie mit den Compliance- (auf Deutsch: Regelkonformität) und Meldepflichten im Zusammenhang mit digitalen Assets vertraut sein, wenn Sie diese Anlageklasse in Kundenportfolios aufnehmen möchten.

Wenn Sie ein Finanzprofi sind, sind Sie bereits mit den Themen Verwahrung, verwaltetes Vermögen versus betreutes Vermögen, KYC/AML, treuhänderische Verantwortung und damit verbundenen Fragen vertraut. Wir werden das hier also überspringen.

Stattdessen möchte ich Ihnen nur drei wichtige Punkte nennen, angefangen mit dem wichtigsten:

> Wenn Sie ein Berater sind und nicht immer treuhänderisch handeln, tun Sie mir und allen anderen einen Gefallen und verlassen Sie diese Branche sofort!

1. **Handeln Sie stets als Treuhänder.** Ja, ich weiß, dass ich im vorigen Absatz gesagt habe, dass ich nicht darauf eingehen werde, aber dieser Punkt ist so wichtig, dass er immer hervorgehoben werden muss. Also, los geht's. Sie müssen sich immer an den treuhänderischen Standard halten und den besten Interessen jedes Kunden dienen – unabhängig davon, ob es sich um digitale Assets handelt oder nicht.
2. **Behandeln Sie digitale Assets wie Wertpapiere.** Denken Sie daran, dass einige digitale Assets von der SEC als Wertpapiere betrachtet werden, andere hingegen nicht. Wenn Sie sich nicht sicher sind, ob es sich bei einem bestimmten Asset um ein Wertpapier handelt, verwenden Sie es entweder nicht, bis Sie sich sicher sind, oder behandeln Sie es so, als ob es ein Wertpapier wäre. Auf diese Weise arbeiten Sie aus Sicht der Behörden so sicher wie möglich.
3. **Informieren Sie sich über die jüngsten Erklärungen der SEC.** Am 26. Februar 2021 veröffentlichte die SEC Division of Examinations zum Beispiel eine Risikowarnung mit dem Titel „The Division of Examinations' Continued Focus on Digital Asset Securities" (frei übersetzt: Die Behörde hat Wertpapiere mit digitalen Assets weiter im Blick). Diese Warnung konzentrierte sich auf „einzigartige Risiken", die mit digitalen Assets verbunden sind, und enthielt Leitlinien für bei der SEC registrierte Berater und Unternehmen. Es ist von entscheidender Bedeutung, dass Sie stets über die

neuesten Vorschriften informiert sind. Auf den nächsten Seiten finden Sie Nachrichtendienste, die Sie auf dem Laufenden halten können.

Offenlegungspflichten

Wie viel Geld verwalten Sie? Das ist für Berater und ihre Firmen von großer Bedeutung; für viele stellt diese Kennzahl ein Recht zum Angeben dar, das ihnen hilft, Kunden zu gewinnen und zu halten. Schließlich wollen Investoren bei denjenigen investieren, von denen sie glauben, dass sie ihnen viel Geld einbringen werden, und eine Annahme, die sie oft machen, ist, dass ein Unternehmen mit *viel* Geld auch gut in dem sein muss, was es tut.

Deshalb prüft die SEC, ob Sie wirklich das Geld verwalten, das Sie zu verwalten vorgeben. Sie reichen also jedes Jahr ein bestimmtes Formular, das ADV, bei der SEC ein und stellen Ihren Kunden und der Öffentlichkeit Kopien zur Verfügung, die diese Zahl (und viele weitere) offenlegen.

Bei der Berechnung des AUM, des verwalteten Vermögens, verlangt die SEC, dass Sie zwischen Wertpapieren und Nicht-Wertpapieren unterscheiden; Sie sollen nur solche Konten oder Portfolios in die AUM-Berechnung einbeziehen, bei denen mindestens 50 Prozent des Gesamtwerts aus Wertpapieren (einschließlich Bargeld und Bargeldäquivalenten) bestehen.

Nachrichtendienste für Blockchain und digitale Assets	
Bankless banklesshq.com	Bankless ist ein Newsletter, der dreimal wöchentlich erscheint und Ihnen dabei hilft, Ihr Geld in dieser neuen Kryptowirtschaft zu halten, zu verleihen, zu leihen, zu verdienen, auszugeben, zu investieren und einzusetzen.
Bitcoinist bitcoinist.com	Bitcoinist bietet aktuelle Nachrichten, Leitfäden und Preisanalysen über dezentrales digitales Geld und die Blockchain-Technologie.
Bitcoin Magazine bitcoinmagazine.com	Das Bitcoin Magazine ist die älteste Publikation zu digitalen Assets und Blockchain und leistete 2012 Pionierarbeit in diesem Bereich. Sie bietet Vordenkerdienste auf der Grundlage strenger redaktioneller und journalistischer Standards.
Bitcoin News bitcoin.com	Bitcoin News ist eine digitale Nachrichtenplattform, die Themen wie ICOs, dApps und Blockchain zusammen mit Marktaktualisierungen von Kryptocoins abdeckt.
Blockworks blockworks.co	Blockworks ist eine Finanzmedienmarke, die Millionen von Anlegern mit aktuellen Nachrichten und erstklassigen Erkenntnissen über digitale Assets versorgt.
CoinCentral coincentral.com	CoinCentral ist ein umfassender Newsletter, Podcast und eine lehrreiche Website für Fans digitaler Assets.
CoinDesk coindesk.com	CoinDesk ist eine Medienplattform, die erforscht, wie digitale Assets zur Entwicklung des globalen Finanzsystems beitragen. CoinDesk wurde 2013 gegründet und erreicht Millionen von Menschen, die sich für digitale Assets und Blockchain-Technologie interessieren, über seine Website, soziale Medien, Newsletter, Podcasts, Videos, Recherchen und Live-Veranstaltungen.
Coinstats coinstats.app	Coinstats ist ein führender Krypto-Portfolio-Tracker, der rund um die Uhr Kryptoberichte und die neuesten Kryptonachrichten bietet.

Cointelegraph cointelegraph.com	Cointelegraph wurde 2013 gegründet und ist eine führende unabhängige digitale Medienquelle, die eine breite Palette von Nachrichten über Blockchain-Technologie, digitale Assets und aufkommende Fintech-Trends abdeckt. Jeden Tag liefert das Team von Journalisten, Experten und Mitarbeitern aktuelle Nachrichten aus der dezentralen und zentralen Welt.
Crypto Daily cryptodaily.io	Crypto Daily konzentriert sich auf die neuesten Nachrichten aus den Ökosystemen von Binance Smart Chain, Solana, Polygon und Ethereum.
DappReview dapp.review	Dapp Review hilft Nutzern, interessante dApps (= dezentrale Anwendungen, die Smart Contracts und Benutzeroberfläche kombinieren) zu finden, und hilft Entwicklern, ihre dApps zu bewerben und mehr Kunden zu gewinnen.
Delphi Insights delphidigital.io	Für fortgeschrittene Nutzer umfasst die Delphi-Insights-Mitgliedschaft Inhalte wie Marktabdeckung (DeFi, Layer-1-Lösungen, NFTs und so weiter), Makroanalysen und eine Zusammenfassung mit Schwerpunkt auf Schlüsselsektoren wie DAO-Governance und Renditestrategien. Delphi Pro ist eine hoch entwickelte Mitgliedschaftsstufe, die eine Datenbank mit tiefgreifenden Bottom-up-Rechercheberichten enthält. Delphi bietet außerdem exklusiven Zugang zu einem Community-Chat für Mitglieder, der einen ständigen Dialog mit einigen der hellsten Köpfe der Branche ermöglicht.
Digital Asset Research Newsletter digitalassetresearch.com	DAR bietet eine Reihe von Newslettern an, die von täglichen Berichten bis zu den neuesten Vorschriften für digitale Assets für institutionelle Kunden reichen und qualitative und quantitative Analysen zu den Märkten für digitale Assets enthalten.
NewsBTC newsbtc.com	NewsBTC ist ein Krypto-Nachrichtendienst, der über Bitcoin-Nachrichten, technische Analysen und Prognosen für digitale Assets berichtet.

Quantum Economics Newsletter quantumeconomics.io	Der Newsletter bietet Anlegern Informationen zu digitalen Assets, wobei die Marktbedingungen und die On-Chain-Analyse berücksichtigt werden, um den nächsten Schritt für digitale Assets zu bewerten.
Securities.io securities.io	Securities.io bietet tägliche Nachrichten, Interviews und eine monatliche Zusammenfassung über Wertpapier-Token, tokenisierte Fonds und Immobilien, Regulierung und Crowdfunding.
The Bitcoin Forecast by Willy Woo willywoo.substack.com	The Bitcoin Forecast ist ein kostenpflichtiger Newsletter, der vom Technologen Willy Woo verfasst wird. Willy konzentriert sich auf die On-Chain-Struktur der Bitcoin-Blockchain.
The Block theblockcrypto.com	The Block ist eine führende Forschungs-, Analyse- und Nachrichtenmarke im Bereich der digitalen Assets. Das Team von The Block ist über sieben Zeitzonen verteilt und deckt den globalen Krypto- und Blockchain-Bereich rund um die Uhr ab.
The Daily Gwei thedailygwei.libsyn.com	The Daily Gwei hält Sie über alles auf dem Laufenden, was in Bezug auf Ethereum passiert.
The Defiant thedefiant.io	The Defiant ist eine Inhaltsplattform für DeFi. Sie kuratiert, analysiert und schlüsselt alle wichtigen Entwicklungen im Bereich DeFi auf.
The Pomp Letter pomp.substack.com	Der Pomp Letter ist sehr beliebt für seine täglichen Analysen der Wirtschafts-, Finanz- und Technologiebranche.
Unchained Newsletter unchainedpodcast.com	Der Unchained Newsletter ist Laura Shins täglicher Blick auf die neuesten Nachrichten zu digitalen Assets. Laura war leitende Redakteurin bei *Forbes* und die erste Reporterin, die hauptberuflich über digitale Assets berichtete.

Eine aktuelle Liste mit Hyperlinks finden Sie in den
Gelben Seiten des DACFP
unter dacfp.com

Was tun Sie also, wenn 75 Prozent der Bestände eines Kontos aus digitalen Assets wie dem Bitcoin bestehen, die keine Wertpapiere sind? In diesem Fall müssen Sie das gesamte Konto oder Portfolio von Ihrer AUM-Berechnung ausschließen.

Beachten Sie auch, dass die bloße Verfügungsgewalt über digitale Assets in einem Kundenkonto nicht automatisch den Wert als AUM, als verwaltetes Vermögen, qualifiziert. Um zu zählen, müssen Sie dokumentieren können, dass Sie die digitalen Vermögenspositionen des Kunden getrennt von den regelmäßigen Sitzungen oder Finanzplanungsgesprächen mit dem Kunden überwachen und bewerten. Daher müssen Sie über die Entwicklungen im Bereich Blockchain und digitale Assets auf dem Laufenden bleiben, damit Sie bei einem Besuch der US-Börsenaufsichtsbehörde (der immer ein Spaß ist) nachweisen können, dass Sie kontinuierliche und regelmäßige Überwachungs- und Zuteilungsdienste anbieten.

Sie könnten die Assets auch ohne Ermessensbefugnis als AUM zählen, aber im Wesentlichen nur, wenn die Firma über eine Vollmacht des Kunden verfügt, um die Empfehlungen umzusetzen, oder über eine Möglichkeit, Transaktionen abzuschließen; es handelt sich also nicht um AUM, wenn der Kunde selbst entscheidet, ob er sie umsetzt. (In dieser Risikowarnung vom Februar 2021 wird die „Berechnung von AUM“ als ein Compliance-Problem für Berater aufgeführt.)

Bewertungen

Digitale Assets werden weltweit rund um die Uhr an vielen Börsen gehandelt, und jede Börse weist unterschiedliche Preise aus. Das macht die Bewertung viel schwieriger als bei Aktien oder Investmentfonds. Bewertungen sind aus vielen Gründen wichtig. Sie bestimmen unter anderem Ihr verwaltetes Vermögen, anhand dessen Sie die Gebühr festlegen, die Sie Ihrem Kunden berechnen. Wenn Sie also eine falsche Bewertung verwenden, melden Sie Ihren Kunden ungenaue Kontostände, was nicht nur Ihre Beratung beeinträchtigen, sondern auch dazu führen kann, dass Sie Ihren Kunden zu viel in Rechnung stellen.

Ihre Depotbank sollte einen Bewertungsdienst beauftragen oder abonnieren, der die täglichen Schlusskurse digitaler Assets liefert; auf diese Informationen sind Sie in der Regel angewiesen. Die Bewertung ist jedoch ein Bereich, der sich ständig weiterentwickelt, sodass Ihr Unternehmen über diese Entwicklungen auf dem Laufenden bleiben muss, um sicherzustellen, dass Sie sich an den besten Verfahren beteiligen. Wenn Sie sich nicht auf die von der Depotbank gemeldeten Preise verlassen wollen, müssen Sie einen anderen Weg finden, um die Bewertungen ordnungsgemäß zu ermitteln. Das bedeutet, einen unabhängigen, zuverlässigen Beteiligten zu finden – ein schwieriger Prozess für jedes Unternehmen.

Verwahrung

Verwahrung bedeutet das (direkte oder indirekte) Halten von Kundengeldern oder -wertpapieren oder die Befugnis, diese in Besitz zu nehmen. Wenn Sie Kundengelder oder Wertpapiere verwahren, müssen Sie diese Gelder schützen. Die Verwahrungsregel soll Anleger vor dem Risiko des Diebstahls oder der Veruntreuung durch Anlageberater schützen. Daher müssen Sie sowohl in Abschnitt 1 als auch in Abschnitt 2 des ADV-Formulars Informationen über die Verwahrung offenlegen.

Unterliegen digitale Assets den Verwahrungsvorschriften? Zum jetzigen Zeitpunkt gibt es keine klaren Rechtsvorschriften. Die Antwort wird sicherlich von den Fakten und den Vorschriften abhängen, die sich beide im Laufe der Zeit ändern. Also bedenken Sie

- die Absicht des Kongresses bei der Verabschiedung des Investment Advisers ACT von 1940;
- die umfassende Charta der SEC zum Schutz von Anlegern und deren Vermögen; und

- dass digitale Assets und traditionelle Wertpapiere den gleichen Problemen ausgesetzt sind.

Wenn das Unternehmen nicht befugt ist, den Besitz der digitalen Assets zu erlangen, entweder direkt oder durch deren Liquidierung und Zuweisung des Erlöses, dann sind sich Wertpapieranwälte im Allgemeinen einig, dass keine Verwahrung vorliegt.

Die technischen Anforderungen für die Abwicklung und Verwahrung von Wertpapieren mit digitalen Assets unterscheiden sich von denen für herkömmliche Wertpapiere. So sind bei herkömmlichen Wertpapiertransaktionen in der Regel Mittler wie Infrastrukturanbieter und Gegenparteien beteiligt, während es auf dem Wertpapiermarkt für digitale Assets keine vergleichbaren Mittler gibt.

Obwohl die SEC einige Leitlinien herausgegeben hat, die besagen, dass die Verwahrungsregeln nur dann gelten, wenn das digitale Asset als Fonds oder Wertpapier eingestuft wird, sollten Sie bedenken, dass Sie auch dann, wenn ein digitales Asset nicht als Wertpapier eingestuft wird, nachweisen müssen, dass das digitale Asset nicht unter die Kategorie „Kundengelder" fällt, um die Anwendung der Verwahrungsregel zu vermeiden.

Qualifizierte Verwahrer

Das Gesetz über die Verwahrung digitaler Assets ist noch in der Entwicklung, aber eine Anforderung ist, dass Sie nur qualifizierte Verwahrer mit der Verwahrung von Kundengeldern beauftragen dürfen. Im November 2020 veröffentlichte die SEC eine Erklärung, in der sie einräumte, dass „die Bestimmung, wer als qualifizierter Verwahrer gilt, kompliziert ist und von den Fakten und Umständen abhängt". Einige Unternehmen haben ihre Bemühungen aufgegeben, von der SEC den Status eines „qualifizierten Verwahrers" zu erhalten, und bemühen sich stattdessen um eine Zulassung auf staatlicher Ebene, indem sie eine staatlich gecharterte Treuhandgesellschaft werden.

Die Auswahl eines qualifizierten Verwahrers ist eine grundlegende Pflicht eines Treuhänders. Stellen Sie dem Verwahrer folgende Fragen:

1. Wie lange sind Sie schon im Geschäft?
2. Wie viele Ingenieure oder Softwareentwickler beschäftigen Sie?
   a. Wie viel Erfahrung haben diese mit digitalen Assets?
3. Sind Sie bereits als qualifizierter Verwahrer anerkannt?
4. Welche Assets werden von Ihnen verwahrt und welche nicht?
5. Akzeptieren Sie sowohl qualifizierte als auch nicht qualifizierte Konten?
6. Über welche Lizenzen und Zertifizierungen verfügen Sie?
   a. Wie lange haben Sie sie schon?
   b. Hatten Sie diese Lizenzen und Bescheinigungen durchgängig?
7. Beschreiben Sie Ihren Grad der finanziellen Stabilität.
   a. Sind Sie bereit, Belege vorzulegen?
   b. Werden Sie von einer unabhängigen dritten Partei geprüft?
   c. Werden Sie mir diese Prüfungsergebnisse zur Verfügung stellen?
8. Haben Sie ein Sicherheitsaudit durchgeführt?
   a. Werden Sie mir die Ergebnisse dieser Prüfung mitteilen?
9. Bieten Sie auf Anfrage Existenznachweis-Audits an, um die Verfügbarkeit von Assets zu überprüfen?
10. Wie lange bieten Sie schon digitale Assets an?
11. In welchem Land sind Ihre digitalen Assets gespeichert?
    a. Wenn Sie sich außerhalb der Vereinigten Staaten befinden, wie haben Sie das Risiko einer staatlichen Beschlagnahme evaluiert?

12. Befinden sich digitale Assets in getrennten Wallets oder Sammelkonten?
    a. Warum werden sie auf diese Weise verwaltet?
13. Werden die von Ihnen verwahrten digitalen Assets in Hot oder Cold Wallets gehalten?
    a. Falls Cold, beschreiben Sie das Protokoll für die Verwahrung inaktiver Daten (Cold Storage).
14. Verwenden Sie ein Mehrfachsignatur-Protokoll?
    a. Wenn ja, beschreiben Sie Ihren Ansatz und die Gründe dafür.
15. Wie gehen Sie mit Forks und Airdrops um?
16. Wie erzeugen Sie Schlüssel?
    a. Wie sichern Sie diese Schlüssel?
    b. Sind private Schlüssel jemals für Menschen sichtbar?
17. Wie authentifizieren Sie Benutzer und Genehmigende?
18. Wie schützen Sie sich gegen geheime Absprachen und Nötigung?
19. Werden nächtliche Datenfeeds von Positionen, Nettoinventarwert und Preisdaten in Ihre Portfoliobuchhaltungsanwendungen eingespeist?
    a. Welche?
20. Beschreiben Sie Ihren Versicherungsschutz.
    a. Wer ist der Träger?
    b. Schützt die Police nur den Verwahrer oder auch meine Kunden und mich?
    c. Wie hoch sind die Versicherungssummen pro Anspruch, pro Konto und pro Kunde?
    d. Was deckt die Police ab?
21. Sind Sie eine Tochtergesellschaft eines größeren Unternehmens?
    a. Wenn ja, haftet Ihre Muttergesellschaft für Ihre Fehler und Unterlassungen oder ist sie von Ihrer Haftung unabhängig?

22. Können Sie Massen- oder Sammelgeschäfte abwickeln, um das Rebalancing aller Konten zu erleichtern?
23. Bieten Sie die bestmögliche Ausführung an?
    a. Wie schnell werden die Geschäfte in der Regel abgewickelt?
24. Wie vereinfachen Sie die Abbuchung meines Beratungshonorars von den Kundenkonten und die Überweisung des Honorars an mich?
25. Wie sieht Ihre Gebührenordnung aus?

Die Antworten des Verwahrers auf die obigen Fragen könnten Sie dazu veranlassen, Ihre ADV zu aktualisieren.

Datenschutz und Vertraulichkeit

Kein Berater sollte jemals Informationen über den privaten Schlüssel oder die Seed-Phrasen eines Kunden annehmen. Wenn Sie dies tun, könnte davon ausgegangen werden, dass Sie Zugang zu den Assets Ihres Kunden haben, selbst wenn der Schlüssel auch einem Verwahrer vorliegt.

Abgesehen von den Sicherheitsrisiken würde die Verwahrung dieser Informationen es Ihnen oder Ihrer Firma erschweren, nachzuweisen, ob die Transaktion von der Firma, dem Kunden oder einem anderen Beteiligten durchgeführt wurde – unabhängig davon, ob ein qualifizierter Verwahrer beteiligt ist.

Ethikkodex

Möchten Sie persönlich in digitale Assets investieren? Bevor Sie das tun, lesen Sie den Ethikkodex Ihres Unternehmens. Darin werden Ihre Verpflichtungen beschrieben, zu denen auch die Einholung der Zustimmung des Unternehmens vor dem Kauf von digitalen Assets, die Wertpapiere sind, gehören könnte. Ihr Unternehmen könnte auch eine Vorabgenehmigung für jeden Kauf verlangen, damit es Probleme mit Frontrunning, Parken und andere Probleme verhindern und überwachen kann.

Der Ethikkodex Ihrer Firma sieht auch vor, dass Sie verpflichtet sind, der Firma vierteljährlich einen Bericht vorzulegen, in dem Sie Ihren persönlichen Besitz von Wertpapieren offenlegen. Dazu gehören alle digitalen Assets, die als Wertpapiere gelten. Der Ethikkodex kann auch verlangen, dass Sie über Ihre Nicht-Wertpapierbestände berichten. Dazu müssten Sie den Namen und den Ort der Assets, einschließlich des Verwahrers, der Börse, der Hardware und der Wallet, die Sie verwenden, sowie das Datum und den Ort der Käufe, den Kaufpreis und die gekaufte Menge offenlegen. Das Gleiche gilt für alle Verkäufe. Geben Sie aber niemals Informationen über Ihre privaten Schlüssel oder Seed-Phrasen weiter – auch nicht, wenn Sie dazu aufgefordert werden. (Und verlangen Sie niemals von einem Mitarbeiter, dass er seine eigenen Daten angibt.)

Wenn Sie über einen institutionellen Drittanbieter investieren, wird dieser wahrscheinlich eine Zusammenfassung der Aktivitäten erstellen, die Sie herunterladen und Ihrer Compliance-Abteilung vorlegen können. Mit diesem Download ist Ihre Meldepflicht wahrscheinlich erfüllt. (Sollte dies nicht der Fall sein, wird der für die Einhaltung der Compliance-Vorschriften verantwortliche Mitarbeiter Sie darüber informieren!)

Es liegt in Ihrer Verantwortung, die Anforderungen Ihres Unternehmens zu kennen und die Vorschriften einzuhalten. Und wenn Sie für diese Entscheidungen in Ihrem Unternehmen verantwortlich sind, müssen Sie Ihren Mitarbeitern und allen Zugangsberechtigten (zum Beispiel Vorstandsmitgliedern oder Wirtschaftsprüfern) entsprechende Anweisungen geben, damit sie wissen, was sie tun dürfen und was nicht.

Interessenkonflikte

In Ihrem Ethikkodex wird erläutert, wie Sie Interessenkonflikte mit Ihrem Kunden vermeiden – und dass Sie sie offenlegen müssen, wenn dies nicht möglich ist.

Bei digitalen Assets ist insbesondere zu prüfen, ob Sie oder die Firma Positionen in denselben digitalen Assets halten, die auch den Kunden empfohlen werden. Wenn dies der Fall ist, legen Sie die damit verbundenen Konflikte in Ihrem ADV-Formular offen und erläutern Sie, wie Sie diese Konflikte angehen.

Einige der zu behandelnden Fragen sind:

- Wenn Sie für sich und Ihren Kunden digitale Assets kaufen, die nur ein geringes Handelsvolumen aufweisen, wessen Geschäfte werden dann zuerst ausgeführt – Ihre Geschäfte oder die des Kunden? (Mit anderen Worten: Wie wird das Unternehmen Frontrunning vermeiden?)
- Wird die Firma von ihren Beratern und anderen Mitarbeitern verlangen, dass sie eine Vorabgenehmigung einholen, bevor sie digitale Assets für persönliche Konten kaufen oder verkaufen?
- Wird die Firma den Handel mit begrenzten Angeboten von digitalen Assets, wie zum Beispiel Privatplatzierungen, einschränken?
- Welche Informationen werden den Kunden gegebenenfalls zum Zeitpunkt des Handels zur Verfügung gestellt?

KYC – Kundenkenntnis

Obwohl es für Anlageberater an sich keine „Know Your Customer“-Regel gibt, haben sie die treuhänderische Verpflichtung, im besten Interesse jedes Kunden zu handeln – und das bedeutet, dass sie wissen müssen, welche Investments für den jeweiligen Kunden geeignet sind. Das wiederum bedeutet, dass Sie den Investitionsbedarf, die Ziele, die Zielsetzungen, die Risikotoleranz und andere Details, wie zum Beispiel die vom Kunden gewünschten Einschränkungen, kennen müssen. Wenn man das alles zusammenzählt, hat man im Grunde eine KYC-Verpflichtung.

Der Umfang Ihrer KYC-Anforderungen hängt von Ihrer Beziehung zum Kunden ab. Ein Vermögensverwalter, der nur einen begrenzten Teil des Vermögens eines Kunden verwaltet, weiß möglicherweise nichts über den Kunden; dies ist zum Beispiel bei Verwaltern von Investmentfonds für gewöhnlich der Fall. Wenn dies Ihre Beziehung zu Ihrem Kunden beschreibt, muss dies dem Kunden gegenüber offengelegt werden und sich in der Vereinbarung widerspiegeln, die der Kunde unterzeichnet, wenn er die Geschäftsbeziehung mit Ihnen eingeht.

Ein wichtiger Bestandteil der Treuhandtätigkeit ist die Sorgfaltspflicht, die Sie bei den von Ihnen empfohlenen Investments erfüllen. Es reicht nicht aus, zu sagen, dass Sie Ihren Kunden eine Sicherheit für digitale Assets gegeben haben, weil sie danach gefragt haben oder weil „alle anderen" sie kaufen. Denken Sie daran, dass die SEC in ihrer Risikowarnung vom Februar 2021 das Portfoliomanagement als Compliance-Risiko aufgeführt hat – was bedeutet, dass die SEC den digitalen Assets, die Berater ihren Kunden empfehlen, besondere Aufmerksamkeit schenkt. Das beinhaltet die Wertpapierklassifizierung von digitalen Assets, die Sorgfaltspflicht für diese Assets, die Risikominderung und die Erfüllung Ihrer treuhänderischen Pflichten gegenüber Ihren Kunden.

Es reicht auch nicht aus, bei der Anbahnung einer Kundenbeziehung KYC-Maßnahmen durchzuführen. Ihre Anforderungen sind vielmehr fortlaufend. Sie und Ihr Unternehmen sollten jeden Kunden regelmäßig um aktuelle Informationen über seine Lebens- und Finanzsituation bitten, damit Sie bei Bedarf Änderungen an früheren Empfehlungen vornehmen können. Selbst wenn Ihr Kunde nicht auf Ihre Aufforderung zur Aktualisierung reagiert (was häufig der Fall ist), sollten Sie und Ihr Unternehmen den gesunden Menschenverstand walten lassen und Änderungen vornehmen, von denen Sie wissen, dass sie notwendig sind. Kunden, die seit 20 Jahren bei Ihnen sind, befinden sich wahrscheinlich nicht mehr in der gleichen Situation wie zu dem Zeitpunkt, als sie Sie kennengelernt haben; gehen Sie entsprechend vor. Und wenn Sie das Gefühl haben, dass Sie in einem solchen Informationsvakuum nicht effektiv handeln können, sprechen Sie mit Ihrer Compliance-Abteilung über die Beendigung der Beziehung.

Best Execution

Ihre Pflicht ist hier tief in die treuhänderische Pflicht eingebettet. Alle Berater müssen Wertpapiergeschäfte so ausführen, dass die Gesamtkosten oder -erlöse des Kunden für jedes Geschäft unter den gegebenen Umständen so günstig wie möglich sind. Ausschlaggebend ist nicht die niedrigste Provision, sondern die Frage, ob das Geschäft die qualitativ beste Ausführung darstellt (Best Execution = bestmögliche Ausführung).

„Best Execution" bedeutet also nicht objektiv „am besten". Stattdessen hängt es – zum Leidwesen der Unternehmen – von den jeweiligen Fakten und Umständen ab. Und diese Fakten und Umstände werden bei digitalen Assets anders sein.

Versuchen Sie zum Beispiel einmal, Ihrer Pflicht zur Best Execution nachzukommen, wenn verschiedene Börsen für digitale Assets gleichzeitig unterschiedliche Kurse anbieten. Da sich die Kurse an allen Börsen ständig ändern, wie können Sie wissen, welche Börse den besten Kurs anbietet? Daher sollten Sie bei Ihrer Entscheidung Kriterien wie Geschwindigkeit, Sicherheit, Transparenz, Qualität der Plattform, Recherche, Supportleistungen, Ruf der Börse und Preisgestaltung berücksichtigen.

Compliance-Richtlinien und -Praktiken

Eine umfassende Überprüfung des gesamten Compliance-Programms des Unternehmens ist gerechtfertigt, wenn Ihr Unternehmen beschließt, digitale Assets in die empfohlenen Portfolios aufzunehmen. Hier sind einige Bereiche, die überprüft werden sollten:

- Aufsichtsaufgaben
- Überwachung der separat verwalteten Konten (SMAs)
- Verwahrung
- Handelszuteilungen
- Bewertung von Investitionen für Rechnungslegung und Reporting
- Best Execution
- Wertpapieraufträge
- Prüfung aller wichtigen Transaktionen und Geschäfte
- Cybersicherheit

Im Falle eines Diebstahls sind digitale Assets in der Regel schwerer wiederzuerlangen als andere Assets, weshalb das Unternehmen die Ansichten der SEC zu diesem Thema überprüfen sollte. Verfolgen Sie auch die bewährten Praktiken der Branche, die den Warnungen, Maßnahmen und Leitlinien der SEC häufig voraus sind.

Marketing

Ihr Unternehmen sollte seinen Marketingplan in Bezug auf digitale Assets überprüfen, da diese Investitionen möglicherweise andere Angaben erfordern als die Standardvorlage, die Sie für andere Marketingaktivitäten verwenden. Holen Sie vor der Verwendung von Marketingmaterial in der Öffentlichkeit sicherheitshalber die Genehmigung der Werbe- oder Compliance-Abteilung Ihres Unternehmens ein.

Vertraulichkeit

Ihre treuhänderische Verantwortung verlangt, dass Sie über Ihre Kunden und deren Transaktionen Stillschweigen bewahren. Das ist Routine – aber die Blockchain erfordert einen neuen Fokus. Der Einsatz der Blockchain-Technologie in Ihrer beruflichen Praxis bedeutet, dass Sie in Bezug auf die Vertraulichkeit etwas Neues zu berücksichtigen haben. So müssen Sie beispielsweise die Rückverfolgung von Wallets verhindern – etwas, das früher nie ein Problem war. Sie müssen auch sicherstellen, dass nur Mitarbeiter, für die es notwendig ist, Zugang zu der vom Unternehmen verwendeten Blockchain haben. Dies ist besonders wichtig, da die Möglichkeit besteht, auf digitale Assets unrechtmäßig zuzugreifen, sie umzuwandeln oder zu übertragen.

Wie Sie digitale Assets in Ihrer beruflichen Praxis einsetzen

Obwohl digitale Assets in der Finanzwelt immer mehr Akzeptanz finden, sagen viele Berater ihren Kunden einfach: „Das machen wir nicht."

Da die Kunden zunehmend verlangen, dass digitale Assets in ihre Portfolios aufgenommen werden, und andere Berater – Ihre Konkurrenten – diesen Bedarf zunehmend erfüllen, haben Sie vielleicht das Gefühl, dass Sie keine andere Wahl haben, als sich zu engagieren. Schließlich laufen Sie Gefahr, Kunden und AUM zu verlieren, wenn Sie dies nicht tun. Tatsächlich ergab eine Umfrage von NYDIG aus dem Jahr 2021, dass 92 Prozent der Kunden von ihren Finanzberatern erwarten, dass sie ihnen Ratschläge zum Bitcoin geben können, und 62 Prozent würden den Berater wechseln, wenn er ihnen hiermit nicht helfen könnte. Sie sitzen also auf eigenes Risiko an der Seitenlinie.

Wenn ich von Risiko spreche, meine ich nicht nur, dass Sie sich dem Risiko aussetzen, Kunden zu verlieren. Sie könnten auch den Zorn der Aufsichtsbehörden auf sich ziehen. Vergessen Sie nicht, dass

Sie ein Treuhänder sind – und das bedeutet, dass Sie gesetzlich verpflichtet sind, das Beste für Ihren Kunden zu tun. Wie können Sie behaupten, dass Sie diesen Standard erfüllen, wenn Sie digitale Assets nicht einmal berücksichtigen?

Wenn SEC-Prüfer Sie besuchen, müssen Sie erklären können, warum Sie *nicht* in digitale Assets investieren. Sie müssen nachweisen, dass Sie eine Due-Diligence-Prüfung durchgeführt haben und dass Sie aufgrund Ihrer Untersuchungen und Analysen zu dem Schluss gekommen sind, dass es richtig war, diese neue Anlageklasse *nicht* in *die* Kundenportfolios aufzunehmen.

Wenn alles, was Sie sagen können, ist: „Ich glaube, dass der Bitcoin nicht mehr ist als eine Tulpenzwiebel oder ‚Beanie Babies'-Kuscheltiere", ohne dass Sie diese Behauptung mit Daten untermauern können, dann wünsche ich Ihnen viel Glück bei Ihrer Prüfung.

Lassen Sie mich Ihnen also dabei helfen, eine Managementpraxis zu entwickeln, die es Ihnen ermöglicht, ohne Voreingenommenheit oder vorgefasste Meinungen zu entscheiden, ob digitale Assets in Kundenportfolios gehören.

Firmenphilosophie: Was ist Ihr Zukunftsplan?

Beginnen wir mit Philosophie. Ihre aktuelle Antwort könnte eine der folgenden sein:

- Wir haben uns mit dieser Anlageklasse beschäftigt und sind zu dem Schluss gekommen, dass sie für unsere Kunden nicht geeignet ist. Wir beobachten die Entwicklung weiter und könnten unsere Meinung in Zukunft ändern.
- Derzeit empfehlen wir unseren Kunden keine digitalen Assets, aber wir beobachten die Problematik und lernen weiter dazu, und wir könnten uns zu einem späteren Zeitpunkt dafür entscheiden.

- Wir suchen aktiv nach Managern, damit wir unseren Kunden diese Anlageklasse anbieten können.
- Wir stellen sie unseren Kunden zur Verfügung, aber nur denjenigen, die ihr Interesse daran bekunden.
- Wir bieten sie für einige Kunden an, für andere nicht, je nach der Situation des einzelnen Kunden.
- Wir bieten allen Kunden routinemäßig ein Engagement in dieser Anlageklasse an, mit Ausnahmen.

Jede dieser Positionen eignet sich gut, um den Standpunkt Ihres Unternehmens zu verdeutlichen. Jede gibt den Ton für Sie und alle anderen in der Firma an und beseitigt jegliche Frustration oder Dramatik, wenn Kunden die Frage nach einem Zukunftsplan stellen – was in der Regel der Fall ist, nachdem sie mit jemandem gesprochen oder etwas in den Nachrichten gesehen haben.

Eine solche Philosophie – mit den entsprechenden Belegen – parat zu haben wird auch hilfreich sein, wenn die SEC Sie jemals danach fragt.

Firmenstrategie

Die Philosophie, die Sie und Ihr Unternehmen wählen, bestimmt, welche Richtlinien Sie einhalten müssen, zum Beispiel in Bezug auf die Ausführung von Geschäften, auf Anlageentscheidungen, die Sorgfaltspflicht und so weiter.

Außerdem müssen Sie Ihre internen Verfahren zur Einhaltung der Vorschriften aktualisieren, zum Beispiel die Verfahren für externe Geschäftstätigkeiten und die Bescheinigungen der Mitarbeiter. Welche Informationen suchen Sie, wie oft wollen Sie sie haben und wie sammeln Sie sie?

Die Unternehmen sollten damit beginnen, Stichproben bei den Beschäftigten zu nehmen. Finden Sie heraus, wer sich für das Thema interessiert, wer digitale Assets besitzt und welche Pläne er hat. Auf diese Weise lässt die Unternehmensleitung jeden wissen, dass das Unternehmen aufmerksam ist. Das Unternehmen lernt auch, an wen es sich wenden kann, um Hilfe zu erhalten – denn diejenigen, die sich in diesem Bereich engagieren, verfügen wahrscheinlich über mehr Wissen als die Mitarbeiter der Rechtsabteilung und der Compliance-Abteilung des Unternehmens.

In diesem Zusammenhang müssen Sie Ihren Standpunkt zu digitalen Assets gegenüber digitalen Assets, die Wertpapiere sind, klären. Der Bitcoin und Ether zum Beispiel sind laut SEC keine Wertpapiere, XRP hingegen schon. Werden Sie also verlangen, dass jeder in der Firma seinen Bitcoin-Besitz offenlegt? Sie fragen Ihre Angestellten nicht, ob sie Baseballkarten oder seltene Briefmarken besitzen – schließlich sind das keine Wertpapiere –, warum sollten Sie also nach dem Bitcoin fragen? Und da diejenigen, die Bitcoin besitzen, dies wahrscheinlich wissen, wie werden Sie mit Einwänden gegen Ihre Anfrage umgehen?

Kundenkommunikation und Dokumentation

Achten Sie darauf, dass Sie alle Kundengespräche, bei denen es um digitale Assets geht, dokumentieren – selbst wenn es dabei um Nicht-Wertpapiere wie den Bitcoin geht. Und erledigen Sie alle Geschäfte mit digitalen Assets mit denselben Prozessen wie jeden anderen Handel.

Informieren Sie Ihre Kunden – idealerweise in Ihrer Kundenvereinbarung und Ihrer Erklärung zur Anlagepolitik (falls Sie eine solche herausgeben), aber auch in laufenden Gesprächen und E-Mails – besonders deutlich über Ihre Strategie in Bezug auf die Handelszeiten. Die New Yorker Börse ist montags bis freitags von 9:30 Uhr bis 16:00 Uhr EST (Eastern Standard Time, Normalzeit Nordamerika und Ostküste) geöffnet, außer an gesetzlichen Feiertagen. Wenn Ihnen also ein Kunde an einem Samstag um 20:00 Uhr eine E-Mail schickt, um mit IBM-Aktien zu handeln, wissen Sie (und der Kunde), dass er warten muss, bis der Markt öffnet, um diesen Handel durchzuführen.

Aber digitale Assets werden rund um die Uhr und jeden Tag des Jahres gehandelt – und wir wissen, wie volatil die Preise sein können. Wenn Sie also am Samstagabend eine E-Mail mit einem Auftrag erhalten, diesen aber nicht ausführen, bevor Sie am Dienstagmorgen wieder im Büro sind, haben Sie dann die Erwartungen Ihres Kunden nicht erfüllt? Oder schlimmer noch, können Sie haftbar gemacht werden? Ihre Kundenvereinbarung, die Erklärung zur Anlagepolitik (IPS), und die laufende Kommunikation können Ihnen helfen, Streitigkeiten oder Rufschädigung zu vermeiden.

Blockchain-Recherche- und Analyseunternehmen	
AnChain anchain.ai	AnChain bietet intelligente Verträge zum Schutz von Finanzinstituten und Regierungsbehörden vor böswilligen Akteuren im Bereich der digitalen Assets.
Amberdata amberdata.io	Amberdata ist ein Anbieter von Blockchain- und Krypto-Asset-Marktdaten.
Binance Research binance.com	Binance Research bietet Analysen auf institutionellem Niveau, tiefgehende Einblicke und unvoreingenommene Informationen für alle Teilnehmer in der Industrie für digitale Assets.
Blockchain Research Institut blockchainresearch-institute.org	Das Blockchain Research Institute ist ein unabhängiger globaler Thinktank, der sich der Erforschung und dem Austausch von Wissen über die strategischen Auswirkungen von Blockchain auf Wirtschaft, Regierung und Gesellschaft widmet.
BTCS btcs.com	BTCS ist ein Blockchain-Infrastruktur- und Forschungsunternehmen, das sich auf die Bereitstellung von On-Chain-Analysen konzentriert.
ByteTree bytetree.com	ByteTree bietet Echtzeitdaten zu Blockchain-Netzwerken an und ist ein führender Anbieter von Krypto-Asset-Daten in institutioneller Qualität. Das Anlegerterminal verfolgt mehr als 80 Kennzahlen für digitale Assets in Echtzeit.

CertiK certik.org	CertiK ist die führende sicherheitsorientierte Ranking-Plattform zur Analyse und Überwachung von Blockchain-Protokollen und DeFi-Projekten.
Chainalysis chainalysis.com	Chainalysis schafft Transparenz für eine globale Wirtschaft, die auf Blockchains aufbaut, und ermöglicht es Banken, Unternehmen und Regierungen, ein gemeinsames Verständnis darüber zu haben, wie Einzelpersonen und Institutionen Blockchains nutzen. Chainalysis bietet Software und Recherche für Regierungsbehörden, Börsen, Finanzinstitute sowie Versicherungs- und Cybersicherheitsunternehmen in über 60 Ländern. Die Plattform unterstützt Ermittlungs-, Compliance- und Risikomanagement-Tools, die zur Aufklärung von Fällen von Cyberkriminalität eingesetzt werden.
Chainbeat chainbeat.io	Chainbeat hilft Anlegern, die tatsächliche Nutzung und Beibehaltung von DeFi-Anwendungen zu verstehen, und stellt umfassende Erkenntnisse für die Akzeptanz von DeFi bereit.
Ciphertrace ciphertrace.com	Ciphertrace ermöglicht die Blockchain-Wirtschaft, indem es Unternehmen mit digitalen Assets und Finanzinstitute vor Sicherheits- und Compliance-Risiken schützt.
CoinMetrics coinmetrics.io	CoinMetrics ist der führende Anbieter von Krypto-Finanzinformationen und bietet Netzwerkdaten, Marktdaten, Indizes und Netzwerkrisikolösungen für die renommiertesten Institutionen, die mit digitalen Assets zu tun haben.
Crystal Blockchain crystalblockchain.com	Crystal Blockchain bietet die Analyse und Überwachung von Kryptotransaktionen für Börsen, Banken und Compliance-Anforderungen.
Delphi Digital delphidigital.io	Delphi Digital hat sich in jedem seiner primären Bereiche (Research, Prüfung, unternehmerische Vorhaben) einen guten Ruf erarbeitet und gilt weithin als das führende Analyseunternehmen für den Kryptomarkt und den Markt für digitale Assets. Zum Kundenstamm von Delphi gehören viele der bekanntesten Fonds, Finanzinstitute und Investoren der Branche.

Digital Asset Research digitalassetresearch.com	Digital Asset Research bietet institutionellen Teilnehmern umfassende Daten zum Markt für digitale Assets.
DMG dmgblockchain.com	DMG (Ticker: DMGGF) ist ein börsennotiertes, vertikal integriertes Blockchain- und Digital-Asset-Unternehmen, das digitale End-to-End-Lösungen zur Monetarisierung des Blockchain-Ökosystems verwaltet, betreibt und entwickelt.
Elementus elementus.io	Elementus ist die erste universelle Blockchain-Suchmaschine und institutionelle forensische Kryptolösung.
Elliptic elliptic.co	Elliptic bietet Blockchain-Analysen, Schulungen und Zertifizierungen für Kryptounternehmen, Finanzinstitute und Aufsichtsbehörden. Es bietet Dienstleistungen und Software zur Aufdeckung und Verhinderung von Finanzkriminalität an. Das Unternehmen analysiert mehr als 100 Datenpunkte zu digitalen Assets, um verwertbare Erkenntnisse zu gewinnen, auf die sich Kunden verlassen können, um Risiken zu minimieren und die Einhaltung gesetzlicher Vorschriften zu gewährleisten.
Flipside flipsidecrypto.com	Flipside arbeitet direkt mit führenden Kryptoprojekten zusammen, um On-Demand-Analysen durch strukturierte Prämienprogramme zu belohnen.
Glassnode glassnode.com	Glassnode ist ein Anbieter von Blockchain-Daten und -Intelligenz, der innovative On-Chain-Kennzahlen und -Tools für Akteure im Bereich digitaler Assets entwickelt. Glassnode bietet Einblicke in Blockchains und digitale Assets, indem er sich auf die Daten der Blockchains selbst konzentriert.
IntoTheBlock intotheblock.com	IntoTheBlock ist ein Wissenschaftsunternehmen, das modernste KI-Forschung einsetzt, um dem Kryptomarkt verwertbare Informationen zu liefern.
Lukka lukka.tech	Lukka bietet Daten- und Softwarelösungen für die Verwaltung digitaler Assets auf einer für die Zukunft des Handels entwickelten Infrastruktur.

Mosaic mosaic.io	Mosaic ist eine Blockchain-Forschungsplattform, die mehr Transparenz und institutionelle Analyse in der Kryptofinanzierung ermöglicht.
Nansen nansen.ai	Nansen ist eine Blockchain-Analyseplattform, die On-Chain-Daten mit Millionen von Wallet-Labels anreichert.
NYDIG nydig.com	NYDIG liefert Bitcoin-Produkte und Einblicke in verschiedene Branchen, von Banken und Versicherungen über Fintech bis hin zu gemeinnützigen Organisationen.
Omniex omniex.io	Omniex ist ein Technologieunternehmen für Finanzdienstleistungen, das eine Reihe von Lösungen für den Zugang, den Handel und die Verwaltung von Kryptowährungen und digitalen Assets anbietet.
QLUE qlue.io	QLUE ist eine in Partnerschaft mit hochrangigen Ermittlern der Strafverfolgungsbehörden und Anti-Geldwäsche-Spezialisten entwickelte Ermittlungslösung, die fortschrittliche proprietäre Suchalgorithmen einsetzt, um verdächtige Aktivitäten zu erkennen, die Kriminelle mithilfe von digitalen Assets zu verbergen versuchen.
ScoreChain scorechain.com	ScoreChain Analytics verfolgt digitale Assets und hilft Ihnen, eine strukturierte und kohärente Anti-Geldwäsche-Strategie zur Identifizierung, Bewertung und Verwaltung von Risiken zu entwickeln.
Sherlock (Fidelity Digital Assets) fidelitydigitalassets.com	Sherlock ist eine digitale Vermögens- und Analyselösung, die institutionellen Anlegern hilft, den Markt zu bewerten. Es wird von Fidelity Digital Assets angeboten.
SIMETRI cryptobriefing.com	SIMETRI ist einer der größten unabhängigen Krypto-Research-Anbieter der Welt. Das Unternehmen bietet eine proprietäre Methodik zur Bewertung von Kryptowährungsprojekten durch Recherche und Analyse.

Streaming Fast streamingfast.io	Streaming Fast ist ein Blockchain-API-Unternehmen, das es ermöglicht, Statusaktualisierungen in Echtzeit zu streamen, blitzschnelle Suchen durchzuführen und irreversible Transaktionsgarantien durch einen einfachen API-Aufruf bereitzustellen.
Totle totle.com	Totle bündelt dezentrale Börsen und Anbieter von synthetischen Assets in Toolpaketen, die den Zugang zu hoher Liquidität für DeFi-Assets zum besten Preis erleichtert.
TradeBlock tradeblock.com	TradeBlock ist einer der ältesten Anbieter von institutionellen Trading-Instrumenten, Daten und Indizes für digitale Währungen. Das Unternehmen berechnet und veröffentlicht branchenführende Referenzkurse für digitale Assets, die zur Preisbildung für unzählige OTC-Transaktionen, AUM und Derivate verwendet werden.
TROY troytrade.com	Troy bietet die Funktionen einer aggregierten, zentralisierten Handelsplattform, der Datenüberwachung und des On-Chain-Handels und stellt den Nutzern damit eine umfassende Palette von Handelsdienstleistungen zur Verfügung.
zK Capital zkcapital.substack.com	zk Capital ist ein auf Recherche fokussiertes Blockchain-Investmentunternehmen.

Eine aktuelle Liste mit Hyperlinks finden Sie in den
Gelben Seiten des DACFP
unter dacfp.com

Interne Systeme

Wie wird Ihr Unternehmen die Aktivitäten im Zusammenhang mit digitalen Assets verwalten? Excel zum Beispiel wurde nicht für die Bearbeitung dieser Anlagen konzipiert. Wenn Ihr Unternehmen also

Excel für die Dateneingabe und -speicherung verwendet, sollten Sie die Installation einer Datenintegrationssoftware in Erwägung ziehen, die es ermöglicht, dass sich die Daten ungehindert durch alle Systeme in Ihrem Unternehmen bewegen können, sodass die zuständigen Mitarbeiter die benötigten Informationen genau dann erhalten, wenn sie sie benötigen.

Abrechnung und Einzug von Beratungsgebühren

Hier ein nicht ganz so trivialer Punkt: Stellen Sie sicher, dass Sie bezahlt werden können!

Fragen Sie sich also: Wenn Sie einem Kunden empfehlen, einige Assets in digitale Assets umzuwandeln, welche Auswirkungen hat das für Sie aus der Ertragsperspektive?

Sie haben fünf Auswahlmöglichkeiten. Die erste besteht darin, dem Kunden dieses AUM überhaupt nicht in Rechnung zu stellen. Das ist natürlich keine ideale Lösung – und nicht nur, weil es Geld kostet. Das eigentliche Problem bei diesem Ansatz ist, dass er Fragen nach Interessenkonflikten und der Legitimität Ihrer Beratung aufwirft. „Wenn Sie mir sagen, dass Sie Ihre AUM-Gebühr für in Bitcoin angelegte Assets nicht erheben können, und mir dann raten, ich solle nicht in den Bitcoin investieren, soll das heißen, ich solle nicht investieren, nur weil Sie keine Einnahmeverluste erleiden wollen?" Plötzlich kann der Kunde nichts mehr glauben, was Sie sagen.

Die zweite Möglichkeit besteht darin, Ihrem Kunden eine Rechnung auf Grundlage des in digitalen Assets gehaltenen Betrags zu schicken. Wenn Sie jedoch für die Einziehung dieser Gebühr eine Rechnung an den Kunden ausstellen müssen, führen Sie einen neuen und schwerfälligen Aspekt ins Management Ihrer beruflichen Praxis ein. Der Aufwand ist mit neuen Kosten verbunden. Und was werden Sie tun, wenn der Kunde nicht zahlt?

Die dritte Möglichkeit besteht darin, das Portfolio in zwei Teile aufzuteilen – einen mit den üblichen Anlagevarianten und einen mit digitalen Assets – und dann nur den ersten Teil in Rechnung zu stellen. Das funktioniert folgendermaßen: Angenommen, der Kunde hat 100.000 Dollar bei Ihnen investiert. Anstatt das gesamte Geld in Portfolio A zu investieren, legen Sie 99 Prozent des Vermögens in Portfolio A an (wo Sie die üblichen Anlagen kaufen) und ein Prozent des Vermögens in Portfolio B, wo Sie den Bitcoin kaufen. Portfolio A hält nun 99.000 Dollar und Portfolio B hält 1.000 Dollar. Als Nächstes ziehen Sie Ihre Gebühr nicht anteilig von Portfolio A und B ein, sondern ziehen die gesamte Gebühr von Portfolio A ein, wie in Abbildung 20.1 dargestellt.

Die vierte Möglichkeit besteht darin, die Wertpapiere der digitalen Assets auf demselben Konto wie die übrigen Wertpapiere zu deponieren. Ein Konto, eine Rechnung. Simpel. Einfach. Automatisch.

Die fünfte Möglichkeit ist die Zusammenarbeit mit Börsen oder Verwahrern, die alle Ihre Anforderungen an das Management Ihrer beruflichen Praxis erfüllen – nicht nur die Rechnungsstellung, sondern auch die Neuordnung des Portfolios, die Steuerverwaltung und damit verbundene Dienstleistungen.

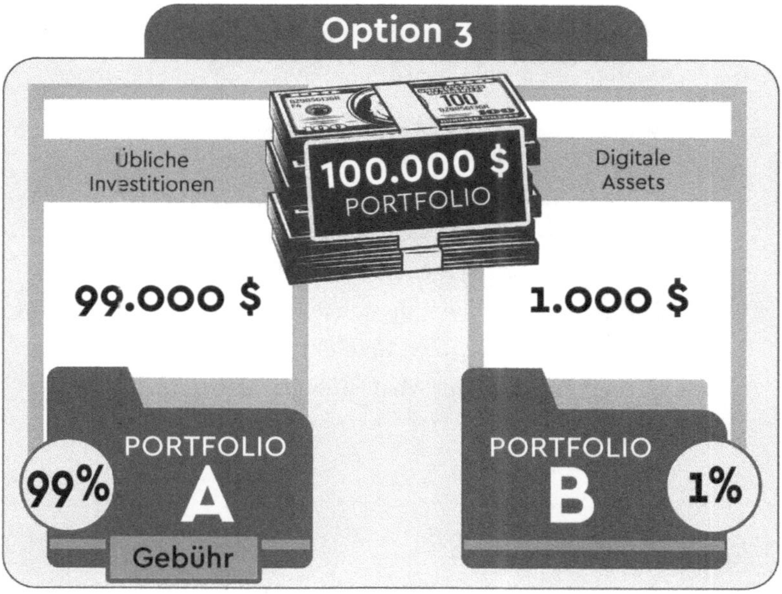

Abbildung 20.1

Vorabrechnung

Die meisten Berater buchen von den Kundenkonten vierteljährlich im Voraus ab. Das ist nicht im besten Interesse der Kunden. Indem Sie die Gebühr im Voraus erheben, verringern Sie den Geldbetrag, den sie investieren, und damit auch ihre Rendite. Dieses Problem verschärft sich noch, wenn man bedenkt, wie unbeständig digitale Assets sind.

Daher sollten Sie die Gebühr nachträglich einfordern – nach Ablauf des Quartals. Der Markt verfügt über eine Vielzahl von Technologien, die es Ihnen ermöglichen, auf diese Art und Weise zu arbeiten, und Sie zeigen Ihren Kunden, dass Sie die besten Praktiken anwenden.

Wenn Sie aufgrund von Betriebsabläufen und Compliance-Problemen vor digitalen Assets zurückschrecken, sollten Sie eine von den drei folgenden Maßnahmen ergreifen:

1. **Finden Sie sich damit ab.** Das ist Ihre Aufgabe. Sie haben die Pflicht, Ihrem Kunden einen guten Service zu bieten,

auch wenn Sie eine Arbeit machen müssen, die nicht den Gründen entspricht, warum Sie diesen Beruf ergriffen haben.

2. **Delegieren Sie die Aufgaben.** Nur weil diese Arbeit wichtig ist und erledigt werden muss, heißt das nicht, dass Sie derjenige sind, der sie erledigen muss. Stellen Sie Personal ein oder vergeben Sie die Aufgaben an Berater.
3. **Kündigen Sie.** Suchen Sie sich einen anderen Job in einem weniger anspruchsvollen Bereich, in dem Sie sich nicht um die Interessen anderer Menschen kümmern müssen.

TEIL FÜNF

ERSTE SCHRITTE

21

Die Antworten auf die zehn häufigsten Sorgen

Herzlichen Glückwunsch! Sie haben eine Menge über Blockchain und digitale Assets gelernt. Vielleicht haben Sie noch Bedenken. Ich werde hier die häufigsten beantworten.

Bevor wir beginnen, sollten Sie bedenken, dass wir nur einen kleinen Teil Ihres Portfolios in diese neue Anlageklasse investieren. Lassen Sie uns also das Gespräch mit der richtigen Perspektive führen, okay? Wie wir gelernt haben, wird ein Totalverlust der Investition Ihre finanzielle Sicherheit im Ruhestand nicht beeinträchtigen.

Zweitens: Konzentrieren Sie sich auf die Vorteile, nicht auf die Besonderheiten. Dass es zum Beispiel Papierkram gibt oder einen neuen Verwahrer, nun, das sind Besonderheiten. Konzentrieren Sie sich auf die Vorteile – zu denen gehören eine bessere Diversifizierung, ein geringeres Risiko, höhere Erträge und das Erreichen Ihrer finanziellen Ziele.

Lassen Sie uns nun zunächst auf Ihre Bedenken eingehen.

1. Ich bin nervös, wenn ich in digitale Assets investiere

Ich weiß, wie Sie sich fühlen. Als ich das erste Mal mit dem Bitcoin in Berührung kam, erschien mir das Ganze sehr seltsam – ich kannte bislang nichts Vergleichbares. Damals fühlte ich mich so, wie Sie sich jetzt vielleicht fühlen: Die Vorstellung, in etwas so Neues, so Ungewöhnliches, so „Unwirkliches" zu investieren, ist unangenehm.

Aber je mehr ich lernte, desto mehr verstand ich. Und je mehr ich verstand, desto wohler fühlte ich mich. Und das erlaubte es mir, voranzukommen … zunächst langsam.

Sie sollten den gleichen Ansatz in Betracht ziehen. Angenommen, Ihr Portfolio hat einen Wert von 100.000 Dollar. Eine Zuweisung von einem Prozent entspricht 1.000 Dollar. Wenn Sie dieses Geld über zwölf monatliche Raten investieren (unter Anwendung des Durchschnittskosteneffekts, wie in Kapitel 17 erklärt), investieren Sie nur 83 Dollar pro Monat. Das sind 20 Dollar pro Woche, also weniger als drei Dollar pro Tag. Sie geben mehr als drei Dollar pro Tag für Softdrinks und Snacks aus – ohne Hoffnung, dieses Geld wiederzusehen. Zumindest könnten Sie bei digitalen Assets etwas Geld zurückbekommen! Wenn Sie so darüber nachdenken, erleichtern Sie sich den Einstieg.

Und wenn Sie immer noch mit Ihrem Wunsch, zu investieren, und Ihrer Angst, Geld zu verlieren, ringen und nicht wissen, wie Sie dieses Dilemma lösen sollen, wenden Sie die Taktik an, die Benjamin Franklin immer dann anwandte, wenn er vor einer Entscheidung stand. Ben beschrieb seine Strategie in seiner 1771 veröffentlichten Autobiografie. Er erklärte, dass er ein leeres Blatt Papier nehmen und eine Linie in der Mitte des Blattes ziehen würde. Auf der linken Seite würde er alle Gründe auflisten, die dafürsprechen, weiterzumachen; auf der rechten Seite würde er die Gründe auflisten, die dagegensprechen. Dann würde er die Listen vergleichen.

Nichts ist jemals perfekt, erkannte Ben; jede Entscheidung hat Vor- und Nachteile. Indem er beide Listen erstellte, konnte er leicht erkennen, welche Liste länger war. Wenn es mehr Vor- als Nachteile gab, schlussfolgerte er, dass es wert war, die Sache zu versuchen, anstatt aufgrund der Bedenken weiter zu zögern.

Probieren wir also den Ansatz von Ben einmal aus. Beginnen wir mit einer Auflistung der Vorteile von Investitionen in digitale Assets. Sie umfassen:

1. Diversifizierung
2. Nicht-Korrelation mit anderen Anlageklassen
3. Verringerung des Portfoliorisikos
4. Potenziell steigende Portfoliorenditen
5. Steigerung der Steuereffizienz des Portfolios
6. Niedrige Mindestinvestition
7. Schutz vor Inflation
8. Zugang rund um die Uhr

Sie sind dran. Fügen Sie einige weitere Vorteile hinzu:

9. ______________________________

10. ______________________________

11. ______________________________

Führen Sie nun Ihre Gründe für den Verzicht auf digitale Assets auf.

1. Es handelt sich um eine neue Anlageklasse, daher bin ich noch etwas unsicher.
2. Möglicherweise verliere ich Coins durch Hackerangriffe.

Welche Liste ist länger? Gehen Sie entsprechend vor und vertrauen Sie darauf, dass Sie alles in allem die beste Wahl treffen.

2. Es handelt sich um eine Modeerscheinung

Bei Investitionen ist es wichtig, zwischen Modeerscheinungen und Trends zu unterscheiden. Ersteres ist vorübergehend, Letzteres ist dauerhaft. Kleidung zum Beispiel ist ein Trend. Bluejeans mit Schlag waren eine Modeerscheinung.

Die „Beanie Babies"-Kuscheltiere waren eine Modeerscheinung, kein Trend. Eine Zeit lang wurden sie für Hunderte, ja Tausende von Dollar verkauft. Der Reiz des Neuen ließ unweigerlich nach. Alle verloren das Interesse. Die Modeerscheinung war vorbei. Und die Preise stürzten ab.

Die Geschichte ist voll von ähnlichen Geschichten, die bis zur Tulpenmanie im Jahr 1636 zurückreichen. Alle Modeerscheinungen durchlaufen den gleichen Lebenszyklus: Sie tauchen auf, werden schnell populär und lassen die Preise in die Höhe schnellen. Das Interesse lässt plötzlich nach und die Preise stürzen ab. Das Spielzeug Pet Rocks, Jo-Jos, Pokémon – alle waren Modeerscheinungen.

„Ich habe bei dem Beanie-Babies-Crash '99 alles verloren."

Von daher: Ja, ich verstehe, was Sie meinen. Sie fragen sich, ob der Bitcoin nur die neueste Modeerscheinung ist, die moderne Version der Beanie Babies.

Das ist er nicht. Digitale Assets sind ein Trend, keine Modeerscheinung. Trends unterscheiden sich von Modeerscheinungen in einem wichtigen Punkt: dem Nutzen. Beanie Babies machen Spaß, wenn man sie in der Hand hält, und sie sind hübsch anzusehen, aber das ist auch schon alles. Man kann nichts mit ihnen *anfangen*, sie haben keinen praktischen Nutzen.

Im Gegensatz dazu gibt es für digitale Assets und Blockchain Tausende von kommerziellen Anwendungen, wie wir in Kapitel 2 gesehen haben. Diese Vorteile, die es den Unternehmen ermöglichen, schneller, kostengünstiger, sicherer und transparenter zu arbeiten, sind die Gründe, warum diese Technologie auf Dauer Bestand haben wird.

3. Es ist Betrug

Sie haben sicherlich schon viele Geschichten über Betrug mit dem Bitcoin und anderen digitalen Assets gehört. Das habe ich natürlich auch, und diese Geschichten haben mich auch beunruhigt. Ich habe aber festgestellt, dass der Bitcoin selbst nicht betrügerisch ist, sondern nur manchmal in betrügerische Aktivitäten verwickelt ist. Das Gleiche gilt für den Dollar: An ihm ist nichts auszusetzen, auch wenn er bereits Gegenstand zahlreicher Banküberfälle war.

In der Tat ist jede Anlageklasse schon einmal mit Betrügereien, Schwindel und Diebstahl in Verbindung gebracht worden. Das allererste jemals in den Vereinigten Staaten verkaufte Wertpapier – Anleihen, die 1792 vom US-Finanzministerium ausgegeben wurden –, war in einen Insiderhandelsskandal verwickelt. Trotz aller Schneeballsysteme, Pump-and-Dump-Betrügereien, Affinitätsbetrug und Telefonmarketing-Methoden im Zusammenhang mit dem Aktienmarkt, dem Immobilienmarkt und dem Goldmarkt bleiben die Anleger zuversichtlich, was Investitionen in diese Anlageklassen betrifft. Wir müssen bei Investitionen immer vorsichtig sein. Bei digitalen Assets ist das nicht anders.

4. Es gibt keinen legitimen Weg, den Wert zu ermitteln

Ich stimme Ihnen zu. Zum Glück spielt das keine Rolle. Beim Investieren kommt es auf den Preis an – und der Bitcoin und alle anderen digitalen Assets werden zu einem bestimmten Kurs gehandelt. Dieser Kurs wird auf dieselbe Weise festgelegt wie die Preise aller Assets: auf der Grundlage von Angebot und Nachfrage. Das Angebot an Bitcoin ist begrenzt, Sie müssen also nur entscheiden, ob die Nachfrage steigen wird. Das ist einer der besten Aspekte der digitalen Assets. Anders als ein Hotel, das den Preis für seine Zimmer festlegt, sind digitale Assets dezentralisiert; kein einzelnes Unternehmen oder eine einzelne Person legt den Preis fest. Stattdessen übernimmt das globale Netzwerk diese Aufgabe. Das ist ein beruhigendes Merkmal dieser Anlageklasse.

5. Die Volatilität ist zu hoch

Seit 2014 ist der Bitcoin fünfmal abgestürzt. Die meisten Beobachter halten weitere Abstürze für wahrscheinlich.

Aber, hey: Auch der Aktienmarkt ist seit 1929 fünfmal abgestürzt. Der Immobilienmarkt ist im gleichen Zeitraum mehrfach zusammengebrochen, ebenso der Gold- und der Ölmarkt.

Crashs gehören zum Investieren einfach dazu. Man muss Volatilität nicht mögen, aber es ist kostspielig, nicht in eine Anlageklasse zu investieren, weil man befürchtet, dass es möglicherweise zu einem Crash kommen könnte. Denn es hat sich im Laufe der Geschichte erwiesen, dass auf jeden Absturz neue Allzeithochs folgten.

Es gibt keine Garantie dafür, dass sich der Marktzyklus immer so entwickeln wird, aber es gibt auch keinen Grund, etwas anderes zu glauben.

Anstatt sich also vor der Volatilität zu fürchten, sollten Sie sie mit einem Lächeln betrachten. Sehen Sie den nächsten Crash als eine Gelegenheit, zu kaufen, solange die Kurse noch niedrig sind. Während Sie auf den Absturz warten, investieren Sie regelmäßig mittels des Durchschnittskosteneffekts und nehmen eine Neugewichtung des Portfolios vor. All das haben wir in Kapitel 17 gelernt.

Wir sollten auch nicht vergessen, dass die Volatilität in beide Richtungen wirkt: Die Kurse steigen *und* fallen, sie gehen nicht nur nach unten. Und wissen Sie was? Niemand beschwert sich jemals über die Volatilität *nach oben*. Doch wer sich an steigenden Kursen erfreuen will, muss auch gelegentliche Phasen sinkender Kurse in Kauf nehmen.

Ein letzter Punkt. Sind Sie sicher, dass digitale Assets so unbeständig sind, wie Sie denken? Von den 500 Aktien im S&P 500 Stock Index waren im Jahr 2020 112 Aktien volatiler als der Bitcoin. Wenn Sie also bereit sind, 40 bis 80 Prozent Ihres Geldes in den Aktienmarkt zu investieren, sollten Sie auch bereit sein, ein Prozent in digitale Assets zu investieren.

6. Das Risiko ist zu hoch

Alle neuen Anlageklassen sind riskant. Deshalb empfehle ich Ihnen, Ihr Engagement auf nur ein Prozent Ihres Portfolios zu beschränken. Selbst ein Totalverlust dieser Investition würde Ihnen keinen großen finanziellen Schaden zufügen.

7. Ich glaube nicht, dass ich das in meinem Portfolio brauche

Diese Anlageklasse wird in Ihrem Portfolio aus demselben Grund benötigt, aus dem Sie alles andere in Ihrem Portfolio benötigen: um eine bessere Diversifizierung zu erreichen.

Je mehr Arten von Assets im Portfolio enthalten sind, desto geringer ist das Risiko, das Sie eingehen. Das ist ein wesentliches Merkmal von Investitionen in digitale Assets. Sie sind unkorreliert, das heißt, ihre Kursbewegungen sind unabhängig von denen aller anderen Anlageklassen, die Sie bereits besitzen.

8. Zum Kaufen ist es zu spät, denn der Kurs ist zu hoch

Der beste Zeitpunkt für einen Kauf liegt immer in der Vergangenheit. Wünschten Sie nicht, Sie hätten vor 30 Jahren Immobilien oder vor 20 Jahren Apple-Aktien gekauft?

Es liegt in der menschlichen Natur, die heutigen Preise mit denen der Vergangenheit zu vergleichen. Aber die Zeit schreitet voran, nicht zurück – und alles deutet darauf hin, dass der künftige Kurs dieser Anlageklasse höher sein wird als der derzeitige. Nur 300 Millionen Menschen weltweit besitzen Bitcoin. Das sind etwa drei Prozent der Weltbevölkerung. Was könnte mit dem Bitcoin-Kurs passieren, wenn sich sechs Prozent der Bevölkerung zum Kauf entschließen? Wenn zwölf Prozent kaufen? Wenn 24 Prozent kaufen? Die wachsende Akzeptanz ist ein Hauptgrund dafür, dass viele glauben, dass der zukünftige Kurs des Bitcoin höher sein wird als der aktuelle.

Ein steigender Preis macht den Bitcoin-Kurs auch sicherer, sagen einige. Diese Theorie besagt, dass ein höherer Kurs eine größere Akzeptanz widerspiegelt, und je mehr Menschen Bitcoin besitzen und nutzen, desto unwahrscheinlicher ist es, dass der Preis fällt. Das ist übrigens genau das Gegenteil von dem, wie der Aktienmarkt funktioniert: Je mehr der Kurs einer Aktie steigt, desto wahrscheinlicher ist es, dass die Anleger verkaufen, weil sie den Kurs mit den Gewinnen des zugrunde liegenden Unternehmens in Verbindung bringen. Aber beim Bitcoin gibt es keine „Unternehmensgewinne", sodass das klassische „Verkaufssignal" an der Börse nicht gilt. Wenn der Bitcoin-Kurs hoch ist, sollte die Bereitschaft, Bitcoin zu kaufen, steigen, nicht sinken.

Ich erinnere mich, dass ich über die ersten Flüge der Gebrüder Wright las. Ihr erster Absturz ereignete sich am 17. September 1908. Das Flugzeug war etwa 150 Fuß hoch in der Luft, bevor es auf den Boden stürzte. Orville war der Pilot; er überlebte, aber der Passagier, Leutnant Thomas Selfridge, starb. Im Rückblick auf die Ereignisse sagte Orville, es wäre deutlich besser gelaufen, wenn er viel *höher* geflogen wäre. Erscheint das nicht kontraintuitiv? Denn wäre Orville näher am Boden gewesen, als die Probleme auftraten, wäre Leutnant Selfridge vielleicht nicht gestorben. Aber nein, sagte Orville. Da er nur auf 150 Fuß flog, hatte er nicht viel Zeit, um auf die Ereignisse zu reagieren. In einer Höhe von 1.000 Fuß hätte er viel mehr Zeit gehabt, das Problem zu beheben. Genauso ist der Bitcoin bei 50.000 Dollar im Jahr 2021 viel sicherer als bei 479 Dollar im Jahr 2012.

Haben Sie also keine Angst vor dem hohen Bitcoin-Kurs.

9. Bitcoin-Kurse sind volatil, also warte ich auf den nächsten Rückgang, bevor ich kaufe

Alle wollen alles zu Kursen kaufen, die niedriger sind, als sie tatsächlich sind. Nur wenigen gelingt das.

Es gibt ein Problem mit dieser Idee: Der Kurs könnte weiter steigen, bevor er fällt. Er könnte so stark ansteigen, dass der Kurs nach dem Absturz immer noch höher ist als der heutige Kurs.

Anstatt also abzuwarten und zu hoffen, dass Sie den besten Kurs erwischen, sollten Sie mit dem Durchschnittskosteneffekt arbeiten.

Auf diese Weise erhalten Sie einen niedrigen Durchschnittskurs für die Dauer Ihrer Investitionen.

10. Ich weiß nicht, wie oder wo ich anfangen soll

Ich habe eine gute Nachricht für Sie: Sie haben bereits angefangen! Die ersten drei Schritte haben Sie schon hinter sich: Sie haben digitale Assets entdeckt, Sie waren neugierig genug, um mehr darüber zu erfahren, und Sie haben dieses Buch fast fertig gelesen. Sie wissen bereits genug, um zu entscheiden, ob Sie einen kleinen Teil Ihres Portfolios in diese Anlageklasse investieren möchten und, wenn dem so ist, wie Sie dabei vorgehen werden. Zum jetzigen Zeitpunkt empfehle ich Ihnen, mit einem Finanzberater zu sprechen, der sich mit dieser Anlageklasse auskennt, um weitere Informationen zu erhalten.

Und wie findet man diesen Berater? Gehen Sie auf die Website DACFP.com. Der Digital Assets Council of Financial Professionals ist die von mir gegründete Bildungsorganisation, die Finanzberater in Bezug diese neue Anlageklasse fortbildet. DACFP bietet ein Zertifikat in Blockchain und digitalen Assets an und führt ein Verzeichnis von Beratern aus der ganzen Welt, die dieses Zertifikat innehaben. Diese Berater kennen sich mit digitalen Assets viel besser aus als die meisten anderen und können Sie entsprechend beraten. Die Nutzung des Verzeichnisses ist kostenlos, also nutzen Sie es bitte.

Wie bei allen Aspekten Ihrer persönlichen Finanzen gibt es keinen Grund, alles allein zu machen. Nehmen Sie die Hilfe eines erfahrenen und sachkundigen Beraters in Anspruch, um ruhig schlafen zu können. Das DACFP-Beraterverzeichnis kann Ihnen dabei helfen.

Sie sind auf der spannenden Reise durch die Kryptowelt bereits ein gutes Stück vorangekommen und es war so einfach, dass Sie es nicht einmal bemerkt haben!

DANKSAGUNGEN

Ich habe mir geschworen, dass ich kein weiteres Buch schreiben werde. Schlimmer noch, ich habe meiner Frau Jean versprochen, kein weiteres Buch zu schreiben! Ein Buch zu schreiben dauert lange und ist anspruchsvoll. Der Inhalt muss vollständig und korrekt sein – und das bedeutet, dass man mehr Zeit für die Recherche als für das eigentliche Schreiben aufwenden muss. Dann geht es darum, die zusammengetragenen Informationen in eine kohärente Struktur zu bringen. Das Ganze ist wie ein Schachspiel, bei dem man immer am Zug ist. Macht man einen Fehler, sind die Folgen katastrophal.

Nachdem ich zehn Bücher geschrieben hatte, versprach ich, kein weiteres zu schreiben. Aber dieses Thema ist so neu, so anders, so voll von enormem Potenzial, das Leben eines jeden Amerikaners (und jedes anderen Menschen) tiefgreifend zu verbessern, dass ich die Notwendigkeit und die Gelegenheit zu zwingend fand, um sie zu ignorieren.

Glücklicherweise habe mir einige Menschen geholfen und mich unterstützt – ihnen gebührt ein großes Lob. Beginnen wir mit meiner langjährigen Agentin Gail Ross, die das Projekt bei meinem Verleger unter Dach und Fach gebracht hat. Und vielen Dank an das Team von Simon & Schuster, insbesondere die leitende Redakteurin Stephanie Frerich und die stellvertretende Redakteurin Emily Simonson. Weitere Mitglieder des S&S-Teams sind der Produktionsredakteur Morgan Hart, der das Manuskript meisterhaft Korrektur gelesen und buchstäblich Tausende von Tipp- und anderen Fehlern entdeckt hat, Designdirektor Paul Dippolito, der das Seitenlayout erstellt hat, und Beth Maglione, die den Druck dieses Buches organisiert hat.

Die Zusammenstellung der vielen Listen von Produkten, Dienstleistungen und Unternehmen, die in diesem Buch erscheinen, ist das Ergebnis der unermüdlichen Arbeit der Mitglieder des DACFP-Teams: René Chaze, Don Friedman, Janice Murphy und Max Torres. Zusätzlich zu dieser großen Leistung unterstützten sie ihre Kollegen Maribeth Bluyus, Anna Dawson, Liz Dougherty, Rick Fowler, Hank Hanna und Monay James dabei, mich mit wertvollen Kommentaren zum Manuskript zu versorgen.

Wo wir schon dabei sind, möchte ich insbesondere den Finanzplanern Scott Butera, Loran Coffman, Pat Day, Alan Facey, Doug Keegan, Felix Kwan, Andrew Massaro, Mark Palmer und Bob Sargent danken. Sie sind ein paar der wenigen Finanzberater, die sich mit digitalen Assets bestens auskennen – deshalb habe ich sie gebeten, den ersten Entwurf meines Manuskripts zu lesen. Ihre Kommentare und Vorschläge haben mich veranlasst, das Buch in vielfältiger Hinsicht zu ändern, und ich danke ihnen für ihre aufschlussreichen und wertvollen Beiträge.

Besonderer Dank geht auch an Bitwise Asset Management für die Erlaubnis, Ergebnisse aus ihrer Studie „The Case for Crypto in an Institutional Portfolio“ zu verwenden. Meine Leser und ich sind den Autoren der Studie, David Lawant und Matt Hougan von Bitwise, zu Dank verpflichtet.

Ein besonderes Dankeschön geht an Paul Blumstein, der mir seit Jahrzehnten unermüdlich Cartoon-Vorschläge für meine Bücher schickt. Paul macht das Lesen unterhaltsam und ich danke ihm, dass er mir hilft, das sonst so langweilige Thema Geld zu beleben.

Und ich möchte besonders der Kreativdirektorin des DACFP, Michaele Kayes, danken. Sie gab nicht nur zahlreiche hilfreiche Kommentare zum Manuskript ab, sondern entwarf und gestaltete auch alle Tabellen und Grafiken, die Sie im Buch sehen. Michaele hat bis zu dem knapp bemessenen Abgabetermin viele Stunden gearbeitet und ihre Arbeit ist meisterhaft. Vielen Dank, Michaele.

Vor allem aber möchte ich meiner geliebten Frau meinen tiefsten Dank aussprechen. Schreiben ist eine geistig intensive Tätigkeit, die es erfordert, sich über lange Zeiträume hinweg zu isolieren. Jean ermutigte mich bereitwillig, dieses Projekt in Angriff zu nehmen, weil sie weiß, wie wichtig es ist, und sie gönnte mir bereitwillig die Einsamkeit, die alle Schriftsteller brauchen, und unterbrach sie nur ein paar Mal am Tag, um etwas zu essen neben meine Computertastatur zu stellen. Jean kann sogar Heiligen noch eine Lehre in Sachen Geduld erteilen und uns Sterblichen noch viel mehr. Danke, Jean, für deine Liebe und Unterstützung, die heute noch genauso stark ist wie damals und mir wichtiger ist als *je zuvor.*

Und Jean, ich verspreche, dass ich keine weiteren Bücher mehr schreiben werde.

Glossar

51-Prozent-Attacke
Versuch von Hackern, die Daten und Assets einer Blockchain zu stehlen, indem sie die Mehrheit der Knoten des Netzwerks kontrollieren

ADV
staatliches Dokument zur Offenlegung von Vermögen, das in den USA alle Finanzinstitute ihren Kunden zur Verfügung stellen müssen

Airdrop
Verteilung von digitalen Assets durch eine Einrichtung, die für Marketingzwecke verwendet wird; auch *Helikoptergeld* genannt

Angebot und Nachfrage
eine Wirtschaftstheorie, die besagt, dass der Preis eines Assets steigt, wenn die Nachfrage das Angebot übersteigt

Angelegtes Vermögen
Geld, das von einem Finanzberater oder einem Unternehmen gehalten, aber nicht unabhängig von diesem verwaltet wird

Asset
Vermögenswert

Ausgehendes Orakel
Algorithmus, der einen Rechtsträger über ein Ereignis informiert, das in einer Blockchain aufgetreten ist

Authentifizierungswirtschaft
ein Wirtschaftssystem, bei dem sich Käufer und Verkäufer nicht gegenseitig vertrauen müssen; stattdessen werden ihre Handlungen kryptografisch als gültig nachgewiesen

Base-Layer-Protokoll
ein Basis-Blockchain-Netzwerk, das die Erstellung, Übertragung und Speicherung von digitalen Assets ermöglicht; auch als *natives Protokoll* bezeichnet

Bestandsbuch
ein Dokument, das Einzahlungen und Abhebungen oder andere Daten aufzeichnet; auch Ledger genannt

Bitcoin
ein Computernetzwerk mit Blockchain-Technologie

Bitcoin, der (oder die)
ein Tauschmittel und Wertspeicher, das auf der Bitcoin-Blockchain betrieben wird

Bitcoin-Pizza-Tag
22. Mai 2010 – die erste kommerzielle Transaktion mit dem Bitcoin

BitLicense
vom US-Staat New York vergebene Geschäftslizenz an Unternehmen, die mit digitalen Assets handeln

Blockchain
ein Bestandsbuch, das sich im Internet befindet; auch *Distributed-Ledger-Technologie* genannt

Blockprämie
Vergütung für die Überprüfung der in einer Blockchain gespeicherten Daten

Cold Wallet
ein Konto mit digitalen Assets, das nicht mit dem Internet verbunden ist und daher vor Online-Hackern sicher ist

Computerfarm
eine Anordnung von Computern, die Bitcoin mint

Dealflow
das Entdecken von Privatunternehmen, in die man eventuell investieren oder die man kaufen könnte

Derivat
Anlagevertrag auf der Grundlage eines Assets

Dezentrales Finanzwesen
Finanzdienstleistungen, die über Blockchains angeboten werden

Dezentralisierte autonome Organisation
eine Einheit, die unabhängig im Internet operiert, ohne dass jemand dafür verantwortlich ist

Digitaler Asset
die binäre Darstellung von allem, was einen wirtschaftlichen Wert hat und besessen werden kann

Digitales Zentralbankgeld
ein in digitaler Form ausgegebenes Fiatgeld

Discount-Kurs
Kurs eines Wertpapiers, der unter dem Nettoinventarwert liegt

Dogecoin
ein digitaler Pet Rock (= ein einst populäres Spielzeug)

Doppelte Registrierung
wenn ein Finanzberater sowohl bei der SEC als auch bei FINRA zugelassen ist

Durchschnittskosteneffekt
Strategie der Geldanlage in festen Beträgen in gleichmäßigen Abständen

Eingetragener Repräsentant
ein Börsenmakler

Einhorn
Unternehmen, das weniger als zehn Jahre alt ist und einen Wert von mehr als einer Milliarde Dollar hat

Erstausgabe von Coins
eine Kryptowährung, die zum ersten Mal auf den Markt kommt (= Initial Coin Offering, ICO)

Ethikkodex
von einem Finanzinstitut festgelegte Richtlinien für das Verhalten seiner Mitarbeiter

Fat-Finger-Fehler-Risiko
versehentliche Falscheingabe von Aufträgen, wodurch ein falsches digitales Asset, ein falscher Betrag oder ein falscher Empfänger übermittelt wird

Fiatgeld
staatlich emittiertes Geld

FinTech-Sandbox
eine Regierungspolitik, die es Unternehmen ermöglicht, ohne Angst vor Geldstrafen oder Sanktionen an Innovationen zu arbeiten

Gasgebühr
Gebühr, die an Miner gezahlt wird, um Ihre Transaktion zu überprüfen

Geldumlaufgeschwindigkeit
die Geschwindigkeit, mit der sich Geld durch ein Wirtschaftssystem bewegt

Geldwäschebekämpfung
Vorschrift, die Finanzinstitute verpflichtet, zur Verhinderung von Steuerhinterziehung beizutragen

Genesis-Block
der erste in die Bitcoin-Blockchain geschriebene Block; auch Block 0 genannt

Geschlossenes System
ein elektronisches System, das von einer natürlichen oder juristischen Person kontrolliert wird und auf das Sie ohne deren Zustimmung nicht zugreifen oder es nutzen können; auch *zentralisiertes Bestandsbuch* genannt

Grenzüberschreitende Überweisung
die Übertragung von Geld von einem Land in ein anderes

GTC
ein Limitauftrag, der bis zur Ausführung offenbleibt, unabhängig davon, wie lange es dauert, bis Sie den von Ihnen festgelegten Preis erhalten. Der Handel ist „gültig bis auf Widerruf".

Halving
ein Ereignis, das eine Blockprämie um 50 Prozent reduziert; auch *Halbierung* oder Halvening genannt

Hard Fork
die Aufspaltung einer Blockchain in zwei Blockchains, Ergebnis von Meinungsverschiedenheiten der Entwickler über die Funktionsweise der Blockchain

Hash
eine Zeichenkette aus Computercode, die Daten darstellt

Hebelwirkung
geliehenes Geld, das investiert wird, um die Rendite zu erhöhen

Hedgefonds
ein Investment, das auf Risikominderung abzielt

Hot Wallet
ein Konto mit digitalen Assets, das mit dem Internet verbunden ist

Howey-Test
die von der SEC angewandte Methode, um festzustellen, ob eine Anlage ein Wertpapier ist

Jamie Dimon
eine Person, die nichts über den Bitcoin weiß und diese Tatsache durch lächerliche Bemerkungen unter Beweis stellt; siehe Warren Buffett

Kapern von SIM-Karten
Hacker, die Daten stehlen, indem sie auf den austauschbaren Speicherchip in Ihrem Smartphone zugreifen

Kaufen und Halten
Strategie, eine Investition über Jahre nach dem Kauf zu behalten

Kautionsversicherung
Versicherung, die von einem Finanzinstitut abgeschlossen wird, um sich und seine Kunden vor finanziellen Verlusten aufgrund von Diebstahl oder Verbrechen zu schützen

Konsensverfahren
die Methodik zur Herstellung von Übereinstimmung zwischen denjenigen, die Daten auf einer Blockchain überprüfen

Konvertierbare virtuelle Währung
virtuelle Währung mit einem Gegenwert in Fiatgeld

Kryptoanlage
jedes digitale Asset, das Kryptografie zur Sicherung von Transaktionsaufzeichnungen in einem Bestandsbuch verwendet

Kryptowährung
virtuelle Währung, die Kryptografie zur Sicherung von Transaktionen verwendet, die digital in einer Blockchain aufgezeichnet werden

Kurzfristiger Kapitalgewinn oder -verlust
Haltedauer von einem Jahr oder weniger

Know Your Customer
Regelung, die es Finanzinstituten verbietet, mit anonymen Parteien Geschäfte zu machen

Langfristiger Kapitalgewinn oder -verlust
Haltedauer von mehr als einem Jahr

Leerverkauf
Wette, dass der Wert eines Unternehmens sinkt

Lieferkette
die Bewegung der Waren von der Fabrik zum Verbraucher

Limitauftrag
Transaktion, bei der Sie den schlechtesten Kurs festlegen können, den Sie zu akzeptieren bereit sind; der Handel wird zu diesem Kurs oder besser ausgeführt.

Limitierte Aufträge werden am Jahresende storniert, wenn sie nicht ausgeführt werden.

Margin Call
eine Aufforderung, zusätzliche Sicherheiten zu stellen. Die Nichterfüllung führt zum Verkauf Ihres Assets.

Marktauftrag
Die Transaktion muss sofort oder bei der ersten Gelegenheit durchgeführt werden.

Maximaler Wertverlust
der maximale Verlust eines Portfolios

Metaversum
breiter Begriff, der sich auf eine von Virtual-Reality-Spielern unterstützte Internetwirtschaft bezieht

Metcalfe'sches Gesetz
die Vorstellung, dass der Wert eines Netzes exponentiell wächst, wenn das Netz mehr Nutzer hat

Mining
der Prozess der Validierung von Daten in einer Blockchain

Micropayment
Zahlung eines kleinen Geldbetrags, oft Bruchteile eines Pennys

Mittelsmann
Person oder Einrichtung, die Transaktionen zwischen zwei Parteien erleichtert

Moderne Portfoliotheorie
die Vorstellung, dass die Anlage in zwei risikoreiche Assets sicherer ist als die Anlage in nur eines dieser Assets

Multiple-Bewertung
Bewertung eines Unternehmens durch Teilung des Preises durch den Gewinn

Negative Korrelation
zwei Assets, deren Preise sich zu einem bestimmten Zeitpunkt in entgegengesetzter Richtung bewegen

Nettovermögenswert
Kurs eines Wertpapiers

Neugewichtung
Wiederherstellung der Zusammensetzung eines Portfolios durch den Verkauf einiger Assets und den Kauf anderer

Nicht-Korrelation
zwei Assets, deren Preisbewegungen nicht miteinander verbunden sind

Node
ein Netzwerkknoten im Blockchain-Netzwerk

Non-Fungible Token
ein Token, das nicht austauschbar ist

Offenes System
ein elektronisches System, auf das jeder zugreifen kann

Öffentlicher Schlüssel
ein Code, den Sie anderen mitteilen, damit diese Ihnen digitale Assets schicken können

Ohne Bank(-verbindung)
eine Person, die nicht über ausreichende Mittel verfügt, um ein Bankkonto zu eröffnen, oder die nicht in der Nähe einer Bank wohnt

Orakel
Softwarecode, der die digitale Welt mit der physischen Welt verbindet

Over the counter
Wertpapiere, die nicht an einer Börse gehandelt werden

Permissives Land
eine Regierung, die sich nicht in den Handel mit digitalen Assets einmischt

Play-to-earn-game
ein Onlinespiel, bei dem sich die Teilnehmer auf der Grundlage ihrer Leistung digitale Assets verdienen

Positive Korrelation
zwei oder mehr Assets, die synchron steigen und fallen

Prämie
Preis eines Wertpapiers, der über dem Nettoinventarwert liegt

Privater Schlüssel
Geheimcode, der Ihnen Zugang zu Ihren digitalen Assets verschafft

Privatplatzierung
Investmentfonds, der nur für zugelassene Anleger zugänglich ist

Proof of Stake
Protokoll, das Daten in einer Blockchain validiert. Je mehr Sie von einem digitalen Asset einsetzen, desto größer ist Ihre Chance, eine Blockprämie zu erhalten.

Proof of Work
Protokoll, das Daten in einer Blockchain validiert. Erfordert das Lösen komplexer Berechnungen. Bei Erfolg erhalten Sie eine Blockprämie.

Qualifizierter Verwahrer
eine Bank, ein Broker, ein Terminbörsenmakler oder eine ausländische Einrichtung, die von der SEC oder einer staatlichen Behörde als Depotbank benannt wurde

Ric Edelmans 1-Prozent-Anlagestrategie
eine brillante Anlagestrategie, vor allem für diejenigen, die noch keine Erfahrung mit digitalen Assets haben

Risikokapital
Geld, das in ein Unternehmen in der Frühphase investiert wird

Sachmitteltransfer
die Übertragung von Coins oder Token zu einem anderen Verwahrer; auch *Übertragung von Treuhänder zu Treuhänder* genannt

Sammlerstück
Kunstwerke, Teppiche, Antiquitäten, Edelmetalle oder Edelsteine, seltene Briefmarken und Münzen

Schlüsselfertiges Vermögensverwaltungsprogramm
Backoffice-System, das von Finanzberatern eingesetzt wird

Second-Layer-Protokoll
baut auf einem Basisprotokoll auf; bietet zusätzliche Funktionen und Möglichkeiten

Separat verwaltetes Konto
Mischform zwischen dem Besitz von Anlagen direkt und über einen Fonds

Sharpe Ratio
Formel, die die Rendite eines Assets oder eines Portfolios pro Einheit der Volatilität misst

Simple Agreement for Future Equity
Unternehmen verpflichtet sich vertraglich, Eigenkapital zur Verfügung zu stellen

Simple Agreement for Future Tokens
Unternehmen verspricht vertraglich, Token auszugeben, wenn sie begeben werden

Smart Contracts
automatisierte Geldbewegungen, die nur nach Abschluss vorher vereinbarter Ereignisse erfolgen

Soft Fork
Schaffung eines neuen Coins, der die ursprüngliche Blockchain nutzt

Sortino Ratio
eine Formel zur Messung der Abwärtsvolatilität eines Assets oder Portfolios

Sperrfrist
sechs- oder zwölfmonatige Frist, in der Sie Ihre Investition nicht verkaufen können

Stablecoin
ein digitales Asset, dessen Preis an ein Fiatgeld gekoppelt ist

Staking
Veröffentlichung Ihrer digitalen Assets im Internet, um eine Blockprämie zu gewinnen oder Zinsen zu erhalten

Standardabweichung
übliche Abweichung der tatsächlichen Rendite eines Assets von seiner durchschnittlichen Rendite

Strenge Länder
Regierungen, die den Handel mit digitalen Assets verboten haben

Tauschsystem
Wirtschaftssystem, in dem Menschen und Unternehmen mit Waren und Dienstleistungen handeln

Token
kleine physische Darstellung eines immateriellen Gegenstands

Trade Lot
eine Reihe von gehandelten Assets, die in einer einzigen Transaktion erworben wurden

Treuhänder
jemand, der in Ihrem besten Interesse handelt

Treuhandfonds
Wohltätigkeitsorganisationen, die Spenden so lange investieren, bis die Spender deren Verteilung an andere Wohltätigkeitsorganisationen vorschreiben

Vermögensaufteilung
wie ein Portfolio in verschiedene Anlageklassen investiert wird

Verteilter Datensatz
Daten, die für alle sichtbar ins Internet gestellt werden

Verwahrer
eine natürliche oder juristische Person, die Ihre Assets für Sie entgegennimmt und aufbewahrt

Verwaltetes Vermögen
Geld, das von einem Finanzberater oder einem Unternehmen verwaltet wird

Vertrauenswirtschaft
ein Wirtschaftssystem, das von Käufern und Verkäufern verlangt, dass sie dem Handeln des jeweils anderen vertrauen

Virtuelle Währung
digitale Darstellung eines Tauschmittels, einer Rechnungseinheit oder eines Wertspeichers, die kein Fiatgeld sind

Vollmacht
Dokument, das einer anderen Person oder Einrichtung die rechtliche Kontrolle über Ihr Vermögen überträgt

Währung
ein physisches Objekt, das Geld darstellt

Warm Wallet
eine digitale Geldbörse, die digitale Assets nur an von Ihnen festgelegte Wallets senden kann; reduziert das Hacker-Risiko und das Risiko von Fat-Finger-Fehlern

Warren Buffett
eine Person, die nichts über den Bitcoin weiß und diese Tatsache durch lächerliche Bemerkungen unter Beweis stellt;
siehe Jamie Dimon

Yield Farming
die Praxis des Verleihens oder Einsetzens von digitalen Assets zur Erzielung von Zinsen

Zentralbank
eine Bank, die von einer Regierung ermächtigt ist, den Geldwert zu sichern und Zinssätze festzulegen

Zugelassener Anleger
Anleger, die als wohlhabend oder erfahren gelten

Zusammenfassung der Kundenbeziehung
kurzes Dokument, das die Dienstleistungen, Gebühren und andere Fakten eines Finanzinstituts zusammenfasst